北大社·"十四五"普通高等教育本科规划教材
高等院校汽车专业"互联网+"创新规划教材

# 新能源汽车动力电池技术

崔胜民　编著

## 内 容 简 介

本书全面、系统地介绍了新能源汽车动力电池技术，包括动力电池的类型、性能指标，动力蓄电池的结构类型与组合方式，新能源汽车对动力蓄电池的要求，新能源汽车动力蓄电池的发展目标，以及动力蓄电池技术、电池管理系统、动力蓄电池的充电技术、燃料电池技术、燃料电池的制氢与加氢技术，反映了新能源汽车动力电池的新要求、新技术和新成果。

本书以实际工程应用为背景，内容丰富、条理清晰、图文并茂、通俗易懂、实用性强，可作为高等院校本科车辆工程专业、新能源汽车工程专业及相关专业的教材，也可作为车辆工程专业研究生的选修教材，还可作为新能源汽车行业工程技术人员的参考用书。

**图书在版编目(CIP)数据**

新能源汽车动力电池技术/崔胜民编著. —北京：北京大学出版社，2023.4
高等院校汽车专业"互联网+"创新规划教材
ISBN 978-7-301-33778-3

Ⅰ.①新… Ⅱ.①崔… Ⅲ.①新能源—汽车—蓄电池—高等学校—教材 Ⅳ.①U469.720.3

中国国家版本馆 CIP 数据核字（2023）第 036044 号

| | |
|---|---|
| 书　　　名 | 新能源汽车动力电池技术<br>XINNENGYUAN QICHE DONGLI DIANCHI JISHU |
| 著作责任者 | 崔胜民　编著 |
| 策划编辑 | 童君鑫 |
| 责任编辑 | 孙　丹　童君鑫 |
| 数字编辑 | 蒙俞材 |
| 标准书号 | ISBN 978-7-301-33778-3 |
| 出版发行 | 北京大学出版社 |
| 地　　　址 | 北京市海淀区成府路 205 号　100871 |
| 网　　　址 | http://www.pup.cn　新浪微博：@北京大学出版社 |
| 电子邮箱 | 编辑部 pup6@pup.cn　总编室 zpup@pup.cn |
| 电　　　话 | 邮购部 010-62752015　发行部 010-62750672　编辑部 010-62750667 |
| 印　刷　者 | 北京溢漾印刷有限公司 |
| 经　销　者 | 新华书店 |
| | 787 毫米×1092 毫米　16 开本　15.75 印张　372 千字<br>2023 年 4 月第 1 版　2025 年 8 月第 2 次印刷 |
| 定　　　价 | 49.00 元 |

未经许可，不得以任何方式复制或抄袭本书之部分或全部内容。
**版权所有，侵权必究**
举报电话：010-62752024　电子邮箱：fd@pup.cn
图书如有印装质量问题，请与出版部联系，电话：010-62756370

# 前 言

《新能源汽车产业发展规划（2021—2035 年）》《节能与新能源汽车技术路线图 2.0》明确提出，到 2035 年，纯电动汽车成为新销售车辆的主流，我国新能源汽车年销量要占汽车总销量的 50%，新能源汽车已成为汽车产业发展的重要方向。动力电池作为新能源汽车的核心部件，其技术水平直接影响新能源汽车的发展。

本书以新能源汽车的动力蓄电池和燃料电池为主线，系统介绍了动力电池的新要求、新技术和新成果。全书共 6 章，第 1 章主要介绍动力电池的类型、性能指标，动力蓄电池的结构类型与组合方式，新能源汽车对动力蓄电池的要求，新能源汽车动力蓄电池的发展目标；第 2 章主要介绍动力蓄电池技术，包括铅酸蓄电池的结构与原理、金属氢化物镍蓄电池的结构与原理、锂离子蓄电池的结构与原理、锂离子蓄电池的主要材料、锂离子蓄电池的要求、动力蓄电池的测试技术、动力蓄电池的匹配和新体系电池；第 3 章主要介绍电池管理系统，包括电池管理系统的基本知识、电池管理系统的要求、电池管理系统的参数检测、动力蓄电池的模型、动力蓄电池的 SOC 估计与 SOH 估计、动力蓄电池的均衡控制；第 4 章主要介绍动力蓄电池的充电技术，包括动力蓄电池的充电方法、动力蓄电池的充电方式、动力蓄电池的充电设备和充电基础设施的发展目标；第 5 章主要介绍燃料电池技术，包括燃料电池的定义与特点、燃料电池的主要类型、质子交换膜燃料电池的主要部件、燃料电池堆和燃料电池发电系统；第 6 章主要介绍燃料电池制氢与加氢技术，包括氢气的基本知识、车载储氢系统、加氢站与加氢设备。

本书介绍的动力电池以锂离子蓄电池和质子交换膜燃料电池为主，符合当前新能源汽车对动力电池的实际需求。每章章首都给出了教学目标、教学要求和导入案例，章尾配有形式多样的练习题，便于学生学习和复习，巩固学习内容，增强学习效果。本课程的参考学时为 32 学时，各章的参考学时见教学要求，可根据实际情况进行调整。

在本书的编写过程中，编者引用了一些资料和图片，以及参考文献中的部分内容，特向其作者表示深切的谢意。

由于编者学识有限，书中不当之处在所难免，恳请读者给予指正。

编 者
2023 年 2 月

资源索引

# 目 录

第1章 绪论 ……………………………… 1
1.1 动力电池的类型 …………………… 2
　1.1.1 化学电池 ……………………… 2
　1.1.2 物理电池 ……………………… 6
1.2 动力电池的性能指标 ……………… 8
　1.2.1 电压 …………………………… 8
　1.2.2 容量 …………………………… 11
　1.2.3 能量 …………………………… 13
　1.2.4 功率 …………………………… 13
　1.2.5 内阻 …………………………… 14
　1.2.6 放电电流 ……………………… 15
　1.2.7 荷电状态 ……………………… 16
　1.2.8 自放电率 ……………………… 16
　1.2.9 输出效率 ……………………… 16
　1.2.10 使用寿命 …………………… 17
1.3 动力蓄电池的结构类型与组合方式 ………………………………… 17
　1.3.1 动力蓄电池的结构类型 …… 17
　1.3.2 动力蓄电池的组合方式 …… 21
　1.3.3 动力蓄电池的布局 ………… 23
1.4 新能源汽车对动力蓄电池的要求 ………………………………… 24
　1.4.1 一般要求 ……………………… 24
　1.4.2 安全要求 ……………………… 25
1.5 新能源汽车动力蓄电池的发展目标 ………………………………… 26
　练习题 ………………………………… 27

第2章 动力蓄电池技术 ……………… 29
2.1 铅酸蓄电池的结构与原理 ………… 30
　2.1.1 铅酸蓄电池的基本结构 …… 30
　2.1.2 铅酸蓄电池的工作原理 …… 31
　2.1.3 铅酸蓄电池的特点 ………… 32
2.2 金属氢化物镍蓄电池的结构与原理 …………………………… 33
　2.2.1 金属氢化物镍蓄电池的基本结构 ……………………… 33
　2.2.2 金属氢化物镍蓄电池的工作原理 ……………………… 33
　2.2.3 金属氢化物镍蓄电池的特点 …………………………… 34
2.3 锂离子蓄电池的结构与原理 …… 35
　2.3.1 锂离子蓄电池的类型 ……… 35
　2.3.2 锂离子蓄电池的基本结构 …………………………… 38
　2.3.3 锂离子蓄电池的工作原理 …………………………… 39
　2.3.4 锂离子蓄电池的特点 ……… 41
　2.3.5 锂离子蓄电池的应用实例 …………………………… 41
2.4 锂离子蓄电池的主要材料 ……… 43
　2.4.1 正极材料 ……………………… 43
　2.4.2 负极材料 ……………………… 53
　2.4.3 隔膜 …………………………… 59
　2.4.4 电解质 ………………………… 61
2.5 锂离子蓄电池的要求 …………… 62
　2.5.1 锂离子蓄电池的尺寸要求 …………………………… 62
　2.5.2 锂离子蓄电池的技术要求 …………………………… 65
2.6 动力蓄电池的测试技术 ………… 68
　2.6.1 充电性能测试 ………………… 68
　2.6.2 放电性能测试 ………………… 69
　2.6.3 储存性能测试 ………………… 71
　2.6.4 耐振动测试 …………………… 72
　2.6.5 电安全测试 …………………… 72
　2.6.6 机械安全测试 ………………… 73
　2.6.7 环境安全测试 ………………… 75
　2.6.8 循环寿命测试 ………………… 77
2.7 动力蓄电池的匹配 ……………… 79
　2.7.1 动力蓄电池的匹配原则 …… 80

　　2.7.2　动力蓄电池的参数匹配……81
2.8　新体系电池…………………87
　　2.8.1　全固态锂离子蓄电池……87
　　2.8.2　锂硫电池………………91
　　2.8.3　金属空气电池……………92
　　2.8.4　石墨烯电池………………92
　　练习题……………………………92

# 第3章　电池管理系统……………95

3.1　电池管理系统的基本知识……96
　　3.1.1　电池管理系统的组成……96
　　3.1.2　电池管理系统的功能……98
　　3.1.3　电池管理系统的工作
　　　　　模式……………………99
　　3.1.4　动力蓄电池的热管理……100
3.2　电池管理系统的要求…………103
　　3.2.1　基本功能要求……………103
　　3.2.2　技术要求…………………103
3.3　电池管理系统的参数检测……107
　　3.3.1　电压检测…………………107
　　3.3.2　电流检测…………………109
　　3.3.3　温度检测…………………110
3.4　动力蓄电池的模型……………110
　　3.4.1　电化学模型………………111
　　3.4.2　等效电路模型……………113
　　3.4.3　参数辨识数学模型………116
3.5　动力蓄电池的SOC估计与SOH
　　估计………………………………118
　　3.5.1　动力蓄电池的SOC
　　　　　估计……………………118
　　3.5.2　动力蓄电池的SOH
　　　　　估计……………………124
3.6　动力蓄电池的均衡控制………130
　　3.6.1　动力蓄电池的不一
　　　　　致性……………………131
　　3.6.2　动力蓄电池均衡控制的
　　　　　目的……………………135
　　3.6.3　动力蓄电池均衡控制的
　　　　　方法……………………136
　　3.6.4　动力蓄电池均衡控制的
　　　　　策略……………………138

　　练习题……………………………139

# 第4章　动力蓄电池的充电技术…141

4.1　动力蓄电池的充电方法………142
　　4.1.1　常规充电方法……………142
　　4.1.2　快速充电方法……………144
4.2　动力蓄电池的充电方式………145
　　4.2.1　交流慢充方式……………146
　　4.2.2　直流快充方式……………147
　　4.2.3　电池更换充电方式………147
　　4.2.4　无线充电方式……………148
　　4.2.5　移动充电方式……………150
4.3　动力蓄电池的充电设备………150
　　4.3.1　电动汽车对充电设备的
　　　　　要求……………………150
　　4.3.2　车载充电机………………151
　　4.3.3　非车载充电机……………154
　　4.3.4　充电桩……………………158
4.4　充电基础设施的发展目标……160
　　练习题……………………………161

# 第5章　燃料电池技术……………163

5.1　燃料电池的定义与特点………164
　　5.1.1　燃料电池的定义…………164
　　5.1.2　燃料电池的特点…………166
5.2　燃料电池的主要类型…………167
　　5.2.1　质子交换膜燃料电池……167
　　5.2.2　碱性燃料电池……………169
　　5.2.3　磷酸燃料电池……………171
　　5.2.4　熔融碳酸盐燃料电池……172
　　5.2.5　固体氧化物燃料电池……174
　　5.2.6　直接甲醇燃料电池………176
5.3　质子交换膜燃料电池的
　　主要部件…………………………177
　　5.3.1　质子交换膜………………177
　　5.3.2　电催化剂…………………181
　　5.3.3　气体扩散层………………184
　　5.3.4　膜电极……………………187
　　5.3.5　双极板……………………189

5.4 燃料电池堆 …………………… 192
 5.4.1 燃料电池堆的组成 …… 192
 5.4.2 燃料电池堆的设计
   要求 ………………… 194
 5.4.3 燃料电池堆的安全
   要求 ………………… 195
 5.4.4 燃料电池堆的体积功率
   密度 ………………… 196
 5.4.5 国内燃料电池堆产品
   介绍 ………………… 197
5.5 燃料电池发电系统 …………… 199
 5.5.1 燃料电池发电系统的
   组成 ………………… 199
 5.5.2 燃料电池发电系统产品
   介绍 ………………… 202
 练习题 ………………………… 203

## 第 6 章 燃料电池的制氢与加氢技术 …………………………… 206

6.1 氢气的基本知识 ……………… 207
 6.1.1 氢气的基本性质 …… 207
 6.1.2 氢气的特点 ………… 208
 6.1.3 氢气的技术指标 …… 208
 6.1.4 氢气的制备方法 …… 209
 6.1.5 氢气储存 …………… 216
 6.1.6 氢气输送 …………… 219
6.2 车载储氢系统 ………………… 220
 6.2.1 车载储氢系统的组成 … 220
 6.2.2 车载储氢系统的技术
   条件 ………………… 221
 6.2.3 储氢罐 ……………… 224
6.3 加氢站与加氢设备 …………… 227
 6.3.1 加氢站 ……………… 227
 6.3.2 加氢机 ……………… 231
 6.3.3 加氢口 ……………… 234
 6.3.4 加氢枪 ……………… 237
 练习题 ………………………… 238

**参考文献** ………………………………… 240

**附录 AI 伴学内容及提示词** ………… 241

# 第1章 绪 论

教学目标

通过本章的学习，读者能够掌握动力电池的类型、性能指标，以及动力蓄电池的结构类型与组合方式，了解新能源汽车对动力蓄电池的要求及新能源汽车动力蓄电池的发展目标。

教学要求

| 教学内容 | 能力要求 | 参考学时 |
| --- | --- | --- |
| 动力电池的类型 | 1. 掌握化学电池和物理电池的定义与类型；<br>2. 掌握蓄电池和燃料电池的定义；<br>3. 能够识别各种新能源汽车的动力电池及其类型 | 2 |
| 动力电池的性能指标 | 1. 掌握电压、容量、能量、功率、内阻、放电电流、荷电状态、自放电率、输出效率、使用寿命的含义；<br>2. 能够分析动力电池主要性能指标与电动汽车的关系 | |
| 动力蓄电池的结构类型与组合方式 | 1. 掌握单体蓄电池、蓄电池模块、蓄电池包和蓄电池系统的含义；<br>2. 掌握动力蓄电池的组合方式和布局方式；<br>3. 能够根据蓄电池系统的电压、容量要求，对单体蓄电池进行串联、并联和混联设计 | 2 |
| 新能源汽车对动力蓄电池的要求 | 1. 了解新能源汽车对动力蓄电池的一般要求和安全要求；<br>2. 能够判断动力蓄电池是否符合要求 | |
| 新能源汽车动力蓄电池的发展目标 | 了解到2025年、2030年、2035年动力蓄电池的发展目标及含义 | |

新能源汽车动力电池技术

**导入案例**

《新能源汽车产业发展规划（2021—2035 年）》明确指出，发展新能源汽车是我国从汽车大国迈向汽车强国的必由之路，是应对气候变化、推动绿色发展的战略举措。到 2035 年，纯电动汽车成为新销售车辆的主流。动力电池作为新能源汽车的核心部件，其技术水平直接影响新能源汽车的发展。图 1.1 所示为纯电动汽车的动力蓄电池。

图 1.1　纯电动汽车的动力蓄电池

动力电池有哪些类型？代表动力电池技术水平的性能指标有哪些？动力蓄电池的结构类型有哪些？新能源汽车对动力蓄电池有哪些要求？新能源汽车动力蓄电池的发展目标是什么？通过本章的学习，读者可以得到答案。

## 1.1　动力电池的类型

动力电池是指为新能源汽车或其他电动汽车动力系统提供能量的电池，主要类型有化学电池和物理电池，其中化学电池较常用。

### 1.1.1　化学电池

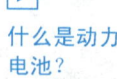
什么是动力电池？

化学电池是利用物质的化学反应发电的电池。1799 年，意大利物理学家伏特把许多锌片与银片之间垫上浸透盐水的纸板并叠放起来，如图 1.2 所示，用手触摸两端时，会感到强烈的电流刺激。伏特用这种方法成功制造了世界上第一个电池，实际上就是串联的电池组。为了纪念他，电压单位（伏特）以他的名字命名（人名 Volta 译为伏打，单位名 Volt 译为伏特）。

如今，化学电池种类繁多，形式多样，尺寸不同，形状有长筒形、方形、纽扣形等；最小的化学电池直径只有几毫米，最大的化学电池阵直径比足球场还大。无论是哪种化学电池，其化学反应的基本原理都是相同的。常见的化学电池分为阳极、阴极和电解液三个部分；电解液中溶解了很多正电荷和负电荷；当用导线连接阳极和阴极时，开始进行化学反应，化学能开始转换为电能。化学电池的基本原理如图 1.3 所示。

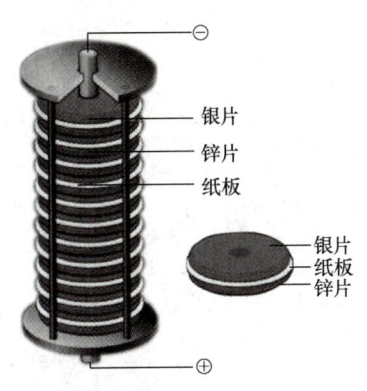

图 1.2 伏特发明的电池

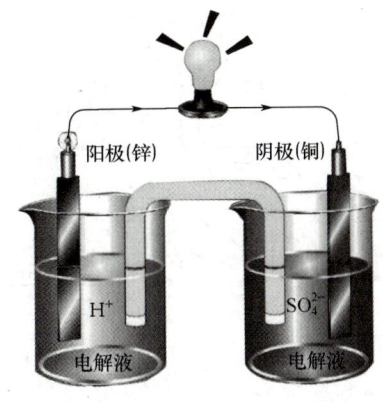

图 1.3 化学电池的基本原理

按工作性质的不同，化学电池分为原电池、蓄电池、燃料电池和储备电池，其中常用的是蓄电池和燃料电池。

1. 原电池

原电池是指电池放电后，不能用简单的充电方法使活性物质复原而继续使用的电池，如锌锰干电池、锂锰电池、一次锌银电池等。

2. 蓄电池

蓄电池是指电池放电后，可以通过充电方法使活性物质复原而继续使用的电池，如铅酸蓄电池、锂离子蓄电池等。

蓄电池在汽车上分为辅助蓄电池和动力蓄电池。辅助蓄电池在汽车上的工作原理如图 1.4 所示，发动机启动时，蓄电池的化学能转换为电能，给予起动机强大的启动电流；发动机工作时，发电机向蓄电池充电，将部分电能转换为化学能并储存起来。

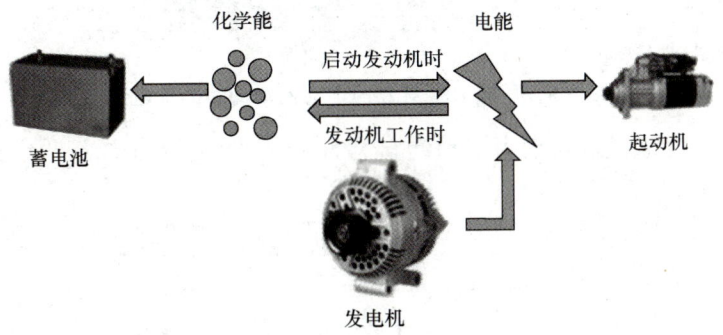

图 1.4 辅助蓄电池在汽车上的工作原理

动力蓄电池在纯电动汽车上的工作原理如图 1.5 所示。动力蓄电池系统主要包括动力蓄电池和电池管理系统，其功用是向驱动电动机提供电能、检测动力蓄电池的使用情况及控制充电设备向动力蓄电池充电。纯电动汽车行驶时，驾驶人控制加速踏板和制动踏板的行程，传感器将加速踏板、制动踏板机械位移的行程量转换为电信号，并输入整车控制器，经处理后转换为驱动信号并传递给电动机控制器，对驱动电动机进行启动、加速、减速、制动控制等。

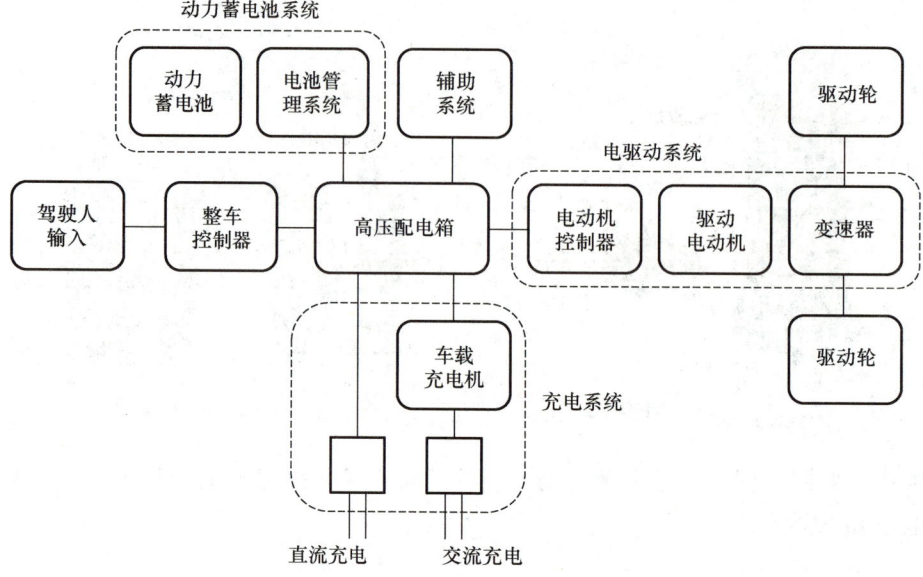

图 1.5 动力蓄电池在纯电动汽车上的工作原理

动力蓄电池一般安装在纯电动汽车的底部。蔚来 ES8 某款纯电动汽车的动力蓄电池如图 1.6 所示,其采用三元锂电池,电池能量为 100kW·h,总质量为 555kg,NEDC 工况下的续驶里程为 580km。

图 1.6 蔚来 ES8 某款纯电动汽车的动力蓄电池

动力蓄电池在并联式混合动力电动汽车上的工作原理如图 1.7 所示。当并联式混合动

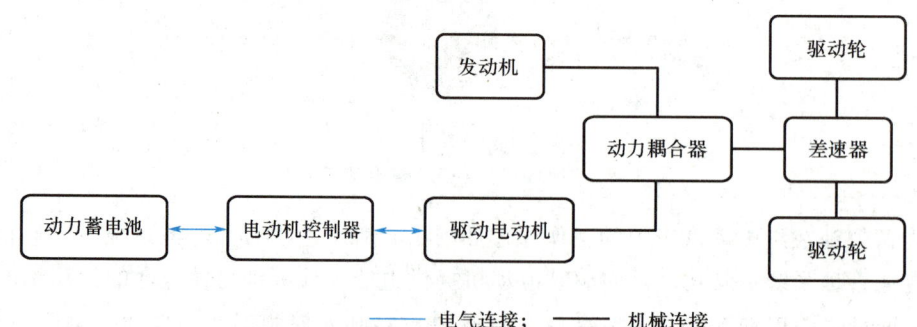

图 1.7 动力蓄电池在并联式混合动力电动汽车上的工作原理

力电动汽车处于起步、低速等轻载工况且动力蓄电池的电量充足时，发动机关闭，动力蓄电池系统提供能量并以驱动电动机驱动汽车行驶；当急加速或者爬坡时，发动机和驱动电动机均处于工作状态，驱动电动机所需的能量由动力蓄电池提供。

比亚迪唐混合动力电动汽车如图1.8所示。该车采用比亚迪自主研发的2.0TI发动机与六速自动变速器及两台位于前后桥的永磁同步电动机，可实现全时四驱模式，并且可以在混合动力模式和纯电模式之间自由切换。发动机的峰值功率为151kW，峰值转矩为320N·m；两台永磁同步电动机的峰值功率为220kW，峰值转矩为500N·m。在混合动力模式下，发动机和变速器可叠加更多动力，全车综合峰值功率为371kW，峰值转矩为820N·m。该车的动力蓄电池为三元锂电池，电池能量为18.4kW·h，NEDC工况下的纯电续驶里程为81km。

图1.8　比亚迪唐混合动力电动汽车

### 3. 燃料电池

燃料电池是指参加反应的活性物质从电池外部连续输入电池，电池连续工作而提供电能的电池，包括质子交换膜燃料电池、碱性燃料电池、磷酸燃料电池、熔融碳酸盐燃料电池、固体氧化物燃料电池等。

燃料电池在燃料电池电动汽车上的工作原理如图1.9所示。燃料电池和动力蓄电池一起为驱动电动机提供能量，驱动电动机将电能转换为机械能并传送给减速机构，驱动汽车行驶；当汽车制动时，驱动电动机变成发电机，动力蓄电池储存回馈的能量。当燃料电池和动力蓄电池联合供能时，燃料电池的能量输出变化较平缓，随时间变化波动较小，能量需求变化的高频部分由动力蓄电池分担。

上汽大通EUNIQ 7燃料电池电动汽车的底盘如图1.10所示，其中燃料电池前置，储氢罐中置，电驱模块和三元锂电池组后置。在该车的后副车架上，集成了"三合一"电驱模块及三元锂电池组，形成了动力输出的闭环，即使氢能系统发生故障，也能依靠三元锂电池组的电量行驶一段距离（但不会太长）。该车采用质子交换膜燃料电池，壳体材料为铝合金。燃料电池产生的电能，一部分用于驱动汽车行驶，另一部分传输到三元锂电池组中储存。汽车只要在加氢站加氢3min，就能加满额定储氢量为6.4kg的高压储氢罐，汽

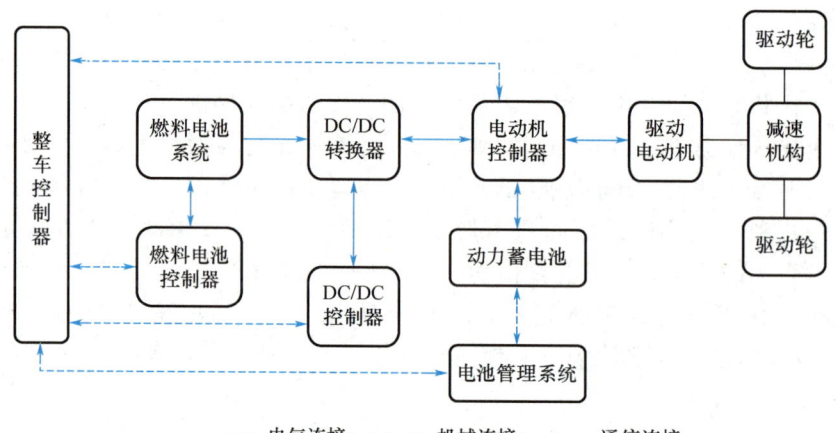

电气连接；—— 机械连接；---- 通信连接

图1.9　燃料电池在燃料电池电动汽车上的工作原理

车在 NEDC 工况下的续驶里程为 605km，百公里耗氢量为 1.18kg。

图1.10　上汽大通 EUNIQ 7 燃料电池电动汽车的底盘

### 4. 储备电池

储备电池是指电池正、负极与电解质在储存期间不直接接触，在使用前注入电解液或者使用其他方法使电解液与正、负极接触，而进入待放电状态的电池，主要有镁电池、热电池等。

## 1.1.2　物理电池

物理电池是指利用光、热、物理吸附等物理能量发电的电池，主要有飞轮电池、超级电容器、太阳能电池等。

### 1. 飞轮电池

飞轮电池突破了化学电池的局限，用物理方法实现储能。飞轮电池由飞轮、电动机、发电机、输入电子装置和输出电子装置组成,如图 1.11 所示。飞轮电池通过输入电子装置和输出电子装置与外部大功率的电气系统连接,外部系统传输的能量经电动机,通过提升飞轮的转速将电能转换为机械能并储存。当需要向负载输出功率时,飞轮通过发电机将机械能转换为电能,同时飞轮转速相应降低。由于飞轮电池的能量转换是单线程的,即不可能同时输入和输出能量,因此为了减小电池系统的质量、降低制造成本,通常将电动机、发电机及输入电子装置和输出电子装置集成在一起。

图 1.11 飞轮电池的组成

2. 超级电容器

超级电容器是具有超级储电能力、可提供强大脉冲功率的物理二次电源,是介于蓄电池与传统静电电容器之间的一种新型储能装置。超级电容器主要利用电极/电解质界面电荷分离形成的双电层,或借助电极表面的快速氧化还原反应产生的法拉第准电容储存电荷和能量。超级电容器是一种电化学元件,在电极与电解液的接触面有极高的比电容和非常大的表面积,但储能过程不发生化学反应,因此可反复充放电数十万次。超级电容器具有很高的功率密度,放电电流可以达到数百安培,在大电流应用场合,特别是高能脉冲环境,可很好地满足功率要求。同时,超级电容器充放电时间短、效率高,可在很短的时间内完成一个充放电循环,所用时间远远少于可充电电池,特别适合短距离行驶的城市客车。超级电容城市客车如图 1.12 所示。

图 1.12 超级电容城市客车

3. 太阳能电池

太阳能电池利用阳光和材料的相互作用产生电能,是对环境无污染的电池,可以解决人类社会发展中能源需求方面的问题。太阳能电池作为人们可持续利用的太阳能资源,是解决世界范围内能源危机和环境问题的重要途径。太阳能电池在汽车上的应用主要集中在两个方面:一是作为驱动力;二是作为辅助能源。太阳能电池作为驱动力时,一般组成太阳能电池板,通过太阳能电池板转换的电能驱动汽车行驶,太阳能汽车如图 1.13 所示;

太阳能电池作为辅助能源时，应用较广泛的是太阳能天窗。

图 1.13　太阳能汽车

# 1.2　动力电池的性能指标

动力电池是新能源汽车的储能装置，其性能指标可评定动力电池的实际效应。动力电池的主要性能指标有电压、容量、能量、功率、内阻、放电电流、荷电状态、自放电率、输出效率、使用寿命等。动力电池种类不同，其性能指标也有所差异。

## 1.2.1　电压

动力电池的电压包括电动势、开路电压、工作电压、标称电压、放电终止电压和充电终止电压。

### 1. 电动势

动力电池的电动势是指电池正极和负极平衡电势（平衡电位）的差值，它是动力电池理论上输出能量的表征之一。其与极板上活性物质的电化学性质和电解液的浓度有关，与极板的面积无关。极板上的活性物质固定后，动力电池的电动势主要由电解液的浓度决定。此外，电动势还受温度影响，一般温度升高，电动势也升高；反之，电动势降低。如果其他条件相同，则电动势越高，动力电池理论上输出的能量就越大。实际上，动力电池的两个电极一般不处于热力学的可逆状态，因此动力电池在开路状态下的开路电压不等于电动势。

动力电池的电动势不能用伏特计测量，因为动力电池与伏特计连接后形成通路，有电流通过，发生电化学反应，电极被极化，电解液浓度改变，电动势不能保持稳定；而且动力电池本身有内阻，伏特计测量的两极电位差只是电动势的一部分。当动力电池无电流（或有极小电流）通过时，利用对消法（补偿法）测量的两极电位差为动力电池的电动势。

### 2. 开路电压

开路电压是指外电路没有电流流过时，电池正极与负极的电位差。开路电压主要由极板上的活性物质，电解质，电池中发生反应的性质和条件（如浓度、温度等）决定，与电池的形状结构和尺寸无关。开路电压是一个实测值。一般情况下，动力电池的开路电压小于电动势,因为动力电池的两极在电解液中建立的电极电位通常不是平衡电极电位,而是稳定电极电位。利用动力电池的开路电压,可以判断荷电状态(state of charge,SOC)。

某锂离子蓄电池的开路电压与温度和荷电状态的关系见表1-1。可以看出,当荷电状态为0~20%和80%~100%时,开路电压随温度的升高而减小;当荷电状态为30%~70%时,开路电压随温度的升高而增大。

表1-1 某锂离子蓄电池的开路电压与温度和荷电状态的关系

| 荷电状态/(%) | 15℃ | 25℃ | 35℃ | 45℃ |
|---|---|---|---|---|
| | 开路电压/V | | | |
| 100 | 4.1958 | 4.1955 | 4.1953 | 4.1949 |
| 90 | 4.0538 | 4.0535 | 4.0535 | 4.0535 |
| 80 | 3.9496 | 3.9502 | 3.9499 | 3.9496 |
| 70 | 3.8588 | 3.8594 | 3.8594 | 3.8597 |
| 60 | 3.7828 | 3.7834 | 3.7834 | 3.7834 |
| 50 | 3.7007 | 3.7013 | 3.7013 | 3.7019 |
| 40 | 3.6539 | 3.6514 | 3.6535 | 3.6554 |
| 30 | 3.6224 | 3.6226 | 3.6235 | 3.6239 |
| 20 | 3.5866 | 3.5866 | 3.5866 | 3.5863 |
| 10 | 3.5109 | 3.5106 | 3.5100 | 3.5099 |
| 0 | 3.4468 | 3.4461 | 3.4458 | 3.4452 |

### 3. 工作电压

工作电压也称放电电压,是指动力电池接通负载后,在工作电流下放电时两个端子的电位差。因为电流流过电池内部时,必须克服极化内阻和欧姆内阻产生的阻力,处于放电状态下的端电压,所以动力电池的工作电压总是小于开路电压。动力电池放电初始的工作电压称为初始电压。动力电池的工作电压

$$U_{oc} = E - IR_i = E - I(R_\Omega + R_f) \tag{1-1}$$

式中,$U_{oc}$ 为动力电池的工作电压;$E$ 为动力电池的电动势;$I$ 为动力电池的工作电流;$R_i$ 为动力电池的内阻;$R_\Omega$ 为动力电池的欧姆内阻;$R_f$ 为动力电池的极化内阻。

动力电池的工作电压受放电倍率的影响,不同放电倍率下某动力电池的工作电压如图1.14所示。由图可以看出,动力电池的工作电压下降速率随放电倍率的增大而先减小后陡降,工作电压的变化存在较明显的平台期,平台期内下降缓慢。同时,动力电池的放电倍率越大,工作电压下降越快。

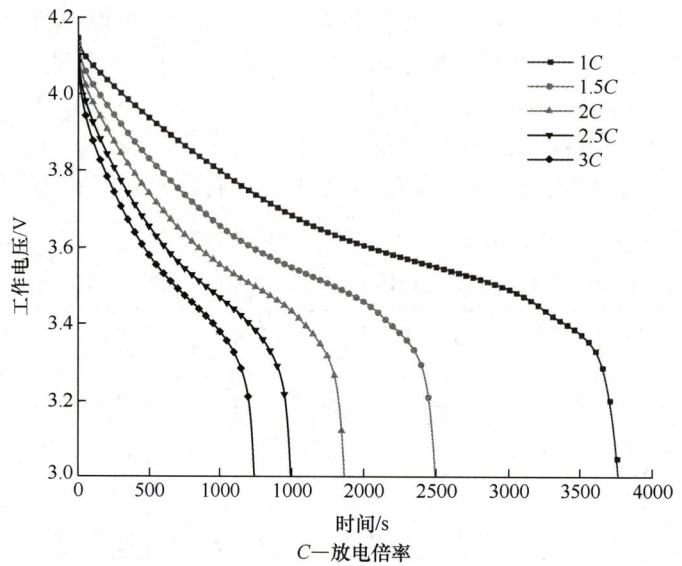

图 1.14　不同放电倍率下某动力电池的工作电压

图 1.15 所示为某动力电池在 25℃以 1C 放电时开路电压与工作电压的测试结果。由图可以看出，动力电池的开路电压拟合曲线始终位于工作电压曲线上方，因为动力电池内部存在阻抗，开路电压与工作电压始终存在一定差值。

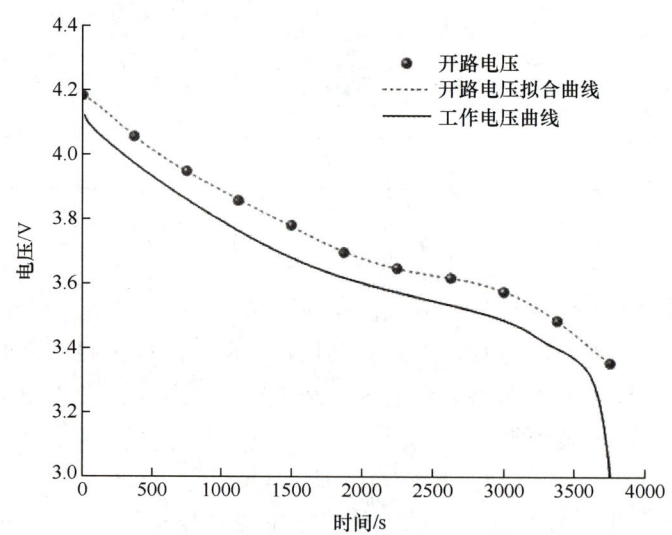

图 1.15　某动力电池在 25℃以 1C 放电时开路电压与工作电压的测试结果

**4. 标称电压**

标称电压也称额定电压，是指动力电池在标准规定条件下工作时应达到的电压，也是由制造厂商指定的用以标识电池的适宜的电压近似值，可以用来区分不同的电化学体系电池。标称电压由正、负极材料的类型和电解液的浓度决定。铅酸蓄电池的标称电压为 2V，金属氢化物/镍蓄电池的标称电压为 1.2V，磷酸铁锂电池的标称电压为 3.3V，锰酸锂电池和钴酸锂电池的标称电压为3.7V，三元锂电池的标称电压为3.7V。随着电池材料的改进，标称电压也在发生变化，最终以制造厂商给出的标称电压值为准。

电动汽车动力电池系统由成百上千个单体蓄电池组合而成，其标称电压可达到几百伏。电动汽车动力电池系统的标称电压一般标注在电动汽车铭牌上。

#### 5. 放电终止电压

放电终止电压是指动力电池正常放电时允许达到的最低电压。动力电池的类型不同，放电条件不同，对容量和使用寿命的要求不同，因而规定的放电终止电压也不同。一般在低温、大电流放电时，放电终止电压可规定得低些；小电流放电时，放电终止电压可规定得高些。因为低温、大电流放电时，电极极化大，活性物质无法得到充分利用，电池电压下降较快；小电流放电时，电极极化小，活性物质能够得到较充分的利用，电池电压下降较慢。若电池电压低于放电终止电压后，电池继续放电，则为过放电，可能会破坏电池的正常功能并（或）引发危险事故。电池放电终止电压随放电电流的不同而不同，其值不是固定的。放电终止电压与放电率有关，放电电流直接影响放电终止电压。在规定的放电终止电压下，放电电流越大，电池容量越小。铅酸蓄电池的放电终止电压一般为1.6V，金属氢化物镍蓄电池的放电终止电压一般为1V，锂离子蓄电池的放电终止电压一般为3V。

#### 6. 充电终止电压

充电终止电压是指按规定的充电制度，电流由恒流充电转换为恒压充电时的最大电压。不同电化学体系的电池，充电终止电压不同，如铅酸蓄电池的充电终止电压一般为2.7~2.8V，金属氢化物/镍蓄电池的充电终止电压一般为1.5V，锂离子蓄电池的充电终止电压一般为4.25V。

放电终止电压和充电终止电压以制造厂商给出的值为准。

### 1.2.2 容量

动力电池的容量就是电池储存电量，是指在一定的放电条件下，电池可以释放的电量，单位为A·h或kA·h，其值等于放电电流与放电时间的乘积。1A·h是指能在1A的电流下放电1h。动力电池的容量与电动汽车的续驶里程有关，在额定电压一定的条件下，电池容量越大，电动汽车的续驶里程越长。在电压相同的情况下，可以使用容量比较同种电池。若两种电池的工作电压不同，则不能用容量比较，需用能量比较。

电池内活性物质的数量决定了电荷量，而活性物质的含量由电池的材料和体积决定，通常电池体积越大，容量越大。电池的容量可以分为理论容量、额定容量、实际容量、比容量、剩余容量等。

#### 1. 理论容量

理论容量是假设活性物质全部参加成流反应电池所释放的电量，可根据活性物质的质量，按照法拉第定律计算求得。

成流反应是指电池放电时，正、负极上发生的形成放电电流的主导的电化学反应。实际上，电池体系往往很复杂，成流反应是主导的电极反应，还可能存在一些副反应（如自放电），使活性物质的利用率和电池的可逆性降低。

法拉第电解定律指出，电极上发生化学反应的物质的质量与通入的电量成正比。电极的理论容量

$$C_0 = \frac{m_0}{K} \tag{1-2}$$

式中，$C_0$ 为电极的理论容量；$m_0$ 为参加电池成流反应的活性物质质量；$K$ 为活性物质的电化当量，$K = \frac{M}{26.8n}$（$M$ 为活性物质的摩尔质量，$n$ 为成流反应得失的电子数）。

由于不同电池体系的理论容量只与参加电化学反应的活性物质有关，因此可以按反应的电化当量计算。确定电池活性物质的质量后，电池的理论容量主要取决于活性物质的电化当量，活性物质的电化当量越小，电池的理论容量就越大；活性物质的电化当量越大，电池的理论容量就越小。典型物质的电化当量可通过查表获得。

#### 2. 额定容量

额定容量是指设计和制造动力电池时，规定或保证其在一定的放电条件（如温度、放电终止电压、放电倍率等）下应该释放的最小容量，也是由制造厂商标明的电池容量，一般标注在电动汽车的铭牌上。

#### 3. 实际容量

实际容量是指在一定的放电条件下，动力电池实际释放的电量。实际容量的数值等于放电电流与放电时间的乘积。

动力电池的实际容量取决于活性物质的数量及利用率。由于动力电池存在内阻等，活性物质不可能被完全利用，即活性物质的利用率总是小于1，因此动力电池的实际容量、额定容量总是小于理论容量。活性物质的利用率取决于电池的放电制度和结构。高倍率、大电流放电时，电极极化较大，内阻增大，放电电压下降较快，实际容量较小；低倍率、小电流放电时，电极的极化较小，内阻减小，放电电压下降缓慢，电池实际容量较大，有时会大于额定容量。采用薄型电极和多孔电极可以减小电池内阻，提高活性物质的利用率，从而增大电池的实际容量。

#### 4. 比容量

通常用比容量比较不同系列的电池。比容量是指单位体积或单位质量电池所能释放的容量，分为体积比容量（单位为 A·h/L）和质量比容量（单位为 A·h/kg）。

电池的容量就是其正极（或负极）的容量，而不是正极容量与负极容量之和。因为电池工作时，通过正极和负极的电量总是相等的。电池的容量取决于容量较小的电极。电池工作时，一般正极容量控制整个电池的容量，而负极容量过剩。

#### 5. 剩余容量

剩余容量是指在规定条件下使用（或放电或储存）后，动力电池的剩余容量。剩余容量的估计和计算受电池前期使用的放电倍率、放电时间、储存时间、自放电率、环境等因素的影响。

## 1.2.3 能量

动力电池的能量是指电池储存的能量,是指电池在一定放电条件下对外做功所能输出的电能,单位为 W·h 或 kW·h。能量影响电动汽车的续驶里程,能量越大,电动汽车的续驶里程越长。动力电池的能量与容量的关系为

$$动力电池的能量 = 动力电池的容量 \times 额定电压$$

动力电池的能量主要有理论能量、实际能量和比能量。

### 1. 理论能量

假设动力电池在放电过程中始终处于平衡状态,其放电电压保持电动势的数值,且活性物质的利用率为 100%,放电容量为理论容量,则电池输出的能量为理论能量。理论能量的数值等于动力电池的理论容量与电动势的乘积。

### 2. 实际能量

实际能量是指动力电池放电时实际输出的能量,其值等于电池实际放电电压、放电电流对放电时间的积分。在实际应用中,经常用电池实际容量与电池放电平均工作电压的乘积估算实际能量。因为活性物质不可能完全被利用,电池的工作电压永远小于电动势,所以电池的实际能量总是小于理论能量。

### 3. 比能量

比能量是指单位质量或单位体积的动力电池所释放的能量,相应地称为质量比能量(单位为 W·h/kg)或体积比能量(单位为 W·h/L),也称质量能量密度或体积能量密度。

动力电池的比能量分为理论比能量和实际比能量。理论比能量可以根据正、负极活性物质的电化当量(如果电解质参加电池的成流反应,则需要加上电解质的电化当量)和动力电池的电动势计算,即

$$W_0 = \frac{1000}{K_+ + K_-} E \qquad (1-3)$$

式中,$W_0$ 为动力电池的理论比能量;$K_+$ 为正极活性物质的电化当量;$K_-$ 为负极活性物质的电化当量;$E$ 为动力电池的电动势。

比能量是衡量动力电池质量和体积的标准,是设计动力电池时需要考虑的重要指标。在电动汽车应用领域,因为质量比能量影响电动汽车的整车质量和续驶里程,体积比能量影响动力电池在电动汽车上的布置空间,所以单体蓄电池和蓄电池组的能量密度也是评价动力电池满足应用需要的重要指标。

受各种因素的影响,动力电池的实际比能量远小于理论比能量。

## 1.2.4 功率

动力电池的功率是指在一定放电条件下,单位时间内电池输出的能量,单位为 W 或 kW。动力电池的功率决定了电动汽车的加速性能和爬坡能力,动力电池的功率越大,电动汽车的加速性能和爬坡能力越强。

动力电池的功率分为理论功率、实际功率和功率密度。

动力电池的理论功率

$$P_0 = IE \quad (1-4)$$

式中，$P_0$ 为动力电池的理论功率；$I$ 为恒定的放电电流；$E$ 为动力电池的电动势。

动力电池的实际功率

$$P = IE - I^2 R_i \quad (1-5)$$

式中，$P$ 为动力电池的实际功率；$R_i$ 为动力电池的内阻。

功率密度是指单位质量或单位体积的电池所输出的功率，相应地称为质量功率密度（单位为 W/kg）或体积功率密度（单位为 W/h）。功率密度表示动力电池所能承受的工作电流，功率密度大，表示动力电池可以承受大电流放电。功率密度是判断单体蓄电池或蓄电池组满足电动汽车加速性能、爬坡能力和制动能量回收能力的重要指标。

## 1.2.5 内阻

动力电池的内阻是指电流通过电池内部受到的阻力，包括欧姆内阻和极化内阻。

### 1. 欧姆内阻

欧姆内阻主要由电极材料、电解液、隔膜的电阻及各组件的接触电阻组成。欧姆内阻与动力电池的尺寸、结构、装配等有关，如果结构合理、装配紧凑，则欧姆内阻小。欧姆内阻还与温度和荷电状态有关。图 1.16 所示为某动力电池的欧姆内阻与温度和荷电状态的关系。可以看出，欧姆内阻受温度影响较大，受荷电状态影响较小。

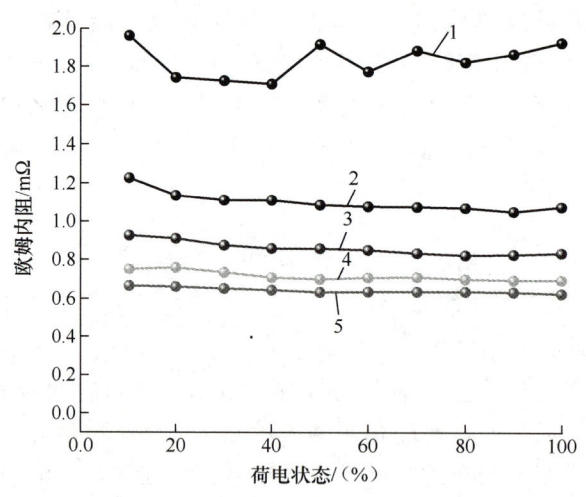

1—0℃欧姆内阻；2—15℃欧姆内阻；3—25℃欧姆内阻；4—35℃欧姆内阻；5—45℃欧姆内阻

图 1.16 某动力电池的欧姆内阻与温度和荷电状态的关系

### 2. 极化内阻

极化内阻是指动力电池的正、负极在进行电化学反应时由极化引起的内阻，其值为电化学极化和浓差极化引起的电阻之和。极化内阻与活性物质的性质、电极的结构、动力电池的制造工艺等有关，特别是与动力电池的工作条件密切相关，放电电流和温度对其影响很大。放电电流不同,产生的电化学极化和浓差极化不同。大电流放电时,电化学极化和浓差极化均增大,使得极化内阻增大。在低温下,极化内阻也会增大。可见,极化内阻不是一个常数,而是随着放电制度、放电温度等的改变而改变。

极化内阻与温度和荷电状态有关。图 1.17 所示为某动力电池的极化内阻与温度和荷电状态的关系。可以看出,动力电池的极化内阻受温度和荷电状态的影响均较大。

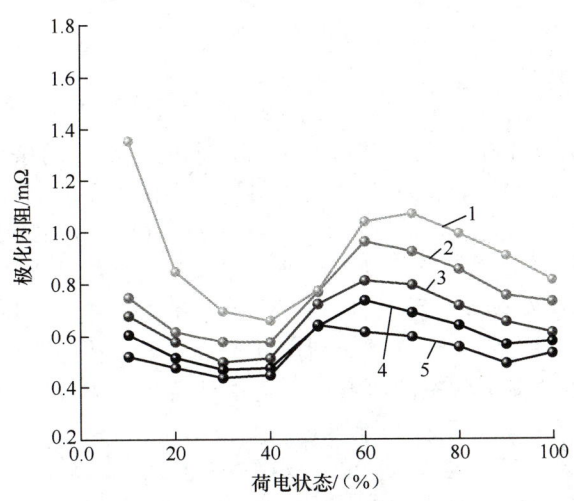

1—0℃极化内阻;2—15℃极化内阻;3—25℃极化内阻;4—35℃极化内阻;5—45℃极化内阻

图 1.17　某动力电池的极化内阻与温度和荷电状态的关系

欧姆内阻大于极化内阻,但随着温度的升高,两者的差值逐渐减小。

由于内阻是决定电池性能的重要指标,直接影响动力电池的工作电压、工作电流、输出的能量和功率等,因此希望动力电池的内阻越小越好。

## 1.2.6　放电电流

放电电流是指动力电池放电时的电流。放电电流直接影响动力电池的各项性能指标,如容量或能量。放电电流一般用放电率表示,放电率是指动力电池放电时的时率,常用时率和倍率表示。

### 1. 时率

时率也称小时率,是以放电时间(h)表示的放电速率,或者是以一定的放电电流放完额定容量所需的小时数。例如,电池的额定容量为 80A·h,若以 10A 电流放电,则时率为 80A·h/10A=8h,称该电池以 8h 率放电;若以 20A 电流放电,则时率为 80A·h/20A=4h,称该电池以 4h 率放电。由此可见,放电时率表示的时间越短,放电电流越大;放电时率表示的时间越长,放电电流越小。

### 2. 倍率

倍率是指在电池规定时间内放出额定容量($C$)所输出的电流,其值等于电池放电电流与额定容量的比值。放电倍率分为低放电倍率(<0.5$C$)、中放电倍率[(0.5~3.5)

$C$］、高放电倍率［（3.5~7.0)$C$］、超高放电倍率（>7.0$C$）。

例如，额定容量为 10A·h 的电池，若以 5h 率放电，放电倍率为 0.2$C$；若以 0.5h 率放电，放电倍率为 2$C$。

当额定容量为 100A·h 的电池以 20A 放电时，其放电倍率为 0.2$C$。1$C$、2$C$、0.2$C$ 是电池放电速率，表示放电速度。若 1h 率放电完毕，则称为 1$C$ 放电；若 5h 率放电完毕，则称为 1/5=0.2$C$ 放电。一般可以通过不同的放电电流检测电池的容量。对于 24A·h 的电池来说，2$C$ 放电电流为 48A，0.5$C$ 放电电流为 12A。

## 1.2.7 荷电状态

荷电状态是指动力电池在一定放电倍率下，剩余电量与相同条件下额定容量的比值，反映动力电池容量变化的特性，是动力电池使用过程中的重要参数。荷电状态值是一个相对值，一般用百分比的形式表示（0≤SOC≤100％）。SOC＝100％ 表示电池为充满状态，SOC=0 表示电池为全放电状态。因为动力电池所能放出的容量受充/放电倍率、温度、自放电、老化、充/放电循环次数等的影响，所以表示动力电池剩余电量的荷电状态也与这些因素有关。在实际应用中，需要经常估算荷电状态。一般动力电池的放电高效率区为 50％~80％SOC。对动力电池荷电状态的研究已成为电池管理的重要环节。

## 1.2.8 自放电率

自放电率是指动力电池储存期间容量的下降率，即动力电池无负荷时放电使容量损失的速度，它表示动力电池搁置后容量变化的特性。自放电率用单位时间容量下降的百分数表示，即

$$\eta_{\Delta c}=\frac{C_a-C_b}{C_a\times T_t}\times 100\%  \quad (1-6)$$

式中，$\eta_{\Delta c}$ 为自放电率；$C_a$ 为动力电池储存前的容量；$C_b$ 为动力电池储存后的容量；$T_t$ 为动力电池储存的时间，常用天、月计算。

自放电率除了与动力电池自身特性有关，还与环境温度、湿度等有关。

## 1.2.9 输出效率

动力电池作为能量储存器，充电时把电能转换为化学能并储存起来，放电时释放电能，在这个可逆的电化学转换过程中有一定的能量损耗。输出效率通常用容量效率和能量效率表示。

### 1. 容量效率

容量效率的值等于动力电池放电时输出的容量与充电时输入的容量之比，即

$$\eta_c=\frac{C_o}{C_i}\times 100\%  \quad (1-7)$$

式中，$\eta_c$ 为容量效率；$C_o$ 为动力电池放电时输出的容量；$C_i$ 为动力电池充电时输入的容量。

影响容量效率的主要因素是副反应。当动力电池充电时，一部分电量消耗在水的分解上。此外，自放电、电极活性物质的脱落、结块、孔率收缩等也会降低输出容量。

### 2. 能量效率

能量效率也称电能效率，其值等于动力电池放电时输出的能量与充电时输入的能量之

比,即

$$\eta_E = \frac{E_o}{E_i} \times 100\%  \qquad(1-8)$$

式中,$\eta_E$ 为能量效率;$E_o$ 为动力电池放电时输出的能量;$E_i$ 为动力电池充电时输入的能量。

影响能量效率的因素是动力电池的内阻,它使充电电压增大,放电电压减小。内阻以电池发热的形式损耗能量。

## 1.2.10 使用寿命

使用寿命是指电池在规定条件下的有效寿命期限。当动力电池内部短路或损坏而不能使用,以及容量达不到规范要求时,动力电池失效,使用寿命终止。动力电池的使用寿命包括循环寿命和储存寿命。

### 1. 循环寿命

循环寿命是在指定的充放电终止条件下,以特定的充放电制度进行充放电,动力电池在不能满足寿命终止标准前所能进行的循环次数。由于循环寿命受放电深度、放电温度、充放电电流的影响比较明显,因此在表示动力电池的循环寿命时,还要指出循环条件,如循环寿命 1000 次(在 100% 放电深度、常温、1C 条件下)。

不同动力电池的循环寿命是不同的,即使是同一系列、同一规格的动力电池,循环寿命也可能有较大差异。影响动力电池循环寿命的因素很多,除了正确使用和维护,还要注意以下六点。

(1) 在充放电循环过程中,电极活性表面积不断减小,使工作电流密度增大,电池极化增大。

(2) 电极上的活性物质脱落或转移。

(3) 在动力电池的工作过程中,某些电极材料被腐蚀。

(4) 在循环过程中,电极上形成枝晶,造成动力电池内部微短路。

(5) 隔膜老化、损坏。

(6) 活性物质在充放电过程中发生不可逆晶形改变,使活性降低。

### 2. 储存寿命

储存寿命也称搁置寿命,是指动力电池自放电时,容量下降到某规定容量经过的时间。

## 1.3 动力蓄电池的结构类型与组合方式

新能源汽车动力蓄电池的结构类型、组合方式及布局有多种。

### 1.3.1 动力蓄电池的结构类型

动力蓄电池的结构类型主要有单体蓄电池、蓄电池模块、蓄电池包和蓄电池系统。

### 1. 单体蓄电池

单体蓄电池也称电芯，是将化学能与电能相互转换的基本单元装置，通常包括电极、隔膜、电解质、外壳和端子。

单体蓄电池是组成蓄电池系统的基本单元，常用方形蓄电池和圆柱形蓄电池。图1.18所示为方形蓄电池。

图1.18　方形蓄电池

### 2. 蓄电池模块

蓄电池模块也称蓄电池模组，是将多个单体蓄电池按照串联、并联或混联方式组合，作为电源使用的组合体。图1.19所示为方形蓄电池模块爆炸图。图1.20所示为圆柱形蓄电池模块爆炸图。

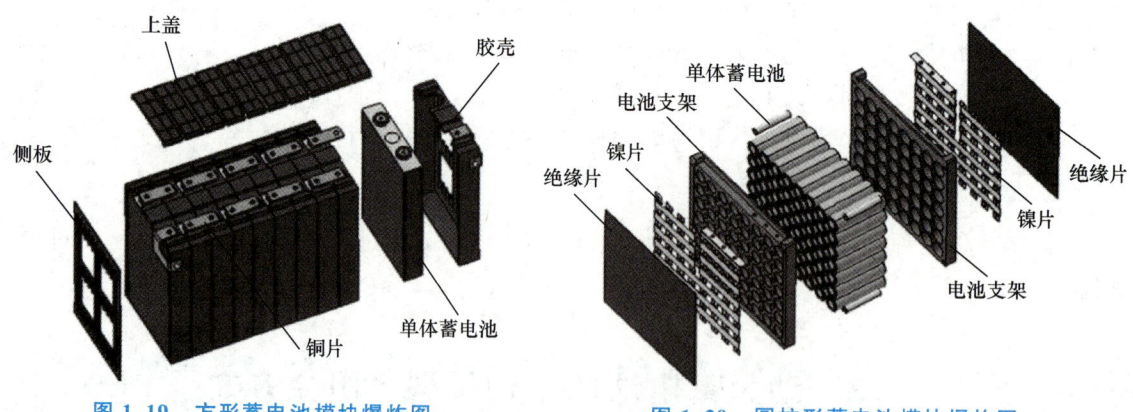

图1.19　方形蓄电池模块爆炸图　　　图1.20　圆柱形蓄电池模块爆炸图

### 3. 蓄电池包

蓄电池包是能量的储存装置，由若干蓄电池模块组成，通常还包括蓄电池电子部件、高压电路、过电流保护装置及与其他外部系统（如冷却系统、高压系统、辅助低压系统和通信系统等）的接口、维修开关（可选）。所有部件安装在蓄电池箱中。蓄电池包的典型结构如图 1.21 所示。

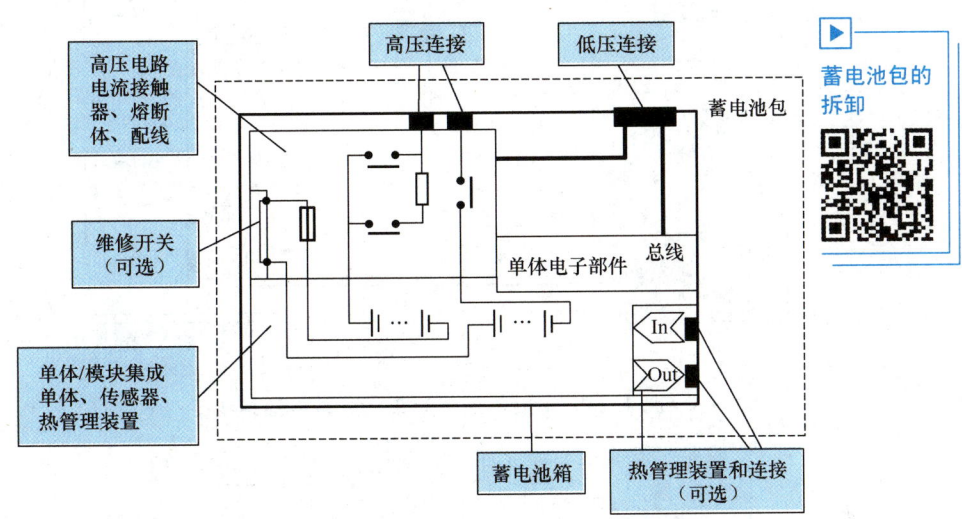

图 1.21　蓄电池包的典型结构

图 1.22 所示为某电动汽车的蓄电池包。

图 1.22　某电动汽车的蓄电池包

4. 蓄电池系统

蓄电池系统是能量储存装置，包括一个或多个蓄电池包，还包括电路和电子控制单元（如电池控制单元、电流接触器）。蓄电池系统有两种典型结构：集成电池控制单元的蓄电池系统和带外置电池控制单元的蓄电池系统，分别如图 1.23 和图 1.24 所示。电池控制单元是指控制、管理、检测或计算蓄电池系统的电和热相关参数，并为蓄电池系统和其他汽车控制器提供通信的电子装置，是电池管理系统的核心部件。

图 1.25 所示为某纯电动汽车的蓄电池系统爆炸图。

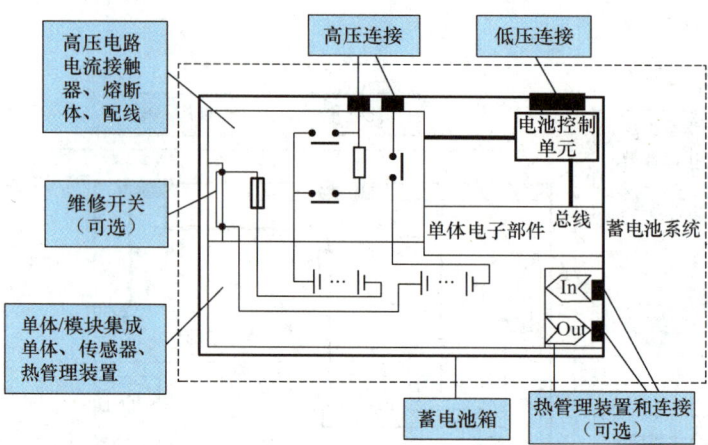

图 1.23 集成电池控制单元的蓄电池系统

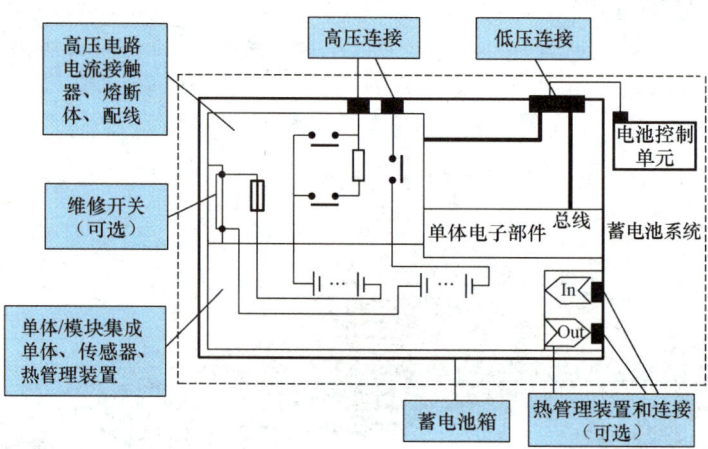

图 1.24 带外置电池控制单元的蓄电池系统

锂电池的组装

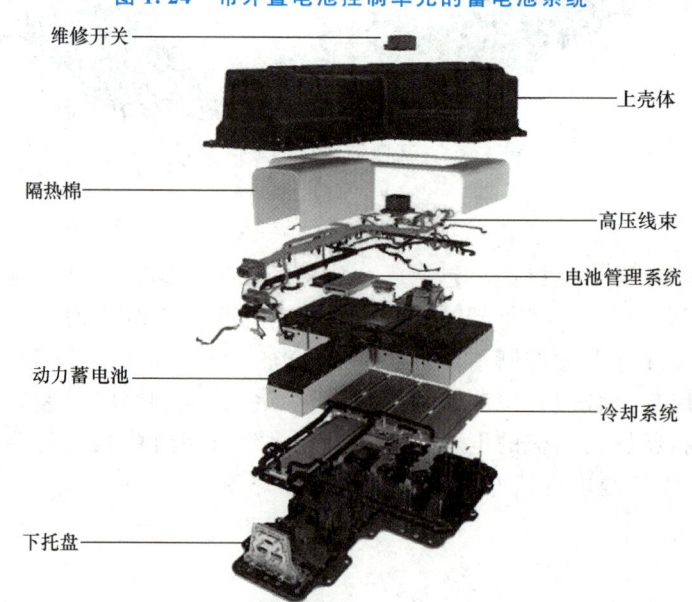

图 1.25 某纯电动汽车的蓄电池系统爆炸图

## 1.3.2 动力蓄电池的组合方式

作为电动汽车的能量来源，单体蓄电池无法满足要求，需要根据实际输出的电压和容量要求，将几百个或几千个单体蓄电池通过串联、并联和混联的方式组成蓄电池组。另外，电动汽车空间有限，动力蓄电池系统的布局必须与电动汽车的空间设计一致。

动力蓄电池的组合方式有串联、并联和混联。单体蓄电池串联的主要目的是增大动力蓄电池系统的电压；单体蓄电池并联的主要目的是增大动力蓄电池系统的容量；单体蓄电池混联的主要目的是既增大动力蓄电池系统的电压，又增大动力蓄电池系统的容量，是常用的方式。

### 1. 串联组合蓄电池组

图 1.26 所示为单体蓄电池的串联连接，单体蓄电池的正极和负极依次首尾连接，串联后电压相加，但容量不变。单体蓄电池串联使用适合电流不变、电压需要增大的场合。

图 1.27 所示为单体蓄电池的串联电路，如果有 $n$ 个单体蓄电池串联，每个单体蓄电池的开路电压为 $U$，内阻为 $R_i$，外电阻为 $R$，则 $n$ 个单体蓄电池串联组成的蓄电池组的电压为 $nU$，总内阻为 $nR_i$，蓄电池组的电流

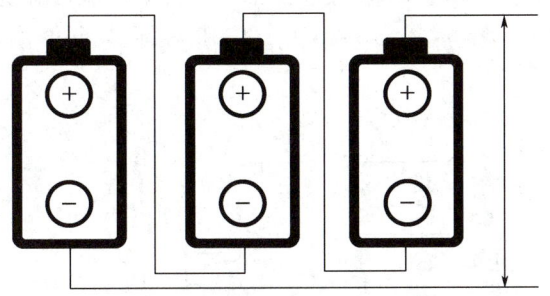

图 1.26 单体蓄电池的串联连接

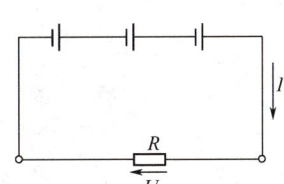

图 1.27 单体蓄电池的串联电路

$$I = \frac{nU}{R + nR_i} = \frac{nU}{R\left(1 + \frac{nR_i}{R}\right)} \quad (1-9)$$

### 2. 并联组合蓄电池组

图 1.28 所示为单体蓄电池的并联连接，单体蓄电池的正极和正极连接，负极和负极连接，并联后容量相加，但电压不变。单体蓄电池并联使用适合电压不变、电流需要增大的场合。单体蓄电池无论是串联还是并联，蓄电池组的输出功率都增大。

图 1.29 所示为单体蓄电池的并联电路，如果有 $n$ 个单体蓄电池并联，每个单体蓄电池的开路电压都为 $U$，内阻都为 $R_i$，外电阻都为 $R$，则 $n$ 个单体蓄电池并联组成的蓄电池组的电压为 $U$，蓄电池组的总内阻为 $\frac{R_i}{n}$，蓄电池组的电流

$$I = \frac{U}{R + \frac{R_i}{n}} = \frac{U}{R\left(1 + \frac{R_i}{nR}\right)} \quad (1-10)$$

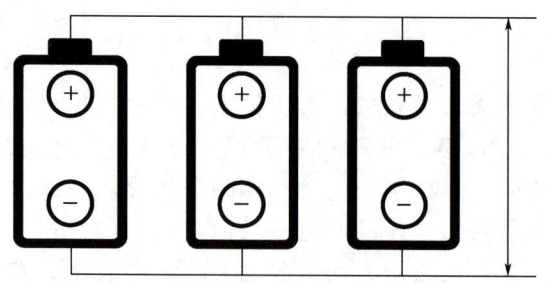

图 1.28 单体蓄电池的并联连接

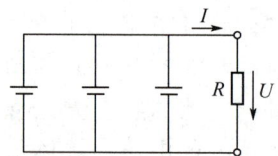

图 1.29 单体蓄电池的并联电路

要获得较大容量的动力蓄电池系统,需在单体蓄电池电压和外电阻不变的情况下,并联更多单体蓄电池。

### 3. 混联组合蓄电池组

当动力蓄电池系统需要同时输出较大电压和较大容量时,单一串联或并联组合形式难以满足使用要求,可以根据实际的电压和容量要求,先将 $n$ 个单体蓄电池串联,再将 $m$ 个串联蓄电池组并联,组成混联蓄电池组。

图 1.30 所示为单体蓄电池的混联连接,分别为 3S2P 和 3S$n$P。3S2P 表示 3 个单体蓄电池先串联,再将两组并联。如果每个单体蓄电池的电压都为 3.7V,容量都为 2.4A·h,则 3S2P 蓄电池组的电压为 11.1V,容量为 4.8A·h。3S$n$P 表示 3 个单体蓄电池先串联,再将 $n$ 组并联。

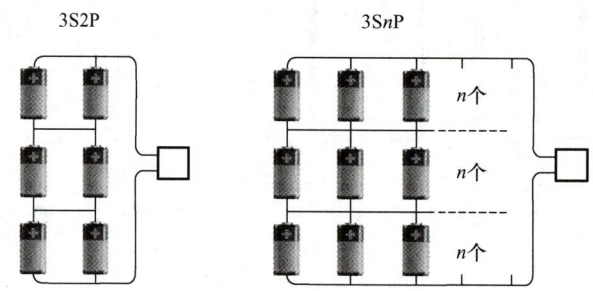

图 1.30 单体蓄电池的混联连接

图 1.31 所示为单体蓄电池的混联电路,如果单体蓄电池的开路电压为 $U$,内阻为 $R_i$,外电阻为 $R$,则混联后的蓄电池组的电压为 $nU$,蓄电池组的总内阻为 $\dfrac{nR_i}{m}$,蓄电池组的电流

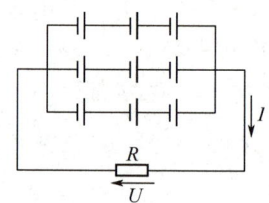

图 1.31 单体蓄电池的混联电路

$$I=\frac{nU}{R+\frac{nR_i}{m}}=\frac{nU}{R\left(1+\frac{nR_i}{mR}\right)} \qquad (1-11)$$

## 1.3.3 动力蓄电池的布局

电动汽车动力蓄电池的布局主要有网格布局、形状布局和适应模块形状布局三种方式，见表 1-2。适应模块形状布局可以充分利用电动汽车的空间，减小动力蓄电池系统体积，在很多车型上得到应用。

表 1-2 电动汽车动力蓄电池的布局

| 布局方式 | 图示 | 描述 | 实物示例 |
|---|---|---|---|
| 网格布局 |  | 尺寸与形状相同，均匀排列 |  |
| 形状布局 |  | 基本尺寸与形状相同，均匀排成行 |  |
| 适应模块形状布局 |  | 有多种尺寸与形状，根据模块形状和间距排列 |  |

例如，某电动汽车动力蓄电池由 192 个单体蓄电池组成，每个单体蓄电池的电压都为 3.7V，容量都为 53A·h，每个蓄电池模块都有 12 个单体蓄电池，采用两两并联再串联的结构，即 6S2P，每个蓄电池模块的电压都为 3.7V×6＝22.2V，容量都为 53A·h×2＝106A·h；整个蓄电池包由 16 个蓄电池模块串联组成，采用适应模块形状布局，如图 1.32 所示，则总电压为 22.2V×16＝355.2V。

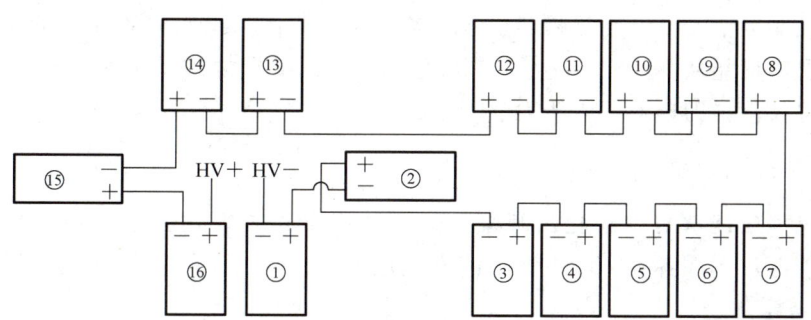

图 1.32 蓄电池模组的布置方式

## 1.4 新能源汽车对动力蓄电池的要求

新能源汽车对动力蓄电池的要求分为一般要求和安全要求。

### 1.4.1 一般要求

新能源汽车对动力蓄电池有以下要求。

**1. 比能量高**

为了提高新能源汽车的续驶里程，因为要求新能源汽车动力蓄电池储存尽可能多的能量，但汽车又不能太重，安装动力蓄电池的空间也有限，所以要求动力蓄电池具有高的比能量。

买电动汽车要看清电池类型

**2. 比功率大**

为了使新能源汽车在加速行驶、爬坡和负载行驶等方面与燃油汽车竞争，要求动力蓄电池具有大的比功率。

**3. 循环寿命长**

动力蓄电池循环寿命越长，新能源汽车续驶里程就越长，有助于降低汽车使用期内的运行成本。

**4. 均匀一致性好**

一般要求新能源汽车动力蓄电池组的工作电压达到数百伏，这就要求有数百到数千个单体蓄电池串联；为达到设计容量的要求，有时甚至需要更多单体蓄电池并联。由于动力蓄电池组的使用性能受性能最差的某些单体蓄电池的制约，因此要求各单体蓄电池的容量、内阻、功率特性和循环特性等具有高度的一致性。

**5. 环境适应性强**

新能源汽车作为一种交通工具，要求动力蓄电池既能在北方冬天寒冷的环境下长期稳定地工作，又能在南方夏天炎热的环境下长期稳定地工作。在恶劣的气候条件下，动力蓄电池的工作温度可能从-40℃变为60℃甚至80℃。因此，要求动力蓄电池具有良好的高温特性和低温特性，即环境适应能力强。

**6. 安全性好**

动力蓄电池应能够有效避免由泄漏、短路、撞击、颠簸等引起火灾或爆炸等危险事故，确保新能源汽车在各种行驶工况下的安全性。

**7. 性能价格比高**

动力蓄电池的材料来源应丰富，制造成本低，性能满足要求，以降低整车价格，提高新能源汽车的市场竞争力。

**8. 绿色环保**

动力蓄电池的制作材料要对环境友好，无二次污染，并可再生利用。

满足上述要求的动力蓄电池主要是锂离子蓄电池。

## 1.4.2　安全要求

GB 38031—2020《电动汽车用动力蓄电池安全要求》规定了单体电池安全要求和电池包或系统安全要求。

**1. 单体电池安全要求**

单体电池具有以下安全要求。

（1）单体电池按规定方法进行过放电试验，应不起火、不爆炸。

（2）单体电池按照规定方法进行过充电试验，应不起火、不爆炸。

（3）单体电池按照规定方法进行外部短路试验，应不起火、不爆炸。

（4）单体电池按照规定方法进行加热试验，应不起火、不爆炸。

（5）单体电池按照规定方法进行温度循环试验，应不起火、不爆炸。

（6）单体电池按照规定方法进行挤压试验，应不起火、不爆炸。

**2. 电池包或系统安全要求**

电池包是具有从外部获得电能并可对外输出电能的单元，通常包括电池单体、电池管理系统、电池箱及相应附件（冷却部件、连接线缆等）；电池系统是指一个或一个以上电池包及相应附件（管理系统、高压电路、低压电路、热管理设备及机械总成等）构成的能量存储装置。电池包或电池系统具有以下安全要求。

（1）电池包或系统按照规定方法进行振动试验，应无泄漏、外壳破裂、起火或爆炸现象，且不触发异常终止条件。试验后的绝缘电阻应不小于 $100\Omega/V$。

（2）电池包或系统按照规定方法进行机械冲击试验，应无泄漏、外壳破裂、起火或爆炸现象。试验后的绝缘电阻应不小于 $100\Omega/V$。

（3）电池包或系统按照规定方法进行模拟碰撞试验，应无泄漏、外壳破裂、起火或爆炸现象。试验后的绝缘电阻应不小于 $100\Omega/V$。

（4）电池包或系统按照规定方法进行挤压试验，应不起火、不爆炸。

（5）电池包或系统按照规定方法进行湿热循环试验，应无泄漏、外壳破裂、起火或爆炸现象。试验后 30min 之内的绝缘电阻应不小于 $100\Omega/V$。

（6）电池包或系统按照规定方法进行浸水试验，应不起火、不爆炸；或者试验后需满足 IPX7 要求，应无泄漏、外壳破裂、起火或爆炸现象，试验后的绝缘电阻应不小于 $100\Omega/V$。

（7）电池包或系统按照规定方法进行热稳定性试验，镍氢电池包除外，包括：进行外部火烧试验，应不爆炸；进行热扩散乘员保护分析和验证，电池包或系统在由于单个电池热失控引起热扩散、进而导致乘员舱发生危险之前 5min，应提供一个热事件报警信号。

（8）电池包或系统按照规定方法进行温度冲击试验，应无泄漏、外壳破裂、起火或爆炸现象。试验后的绝缘电阻应不小于100Ω/V。

（9）电池包或系统按照规定方法进行盐雾试验，应无泄漏、外壳破裂、起火或爆炸现象。试验后的绝缘电阻应不小于100Ω/V。

（10）电池包或系统按照规定方法进行高海拔试验，应无泄漏、外壳破裂、起火或爆炸现象，且不触发异常终止条件。试验后的绝缘电阻应不小于100Ω/V。

（11）电池系统按照规定方法进行过温保护试验，应无泄漏、外壳破裂、起火或爆炸现象，且不触发异常终止条件。试验后的绝缘电阻应不小于100Ω/V。

（12）电池系统按照规定方法进行过流保护试验，应无泄漏、外壳破裂、起火或爆炸现象，且不触发异常终止条件。试验后的绝缘电阻应不小于100Ω/V。

（13）电池系统按照规定方法进行外部短路保护试验，应无泄漏、外壳破裂、起火或爆炸现象。试验后的绝缘电阻应不小于100Ω/V。

（14）电池系统按照规定方法进行过充电保护试验，应无泄漏、外壳破裂、起火或爆炸现象，且不触发异常终止条件。试验后的绝缘电阻应不小于100Ω/V。

（15）电池系统按照规定方法进行过放电保护试验，应无泄漏、外壳破裂、起火或爆炸现象。试验后的绝缘电阻应不小于100Ω/V。

## 1.5　新能源汽车动力蓄电池的发展目标

到2025年，新能源汽车销量要占汽车总销量的20%，该目标已于2022年提前完成；到2035年，纯电动汽车成为新销售车辆的主流。作为新能源汽车的核心部件，动力蓄电池应该满足新能源汽车发展的要求。

新能源汽车动力蓄电池涵盖能量型、能量功率兼顾型和功率型三大技术类别，涵盖乘用车和商用车两大应用领域，能量型蓄电池面向普及、商用、高端三类应用场景。新能源汽车动力蓄电池的发展目标见表1-3。

表1-3　新能源汽车动力蓄电池的发展目标

| 动力蓄电池类型 | | 2025年 | 2030年 | 2035年 |
| --- | --- | --- | --- | --- |
| 能量型蓄电池 | 普及型 | 比能量>200W·h/kg<br>寿命>3000次/12年<br>成本<0.35元/(W·h) | 比能量>250W·h/kg<br>寿命>3000次/12年<br>成本<0.32元/(W·h) | 比能量>300W·h/kg<br>寿命>3000次/12年<br>成本<0.30元/(W·h) |
| | 商用型 | 比能量>200W·h/kg<br>寿命>6000次/8年<br>成本<0.45元/(W·h) | 比能量>225W·h/kg<br>寿命>6000次/8年<br>成本<0.40元/(W·h) | 比能量>250W·h/kg<br>寿命>6000次/8年<br>成本<0.35元/(W·h) |
| | 高端型 | 比能量>350W·h/kg<br>寿命>1500次/12年<br>成本<0.50元/(W·h) | 比能量>400W·h/kg<br>寿命>1500次/12年<br>成本<0.45元/(W·h) | 比能量>500W·h/kg<br>寿命>1500次/12年<br>成本<0.40元/(W·h) |

续表

| 动力蓄电池类型 | | 2025 年 | 2030 年 | 2035 年 |
|---|---|---|---|---|
| 能量功率兼顾型蓄电池 | 兼顾型 | 比能量＞250W·h/kg<br>寿命＞5000 次/12 年<br>成本＜0.60 元/(W·h) | 比能量＞300W·h/kg<br>寿命＞5000 次/12 年<br>成本＜0.55 元/(W·h) | 比能量＞325W·h/kg<br>寿命＞5000 次/12 年<br>成本＜0.50 元/(W·h) |
| | 快充型 | 比能量＞225W·h/kg<br>寿命＞3000 次/10 年<br>成本＜0.70 元/(W·h)<br>充电时间＜15min | 比能量＞250W·h/kg<br>寿命＞3000 次/10 年<br>成本＜0.65 元/(W·h)<br>充电时间＜12min | 比能量＞275W·h/kg<br>寿命＞3000 次/10 年<br>成本＜0.60 元/(W·h)<br>充电时间＜10min |
| 功率型蓄电池 | 功率型 | 比能量＞80W·h/kg<br>寿命＞30 万次/12 年<br>成本＜1.20 元/(W·h) | 比能量＞100W·h/kg<br>寿命＞30 万次/12 年<br>成本＜1.00 元/(W·h) | 比能量＞120W·h/kg<br>寿命＞30 万次/12 年<br>成本＜0.80 元/(W·h) |

能量型蓄电池是指室温下蓄电池包或蓄电池系统的最大允许持续输出电功率及其在 1C 下放电能量的比值小于 10 的电池；功率型蓄电池是指室温下蓄电池包或蓄电池系统的最大允许持续输出电功率及其在 1C 下放电能量的比值大于或等于 10 的电池。

能量型蓄电池强调电池要具有大的容量，充放电电流不一定大，考量的参数是比能量（W·h/kg）；功率型蓄电池强调电池要具备承受较大的充放电电流（功率），考量的参数是比功率（W/kg）；能量功率兼顾型蓄电池是伴随着插电式混合动力电动汽车出现的，要求电池储存的能量较高，可以支持一定距离的纯电模式行驶，还要具备较好的功率特性，在低电量时进入混合动力模式。

### 练习题

**一、名词解释**

1. 动力电池
2. 原电池
3. 蓄电池
4. 能量型蓄电池
5. 功率型蓄电池

**二、填空题**

1. 按工作性质的不同，化学电池分为_____、_____、_____和_____，其中以_____和_____为主。
2. 物理电池是指利用_____、_____、_____等物理能量发电的电池，如_____、_____、_____、_____等。
3. _____影响电动汽车的续驶里程，_____决定了电动汽车的加速性能和爬坡能力。
4. 动力蓄电池的结构类型主要有_____、_____、_____和_____。
5. 动力蓄电池的组合方式有_____、_____和_____。单体蓄电池_____的主要目的是增大动力蓄电池系统的电压；单体蓄电池_____的主要目的是增大动力蓄池系统的容量；单体蓄电池_____的主要目的是既增大动力蓄电池系统的电压，又增大动力蓄电池系统的容量，是常用的方式。

### 三、选择题

1. 下列不属于化学电池的是（　　）。
   A. 蓄电池　　　　B. 燃料电池　　　　C. 储备电池　　　　D. 太阳能电池
2. 一般动力蓄电池放电高效率区为（　　）SOC。
   A. 60%～90%　　B. 50%～80%　　C. 70%～100%　　D. 50%～90%
3. 某电动汽车动力蓄电池由192个单体蓄电池组成，每个单体蓄电池的电压都为3.7V，每个模块都有12个单体蓄电池，采用两两并联再串联的结构，即6S2P，整个蓄电池包由16个蓄电池模块串联组成，则总电压为（　　）V。
   A. 710.4　　　　B. 355.2　　　　C. 414.4　　　　D. 296
4. 到2030年，普及型能量型蓄电池比能量的发展目标是（　　）。
   A. 大于250W·h/kg　　　　　　B. 大于225W·h/kg
   C. 大于3000W·h/kg　　　　　D. 大于400W·h/kg
5. 影响纯电动汽车续驶里程的主要因素是（　　）。
   A. 电池比能量　　B. 电池比功率　　C. 电池电压　　D. 电池荷电状态

### 四、判断题

1. 当额定容量为100A·h的电池用20A放电时，放电倍率为5C。（　　）
2. 为了提高新能源汽车的续驶里程，要求动力蓄电池具有大的比功率。（　　）
3. 单体蓄电池按规定方法进行各种安全试验，应不起火、不爆炸。（　　）
4. 蓄电池包或蓄电池系统按照规定方法进行各种安全试验，试验后的绝缘电阻应不小于100Ω/V。（　　）
5. 新能源汽车动力蓄电池涵盖能量型和功率型两大技术类别，涵盖乘用车和商用车两大应用领域，能量型蓄电池面向普及、商用、高端三类应用场景。（　　）

### 五、问答题

1. 动力电池的性能指标有哪些？
2. 锂离子蓄电池的开路电压与温度、荷电状态有什么关系？
3. 动力电池的工作电压与放电倍率有什么关系？
4. 动力电池的工作电压与开路电压有什么关系？
5. 动力电池的极化内阻、欧姆内阻与温度、荷电状态有什么关系？

### 六、拓展题

1. 总结分析上一年度国内新能源汽车的销售情况。
2. 总结分析上一年度国内销量前五名的纯电动汽车动力蓄电池的配置情况。

# 第 2 章　动力蓄电池技术

教学目标

通过本章的学习,读者能够了解铅酸蓄电池和金属氢化物镍蓄电池的结构与原理,掌握锂离子蓄电池的结构与原理、主要材料、要求,了解动力蓄电池的测试技术,熟悉动力蓄电池的匹配,了解新体系电池。

教学要求

| 教学内容 | 能力要求 | 参考学时 |
| --- | --- | --- |
| 铅酸蓄电池的结构与原理 | 了解铅酸蓄电池的基本结构、工作原理、特点,熟悉铅酸蓄电池的应用范围 | 2 |
| 金属氢化物镍蓄电池的结构与原理 | 了解金属氢化物镍蓄电池的基本结构、工作原理、特点,熟悉金属氢化物镍蓄电池的应用范围 | |
| 锂离子蓄电池的结构与原理 | 掌握锂离子蓄电池的类型、基本结构、工作原理、特点,熟悉锂离子蓄电池的应用范围 | |
| 锂离子蓄电池的主要材料 | 掌握锂离子蓄电池对正极、负极、隔膜、电解质材料的要求、类型、技术指标等 | 2 |
| 锂离子蓄电池的要求 | 掌握锂离子单体蓄电池和蓄电池模块的尺寸要求,熟悉单体蓄电池、蓄电池模块及蓄电池总成的要求 | 1 |
| 动力蓄电池的测试技术 | 了解蓄电池充电性能测试、放电性能测试、储存性能测试、耐振动测试、电安全测试、机械安全测试、环境安全测试、循环寿命测试的方法 | 2 |
| 动力蓄电池的匹配 | 熟悉动力蓄电池的匹配原则和匹配方法 | 2 |
| 新体系电池 | 了解全固态锂离子蓄电池、锂硫电池、金属空气电池、石墨烯电池的特点 | 1 |

新能源汽车动力电池技术

中国动力电池的崛起之路

特斯拉 Model S 电动汽车的动力蓄电池由 7000 多节 18650 型镍钴铝酸锂电池组成,如图 2.1 所示。

我国已经成为电动汽车第一生产大国和第一销售大国,那么我国生产的电动汽车用动力蓄电池是什么类型?它的技术特点是什么?通过本章的学习,读者可以得到答案。

(a)　　　　　　　　　　　　(b)

图 2.1　特斯拉 Model S 电动汽车的动力蓄电池

## 2.1　铅酸蓄电池的结构与原理

铅酸蓄电池是指正极活性物质使用二氧化铅,负极活性物质使用海绵状纯铅,并以硫酸溶液为电解液的蓄电池。铅酸蓄电池主要用作汽车的起动蓄电池和一些低速电动汽车、特种电动汽车的动力蓄电池,也可以作为储能电池。

### 2.1.1　铅酸蓄电池的基本结构

铅酸蓄电池主要由正极板、负极板、隔板、电解液、汇流导体、溢气阀、壳体、单格、盖等组成,如图 2.2 所示。

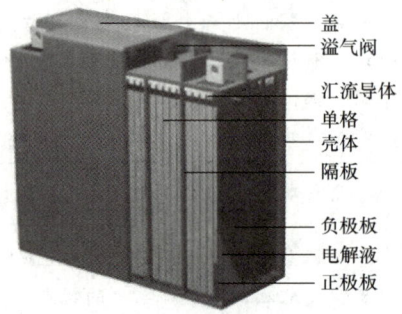

图 2.2　铅酸蓄电池的组成

30

正极板上的活性物质是二氧化铅；负极板上的活性物质是海绵状纯铅；隔板是隔离正极板和负极板、防止短路、作为电解液的载体，能够吸收大量电解液，起到促进离子扩散的作用；电解液由蒸馏水和纯硫酸按一定比例配制而成，主要作用是参与化学反应，是铅酸蓄电池的活性物质之一；汇流导体也称汇流排，主要作用是连接正极板和负极板；溢气阀位于铅酸蓄电池顶部，起到安全、密封、防爆等作用；壳体用于盛放电解液和极板组，应耐酸、耐热、耐振，多由硬橡胶或聚丙烯塑料制成，为整体式结构，底部有凸起的肋条，用于搁置极板组；单格内存放单体蓄电池，壳内分割成3个或6个互不相通的单格，各单格之间用铅质联条串联起来；盖和壳体配合，用于密封铅酸蓄电池。

### 2.1.2 铅酸蓄电池的工作原理

铅酸蓄电池工作时，化学能转换为电能的过程称为放电；工作后，借助直流电在蓄电池内进行化学反应，把电能转换为化学能并储存起来的过程称为充电。铅酸蓄电池的工作原理如图2.3所示。

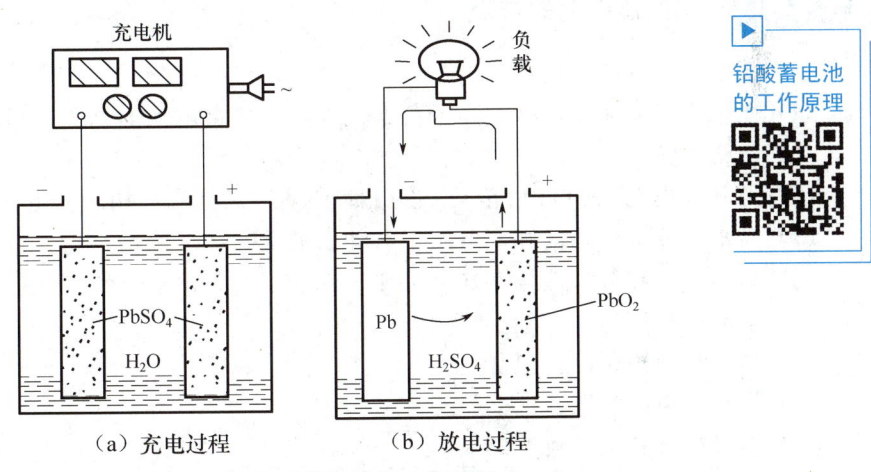

图 2.3 铅酸蓄电池的工作原理

为了正确理解铅酸蓄电池的工作原理，先了解一下电池的阳极、阴极与正极、负极之间的关系。电池的阳极、阴极是以电极发生的反应是氧化反应还是还原反应区分的，阳极发生的是氧化反应，阴极发生的是还原反应。电池的正极、负极是以电极电位高低区分的，电位高的是正极，电位低的是负极。电池的正极、负极不会变化，但是在充放电时，同一个电极会变成阴极或阳极。

充电时，把铅酸蓄电池的正、负极分别与直流电源的正、负极相连，进行充电电解。正极上的硫酸铅（$PbSO_4$）得到电子，电解成铅（$Pb$）和硫酸根离子（$SO_4^{2-}$）；负极上的硫酸铅（$PbSO_4$）失去电子，与水（$H_2O$）反应生成二氧化铅（$PbO_2$）、硫酸根离子（$SO_4^{2-}$）及氢离子（$H^+$）。

铅酸蓄电池正极（阴极）的电化学反应为

$$PbSO_4 + 2e^- \longrightarrow Pb + SO_4^{2-}$$

负极（阳极）的电化学反应为

$$PbSO_4 + 2H_2O - 2e^- \longrightarrow PbO_2 + SO_4^{2-} + 4H^+$$

充电时，铅酸蓄电池的总电化学反应为

$$2PbSO_4 + 2H_2O \longrightarrow Pb + PbO_2 + 2H_2SO_4$$

放电时，铅（Pb）做负极，二氧化铅（$PbO_2$）做正极，负极上的铅（Pb）失去电子，与硫酸根离子（$SO_4^{2-}$）反应生成硫酸铅（$PbSO_4$）；正极上的二氧化铅（$PbO_2$）得到电子，与硫酸根离子（$SO_4^{2-}$）、氢离子（$H^+$）反应生成硫酸铅（$PbSO_4$）和水（$H_2O$）。

铅酸蓄电池负极（阴极）的电化学反应为

$$Pb + SO_4^{2-} - 2e^- \longrightarrow PbSO_4$$

正极（阳极）的电化学反应为

$$PbO_2 + SO_4^{2-} + 2e^- + 4H^+ \longrightarrow PbSO_4 + 2H_2O$$

放电时，铅酸蓄电池的总电化学反应为

$$Pb + PbO_2 + 2H_2SO_4 \longrightarrow 2PbSO_4 + 2H_2O$$

## 2.1.3　铅酸蓄电池的特点

铅酸蓄电池具有以下优点。
（1）在常用蓄电池中，除锂离子蓄电池外，铅酸蓄电池的电压最高，为2.0V。
（2）价格低廉。
（3）可制成小至1A·h大至几千安·时的各种尺寸和结构的蓄电池。
（4）高倍率放电性能良好，可用于启动发动机。
（5）高温性能和低温性能良好，可在-40~60℃条件下工作。
（6）电能效率高达60%。
（7）易浮充使用，没有记忆效应。
（8）易识别荷电状态。

铅酸蓄电池具有以下缺点。
（1）比能量低，在电动汽车中所占的质量和体积较大，一次充电续驶里程短。
（2）使用寿命短，使用成本高。
（3）充电时间长。
（4）铅是重金属，环境污染严重。

图2.4所示为电动汽车用铅酸蓄电池。

图2.4　电动汽车用铅酸蓄电池

## 2.2 金属氢化物镍蓄电池的结构与原理

金属氢化物镍蓄电池简称镍蓄电池,是指正极使用镍氧化物,负极使用可吸收/释放氢的贮氢合金,以氢氧化钾溶液为电解液的蓄电池。金属氢化物镍蓄电池在混合动力电动汽车(如丰田普锐斯混合动力电动汽车)中有应用。

### 2.2.1 金属氢化物镍蓄电池的基本结构

金属氢化物镍蓄电池主要由正极、负极、分离层、电解液、金属外壳和密封橡胶等组成,如图2.5所示。

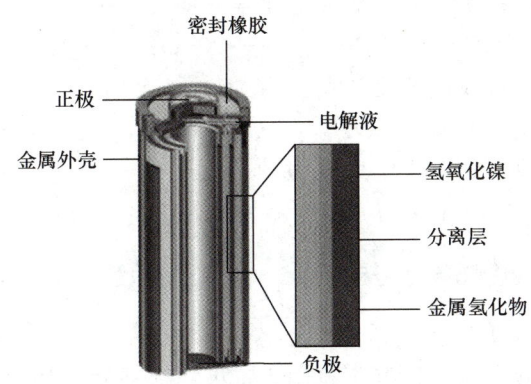

图 2.5 金属氢化物镍蓄电池的基本结构

正极的活性物质一般为氢氧化镍[Ni(OH)$_2$];负极的活性物质一般为金属氢化物(MH);分离层是隔膜纸,用于隔离正、负极;电解液为氢氧化钾(KOH)溶液;金属外壳用于盛放正、负极和电解液等;密封橡胶用于密封蓄电池。金属氢化物镍蓄电池的形状有圆柱形和方形两种。

### 2.2.2 金属氢化物镍蓄电池的工作原理

金属氢化物镍蓄电池是将物质发生化学反应产生的能量直接转换为电能的装置。金属氢化物镍蓄电池的性能特点主要取决于自身电极反应。金属氢化物镍蓄电池的工作原理如图2.6所示。

充电时,金属氢化物镍蓄电池正极的电化学反应为

$$Ni(OH)_2 + OH^- \longrightarrow NiOOH + H_2O + e^-$$

金属氢化物镍蓄电池负极的电化学反应为

$$M + H_2O + e^- \longrightarrow MH + OH^-$$

金属氢化物镍蓄电池的总电化学反应为

$$Ni(OH)_2 + M \longrightarrow NiOOH + MH$$

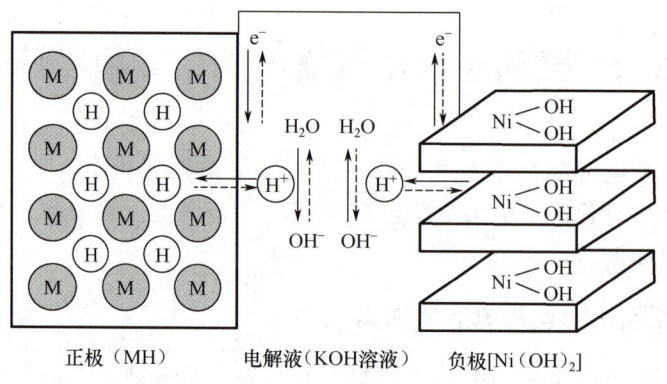

图 2.6　金属氢化物镍蓄电池的工作原理

放电时，金属氢化物镍蓄电池正极的电化学反应为

$$NiOOH + H_2O + e^- \longrightarrow Ni(OH)_2 + OH^-$$

金属氢化物镍蓄电池负极的电化学反应为

$$MH + OH^- \longrightarrow M + H_2O + e^-$$

金属氢化物镍蓄电池的总电化学反应为

$$NiOOH + MH \longrightarrow Ni(OH)_2 + M$$

## 2.2.3　金属氢化物镍蓄电池的特点

金属氢化物镍蓄电池具有以下特点。

（1）金属氢化物镍蓄电池以氢氧化镍作为正极，以金属（如钒、钛、镍等）氢化物作为负极，不含剧毒物质，回收价值高，回收难度小，基本可全部回收再利用，有利于可持续发展。但是金属氢化物镍蓄电池成分中有稀土元素，在全生命周期中对环境的破坏比锂离子蓄电池大。

（2）金属氢化物镍蓄电池比热容较高，当发生短路、穿刺等极端情况时温度升高小，不会燃烧。同时，金属氢化物镍蓄电池对过充电、过放电的耐受性好，比锂离子蓄电池安全。

（3）金属氢化物镍蓄电池的质量能量密度为 $70\sim95\mathrm{W\cdot h/kg}$，不如锂离子蓄电池。金属氢化物镍蓄电池的质量大于锂离子蓄电池。

（4）单体金属氢化物镍蓄电池的标称电压一般为 1.2V，而单体锂离子蓄电池的标称电压一般为 3.6V，为达到相同的电压，需要串联更多单体金属氢化物镍蓄电池，对蓄电池系统的设计、管理要求较高。

（5）金属氢化物镍蓄电池存在较轻的记忆效应，当进行浅充电、浅放电时，可用容量减小，影响循环寿命。

（6）金属氢化物镍蓄电池自放电效应较严重，汽车长期停放后容易出现电量不足的情况。

图 2.7 所示为混合动力电动汽车用金属氢化物镍蓄电池组。

图 2.7　混合动力电动汽车用金属氢化物镍蓄电池组

## 2.3　锂离子蓄电池的结构与原理

锂离子蓄电池是用锰酸锂、磷酸铁锂、钴酸锂或三元材料等锂的化合物做正极，用可嵌入锂离子的碳材料做负极，使用有机电解质（电解液）的蓄电池。新能源汽车用动力蓄电池主要是锂离子蓄电池。

### 2.3.1　锂离子蓄电池的类型

**1. 按蓄电池的形状分类**

锂离子蓄电池根据形状可以分为圆柱形锂离子蓄电池、方形锂离子蓄电池和软包锂离子蓄电池。

（1）圆柱形锂离子蓄电池。

圆柱形锂离子蓄电池是指具有圆柱形电池外壳和连接元件（电极）的蓄电池，如图 2.8 所示。特斯拉纯电动汽车使用的是圆柱形锂离子蓄电池。

18650蓄电池的工作原理

图 2.8　圆柱形锂离子蓄电池

比较典型的圆柱形锂离子蓄电池有 18650 蓄电池和 21700 蓄电池。18650 蓄电池是日本索尼公司生产的锂离子蓄电池，其中 18 表示蓄电池直径为 18mm，65 表示蓄电池长度为 65mm，0 表示圆柱形蓄电池；单体 18650 蓄电池的容量为 2.2～3.6A·h，质量为 45～48g；18650 蓄电池系统的质量能量密度为 250W·h/kg。21700 蓄电池是日本松下公司为特斯拉公司研发的锂离子蓄电池，21表示蓄电池直径为21mm，70表示蓄电池长度为70mm，0表示圆柱形蓄电池；单体21700蓄电池的容量为3.0～4.8A·h，质量为60～65g；21700蓄电池系统的质量能量密度为300W·h/kg。

圆柱形锂离子蓄电池采用非常成熟的卷绕工艺，生产自动化水平高，批量化生产成本较低，同时能保持较好的良品率和成组一致性。在应用层面，圆柱形锂离子蓄电池受结构特性的影响，成组后，单体蓄电池之间仍保留一定的空隙，利于散热。为实现长续驶里程的目标，单体蓄电池增加，系统连接及管控的难度增大。同时，由于钢壳蓄电池的自重较大，因此其质量能量密度增大的空间有限。

（2）方形锂离子蓄电池。

方形锂离子蓄电池是指具有长方形蓄电池外壳和连接元件（电极）的蓄电池，如图2.9所示。由于方形锂离子蓄电池电芯连接比圆形锂离子蓄电池容易，因此国内纯电动汽车用动力蓄电池以方形锂离子蓄电池为主。

图2.9　方形锂离子蓄电池

方形锂离子蓄电池以铝壳为主，其规格尺寸多根据搭载车型需求定制开发，设计相对灵活，具有很强的适配性；但单体蓄电池批量化生产工艺难以统一，减缓了自动化进程。在应用层面，方形锂离子蓄电池外壳更趋向于轻量化铝合金材质，结构设计更简单，与圆柱形锂离子蓄电池相比，质量能量密度有所提升。方形锂离子蓄电池成组后，排列更紧凑，空间利用率较高，并且外壳具有一定的强度，成组难度较小，但相应地对热安全管理技术提出了更高的要求。

（3）软包锂离子蓄电池。

软包锂离子蓄电池是指具有由复合薄膜制成的蓄电池外壳和连接元件（电极）的蓄电池，如图2.10所示。软包锂离子蓄电池采用质量小、韧度高的铝塑膜材料，单体蓄电池内部为叠片式结构，其规格尺寸以定制开发为主。

软包锂离子蓄电池具有以下优点。

① 安全性好。软包锂离子蓄电池漏液较少，鼓气严重时会裂开，在一定程度上可以减少由内压过大导致爆炸的风险。

② 质量轻。软包锂离子蓄电池的质量比相同容量的钢壳方形锂离子蓄电池轻约40%，比铝壳方形锂离子蓄电池轻约20%。

③ 单位体积电能容量大。软包锂离子蓄电池比相同规格尺寸的钢壳方形锂离子蓄电

图 2.10 软包锂离子蓄电池

池多容纳 50%的电能，比铝壳方形锂离子蓄电池多容纳 20%～30%的电能。

④ 循环性能好。软包锂离子蓄电池的循环寿命更长，100 次循环衰减比铝壳方形锂离子蓄电池少 4%～7%。

⑤ 设计灵活。可根据客户需求定制外形。普通铝壳的厚度只能达到 4mm，而铝塑膜软包的厚度可以达到 0.5mm。

软包锂离子蓄电池的主要缺点是生产工艺复杂，单体蓄电池一致性较差、良品率较低。

我国方形锂离子蓄电池装机量占比约为 80%，圆柱形锂离子蓄电池装机量占比约为 15%，软包锂离子蓄电池装机量占比约为 5%。由此可见，我国电动汽车用动力蓄电池以方形锂离子蓄电池为主。方形锂离子蓄电池的典型结构如图 2.11 所示，主要有组合极芯、正极引出、负极引出、壳体和盖板。

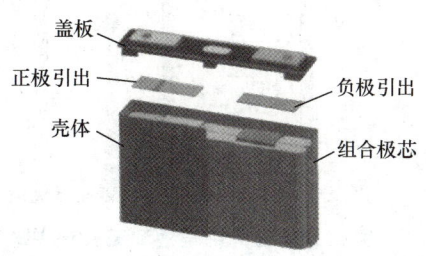

图 2.11 方形锂离子蓄电池的典型结构

**2. 按蓄电池的正极材料分类**

锂离子蓄电池按正极材料可以分为磷酸铁锂电池、锰酸锂电池、钴酸锂电池和三元锂电池等。

（1）磷酸铁锂电池。

磷酸铁锂电池是指以磷酸铁锂为正极材料的锂离子蓄电池。磷酸铁锂的晶体结构为橄榄石结构。磷酸铁锂电池的理论质量比容量为 170mA·h/g，当没有掺杂改性时，其实际质量比容量高达 110mA·h/g。通过对磷酸铁锂进行表面修饰，电池实际质量比容量为 165mA·h/g，已经非常接近理论质量比容量，工作电压约为 3.4V。磷酸铁锂电池的优点是稳定性强,安全可靠,环保,价格低;缺点是电阻率较大,电极材料利用率低。

(2) 锰酸锂电池。

锰酸锂电池是指以锰酸锂为正极材料的锂离子蓄电池。锰酸锂具有尖晶石结构。锰酸锂电池的理论质量比容量为148mA·h/g,实际质量比容量为90~120mA·h/g,工作电压为3~4V。锰酸锂电池的优点是锰资源丰富,价格低,安全性好,比较容易制备;缺点是理论质量比容量低,与电解质相容性差,在深度充放电的过程中电池容量衰减快。

(3) 钴酸锂电池。

钴酸锂电池是指以钴酸锂为正极材料的锂离子蓄电池。钴酸锂电池的优点是电化学性能优越,易加工,性能稳定,一致性好,质量比容量高,综合性能突出;缺点是安全性较差,成本高。钴酸锂主要用于制作小电池,如手机电池、计算机电池等。

(4) 三元锂电池。

三元锂电池是指以镍钴铝或镍钴锰为正极材料,以石墨为负极材料的锂离子蓄电池。与磷酸铁锂电池不同,三元锂电池的电压平台很高,工作电压约为3.7V,意味着在相同体积或质量下,三元锂电池的比能量、比功率更大。除此之外,在大倍率充电和耐低温性能等方面,三元锂电池也有很大的优势。特斯拉Model S电动汽车采用的就是三元锂电池。

三元锂电池以镍钴锰路线为主,而且不断提高镍的比率。镍:钴:锰的比例从3:3:3(实际为各占1/3)转变为6:2:2,再转变为8:1:1,所以三元锂电池也称811电池。

国内纯电动汽车使用较多的动力蓄电池是三元锂电池和磷酸铁锂电池,它们的正极材料不同,如图2.12所示。

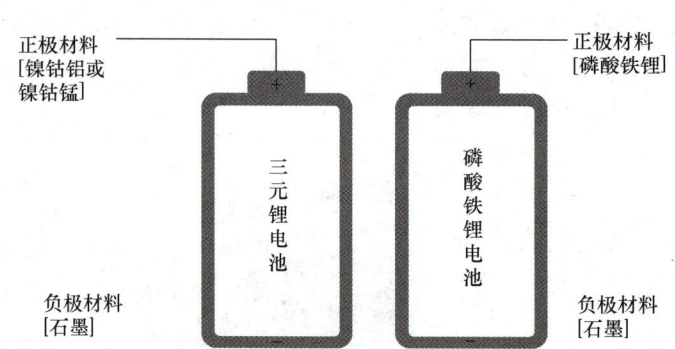

图2.12 三元锂电池和磷酸铁锂电池

三元锂电池的质量能量密度高,但安全性较差、循环寿命短、成本高;磷酸铁锂电池的质量能量密度低,但安全性好、循环寿命长、成本低。

### 2.3.2 锂离子蓄电池的基本结构

锂离子蓄电池主要由正极、负极、隔膜、电解液(未标)和外壳等组成,如图2.13所示。

正极材料作为锂离子蓄电池中锂离子的唯一供给者,对锂离子蓄电池能量密度的提高及成本的降低起着决定性作用;负极材料影响锂离子蓄电池的安全性,广泛使用碳基材料,将锂在负极表面的沉积/溶解转变为在碳基材料中的嵌入/脱出,大幅度减少锂枝晶的形成,提高了锂离子蓄电池的安全性;隔膜起着分离正、负极的作用,避免正、负极直接

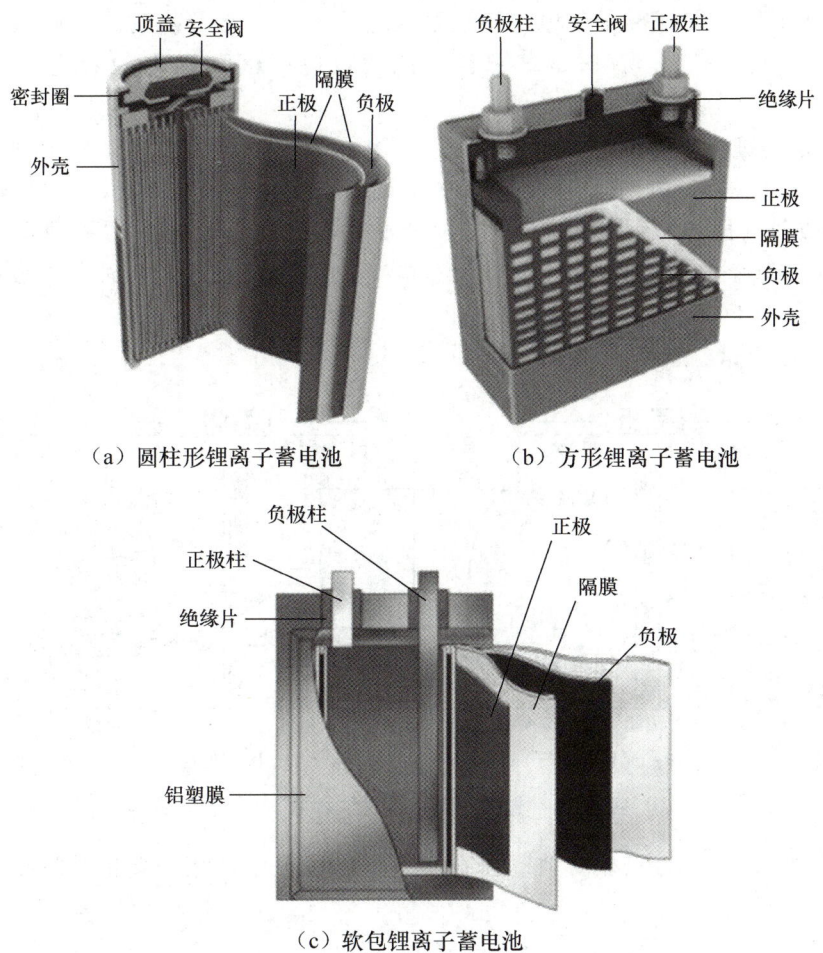

(a) 圆柱形锂离子蓄电池　　(b) 方形锂离子蓄电池

(c) 软包锂离子蓄电池

图 2.13　锂离子蓄电池的基本结构

接触短路，还起着传导离子、绝缘的作用；电解液是锂离子蓄电池中传输离子的载体，一般由锂盐和有机溶剂组成，电解液在正、负极之间，起到传导离子的作用；外壳用于封装蓄电池，主要包括铝壳、盖板、极耳、绝缘片等。

### 2.3.3　锂离子蓄电池的工作原理

锂离子蓄电池的工作原理是指充放电原理。当对锂离子蓄电池充电时，正极生成锂离子，并通过电解液运动到负极。锂离子蓄电池负极的碳为层状结构，有很多微孔，到达负极的锂离子嵌入碳层的微孔，嵌入的锂离子越多，充电容量越高。

单体锂离子蓄电池的最高充电终止电压为 4.2V，不能过充电，否则会因正极的锂离子丢失太多而使蓄电池报废。对锂离子蓄电池充电时，应采用专用的恒流充电器、恒压充电器，先恒流充电至锂离子蓄电池两端电压为 4.2V，再转入恒压充电；当恒压充电电流降至 100mA 时，停止充电。受锂离子蓄电池内部结构的影响，放电时，锂离子不能全部移向正极，必须在负极保留一部分锂离子，以保证下次充电时锂离子顺畅地嵌入通道；否则，锂离子蓄电池的循环寿命缩短。为了保证放电后碳层中留有部分锂离子，要严格限制最低放电终止电压,即锂离子蓄电池不能过放电。单体锂离子蓄电池的放电终止电压通常为 3.0V,不能低于 2.5V。锂离子蓄电池的放电时间与蓄电池容量、放电电流有关。

图 2.14 所示为锂离子蓄电池的工作原理。锂离子蓄电池充电时,正极上锂原子电离成锂离子和电子(脱嵌),锂离子通过电解液运动到负极,得到电子而被还原成锂原子,并嵌入碳层的微孔(插入);锂离子蓄电池放电时,嵌在负极碳层中的锂原子失去电子(脱插)而被氧化锂离子,通过电解液运动回正极(嵌入)。锂离子蓄电池的充放电过程就是锂离子在正、负极间不断嵌入和脱嵌的过程,同时伴随着等当量电子的嵌入和脱嵌。锂离子越多,充放电容量就越高。

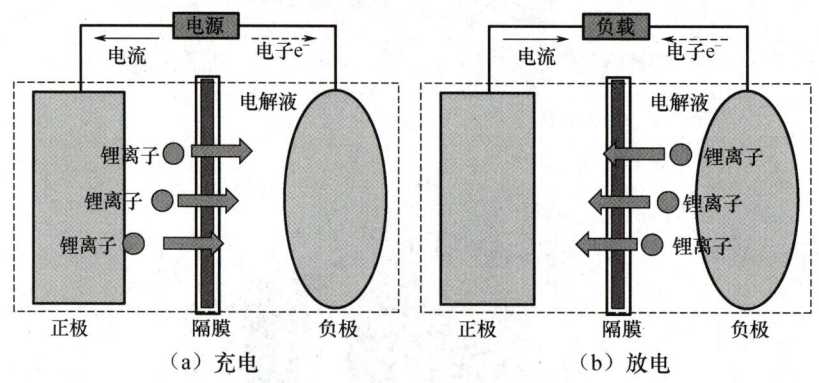

图 2.14 锂离子蓄电池的工作原理

以钴酸锂（$LiCoO_2$）为正极材料、以石墨为负极材料的锂离子蓄电池,正、负极的电化学反应为

$$LiCoO_2 \rightleftharpoons Li_{1-x}CoO_2 + xLi^+ + xe^-$$

$$6C + xLi^+ + xe^- \rightleftharpoons Li_xC_6$$

锂离子蓄电池的总电化学反应为

$$LiCoO_2 + 6C \rightleftharpoons Li_{1-x}CoO_2 + Li_xC_6$$

如果以磷酸铁锂（$LiFePO_4$）为正极材料,则将反应式中的 $LiCoO_2$ 改为 $LiFePO_4$,$CoO_2$ 改为 $FePO_4$。

因为锂离子蓄电池工作时,既不消耗电解液,又不产生气体,只是锂离子在正、负极间移动,所以其结构可以是完全封闭的。此外,在正常条件下,因为锂离子蓄电池充放电过程中没有其他副反应,所以其充电效率很高,甚至能达到 100%。

锂离子蓄电池放电时,锂离子不能完全移向正极,只能在负极保留部分锂离子,以保证下次充电时顺利嵌入通道;否则,锂离子蓄电池的循环寿命缩短。为了保证放电后碳层中留有部分锂离子,也就是锂离子蓄电池不能过放电,要严格限制最低放电终止电压;同时,最高充电终止电压应为 4.2V,不能过充电,否则会因正极材料中的锂离子移走太多而造成晶格坍塌,使锂离子蓄电池表现出循环寿命终止状态。由此可见,锂离子蓄电池充放电控制精度要求相当高,既不能过充电,又不能过放电,否则都将影响循环寿命,这是由锂离子蓄电池的工作机理决定的。

## 2.3.4 锂离子蓄电池的特点

### 1. 锂离子蓄电池的优点

(1) 工作电压高。锂离子蓄电池的工作电压是镍氢蓄电池和镍镉蓄电池工作电压的 3 倍。

(2) 比能量高。锂离子蓄电池的比能量是镍镉蓄电池的 3 倍，是镍氢蓄电池的 1.5 倍。

(3) 循环寿命长。锂离子蓄电池的循环寿命超过 1000 次，在低放电深度下可达几万次，超过其他蓄电池。

(4) 自放电率低。锂离子蓄电池每月自放电率低于 5%，远低于镍镉蓄电池（25%～30%）和镍氢蓄电池（15%～20%）。

(5) 无记忆效应。锂离子蓄电池可以根据要求随时充电，且不会降低电池性能。

(6) 对环境无污染。锂离子蓄电池中不存在有害物质，是名副其实的"绿色电池"。

(7) 能够制造成任意形状。

### 2. 锂离子蓄电池的缺点

(1) 成本高。主要是正极材料钴酸锂的价格高，按单位瓦·时的价格计算低于镍氢蓄电池，与镍镉蓄电池持平，但高于铅酸蓄电池。随着锂离子蓄电池技术的发展和大规模应用，锂离子蓄电池的成本逐渐下降。

(2) 不耐受过放电。过放电（电压小于 3.0V 时放电）时，嵌入的过量锂离子会被固定于晶格中，无法释放，导致循环寿命缩短，深度放电还可能使电池损坏。

(3) 不耐受过充电。过充电时，电极脱嵌过多锂离子，且没有及时补充，会导致晶格坍塌，从而不可逆地降低了储电量。

(4) 会衰退。与其他充电电池不同，锂离子蓄电池会在使用循环中不可避免地自然缓慢衰退，即使仅储存不使用，容量也会减小，其与使用次数无关，而与温度有关。因此，使用锂离子蓄电池时，对电池管理系统要求较高。

## 2.3.5 锂离子蓄电池的应用实例

纯电动汽车用动力蓄电池主要是锂离子蓄电池，如雪佛兰 Bolt 纯电动汽车的动力蓄电池由 288 个方形锂离子蓄电池组成，如图 2.15 所示。单体锂离子蓄电池的标称容量为 55A·h，标称电压为 3.75V；锂离子蓄电池系统的能量为 59.4kW·h（288×55A·h×3.75V），体积为 285L，质量为 435kg，体积能量密度为 208W·h/L，质量能量密度为 136W·h/kg。

比亚迪推出的刀片电池如图 2.16 所示。传统的磷酸铁锂电池包含三种结构：单体蓄电池、蓄电池模块和蓄电池包，其中单体蓄电池和蓄电池模块的支撑固定结构件占据空间较大。刀片电池直接将单体蓄电池拉长，并固定在蓄电池包的边框上。在刀片电池里，单体蓄电池是结构件的一部分，既是供电部件，又是蓄电池包的梁，省去了蓄电池模块和大部分支撑结构，空间利用率大大提升。根据比亚迪公司的数据，对蓄电池包的重塑使刀片

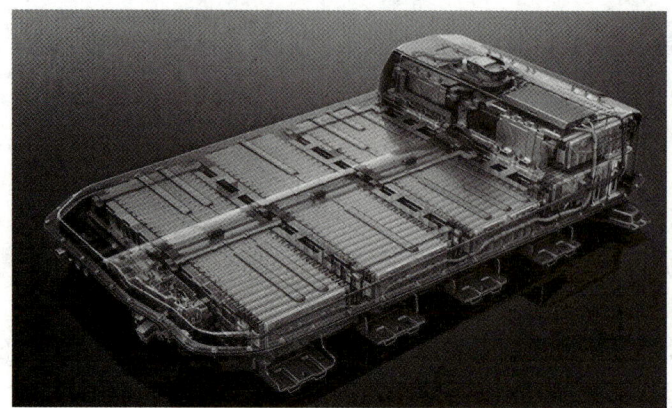

图 2.15　雪佛兰 Bolt 纯电动汽车的动力蓄电池

电池单位体积能量密度提升 50%，如纯电动汽车的续驶里程从 400km 提升至 600km。由于刀片电池也是磷酸铁锂电池，因此安全性非常好。

图 2.16　比亚迪推出的刀片电池

刀片电池与磷酸铁锂电池、三元锂电池的外形比较如图 2.17 所示。

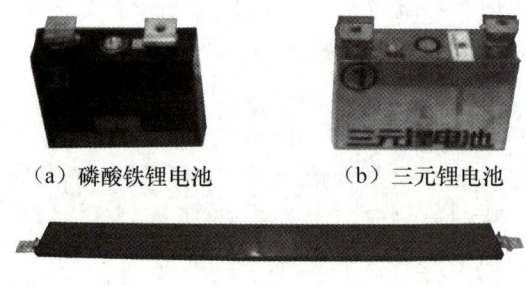

(a) 磷酸铁锂电池　　(b) 三元锂电池

(c) 刀片电池

图 2.17　刀片电池与磷酸铁锂电池、三元锂电池的外形比较

奥迪 e-tron 纯电动 SUV 的动力蓄电池（图 2.18）采用软包锂离子蓄电池，能量为 95kW·h，有 36 个模块；质量为 699kg，质量能量密度为 136W·h/kg。大部分动力蓄电池组的外形是扁平的，以适应汽车底部的滑板式平台。

图 2.19 所示为某款纯电动汽车的动力蓄电池，其为三元锂电池，有 200 个单体蓄电

池、5个蓄电池模块，电池能量为66.5kW·h，最大电压为420V；NEDC工况下的续驶里程为486km。

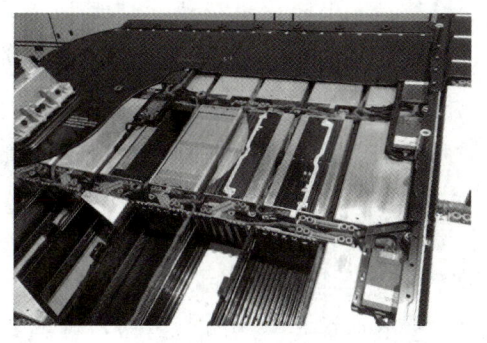

图2.18 奥迪e-tron纯电动SUV的动力蓄电池

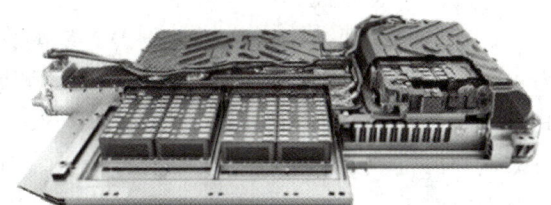

图2.19 某款纯电动汽车的动力蓄电池

## 2.4 锂离子蓄电池的主要材料

锂离子蓄电池的主要材料有正极材料、负极材料、隔膜和电解质（电解液），它们统称锂离子蓄电池四大关键材料。其中，广泛应用的正极材料为铁（Fe）、镍（Ni）、钴（Co）、锰（Mn）等的金属氧化物；负极选用石墨、硅碳等；隔膜选用聚丙烯/聚乙烯（PP/PE）高分子膜；电解质（电解液）选用六氟磷酸锂（LiPF6）的有机溶剂。

### 2.4.1 正极材料

正极材料对锂离子蓄电池能量密度及成本起着决定性作用，主要选用铁（Fe）、镍（Ni）、钴（Co）、锰（Mn）等的金属氧化物。

锂离子电池材料

**1. 锂离子蓄电池对正极材料的要求**

锂离子蓄电池对正极材料有以下要求。

（1）正极材料有较大的吉布斯自由能，保证蓄电池有较高的输出电压。吉布斯自由能又叫吉布斯函数，是热力学中的一个重要参量，是在热力学过程中系统减少的内能中可以转化为对外做功的能量。

（2）锂离子从正极材料脱嵌的吉布斯自由能变化量要小，即电极电位对锂离子嵌入量的依赖要小，保证蓄电池的输出电压稳定。

（3）正极材料能够容纳相当数量的锂离子脱嵌和嵌入，保证蓄电池有较高的比容量。

（4）正极材料的摩尔体积和分子量较小，保证蓄电池拥有较高的体积能量密度和质量能量密度。

（5）正极材料中存在通畅的锂离子迁移通道，保证材料具有较大的锂离子扩散系数。此外，正极材料还要有良好的电子导电性，保证蓄电池具有良好的大倍率性能。

（6）在充放电过程中，正极材料的结构变化小，保证电化学反应的可逆进行和蓄电池的良好循环性能。

(7) 在充放电电压范围内,正极材料不与电解液发生化学反应或物理反应。

(8) 原料丰富,制备工艺简单,成本低,对环境友好。

2. 正极材料的类型

锂离子蓄电池的正极材料主要有磷酸铁锂、碳复合磷酸铁锂、镍钴锰酸锂、镍钴铝酸锂、钴酸锂、镍酸锂和锰酸锂等。

(1) 磷酸铁锂($LiFePO_4$,LFP)。磷酸铁锂具有橄榄石晶体结构。其理论质量比容量为170mA·h/g,当没有掺杂改性时,实际质量比容量高达110mA·h/g;掺杂改性后,其实际质量比容量为165mA·h/g,已经非常接近理论质量比容量,工作电压约为3.4V。磷酸铁锂的优点是安全性好、循环寿命长、制造成本较低等;缺点是质量比能量密度低、低温性能较差、高倍率放电性能差(放电电压低)等。磷酸铁锂主要用于制造动力蓄电池和储能电池。

磷酸铁锂电池的充放电曲线如图2.20所示。由图可以看出,磷酸铁锂电池的充放电曲线在初期和末期都有一段迅速上升期和迅速下降期,即出现拐点,这是由蓄电池本身的电化学特性决定的,蓄电池自身温度、环境温度和充放电电流等都会影响拐点的形态。拐点外是电池的薄弱点,充放电超过拐点区会对蓄电池造成伤害,全充电/全放电是影响蓄电池安全并缩短循环寿命的根本原因。

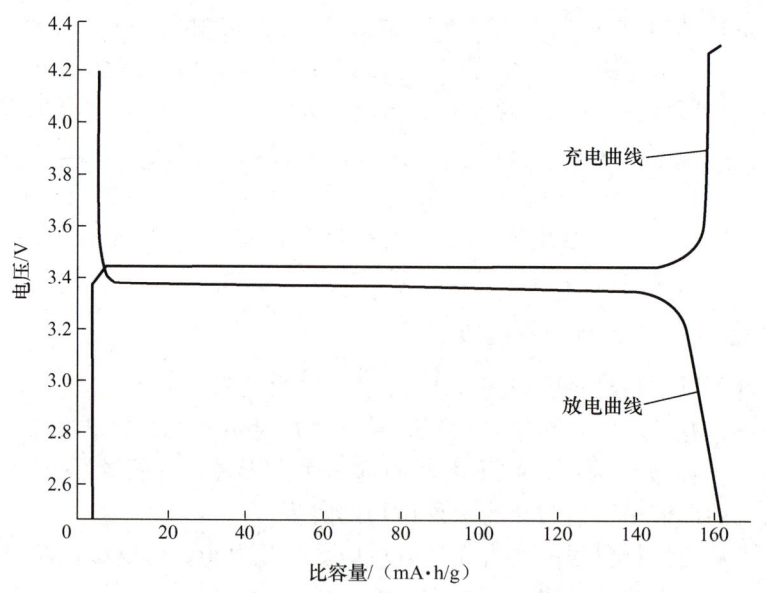

图2.20 磷酸铁锂电池的充放电曲线

(2) 碳复合磷酸铁锂。碳复合磷酸铁锂正极材料是指具有橄榄石晶体结构的磷酸铁锂和碳复合成的锂离子蓄电池正极材料,磷酸铁锂属于正交晶系,具有一维嵌锂通道,锂离子可在晶格内进行脱嵌和嵌入。其理论质量比容量为170mA·h/g。碳复合磷酸铁锂正极材料按照充放电特性和使用要求分为能量型和功率型,分别用LFP@C-E和LFP@C-P表示,其中LFP表示磷酸铁锂,@表示两种材料的复合,C表示碳,E表示能量型,P表示功率型。能量型碳复合磷酸铁锂正极材料有三个类别,依次用LFP@C-E-Ⅰ、LFP@C-E-Ⅱ、

LFP@C-E-Ⅲ表示;功率型碳复合磷酸铁锂正极材料有三个类别,依次用LFP@C-P-Ⅰ、LFP@C-P-Ⅱ、LFP@C-P-Ⅲ表示,它们的主要区别在于具体性能要求不同。能量型碳复合磷酸铁锂正极材料一般用在能量密度高的蓄电池中;功率型碳复合磷酸铁锂正极材料一般用在功率高的蓄电池中。

(3)镍钴锰酸锂(NCM)。随着镍钴锰酸锂材料中镍(Ni)、钴(Co)、锰(Mn)比例的变化,材料的比容量、安全性等性能能够在一定程度上实现调控。调节Ni、Co、Mn三种元素的比例可以衍生出不同的氧化镍钴锰锂材料,如Ni:Co:Mn=1:1:1的NCM333材料,Ni:Co:Mn=4:2:4的NCM424材料,Ni:Co:Mn=5:2:3的NCM523材料,Ni:Co:Mn=6:2:2的NCM622材料,Ni:Co:Mn=8:1:1的NCM811材料等。通常把$w_{Ni}<60\%$的材料称为常规三元材料,$w_{Ni}\geqslant 60\%$的材料称为高镍三元材料。

常规三元材料体现了$LiNiO_2$、$LiCoO_2$、$LiMnO_2$的各自优势,具有成本低、容量大、循环寿命长、结构稳定、热稳定性好等优点,是电动汽车用动力蓄电池的主流正极材料。其中,NCM333材料的质量比容量$\geqslant 155\text{mA}\cdot\text{h/g}$,是现有三元材料中循环寿命最长、安全性最好的产品,适用于质量能量密度为$120\sim 180\text{W}\cdot\text{h/kg}$的长寿命电池体系;NCM523材料的质量比容量$\geqslant 165\text{mA}\cdot\text{h/g}$,适用于质量能量密度为$150\sim 240\text{W}\cdot\text{h/kg}$的电池体系。常规三元材料锂电池的充放电曲线如图2.21所示。

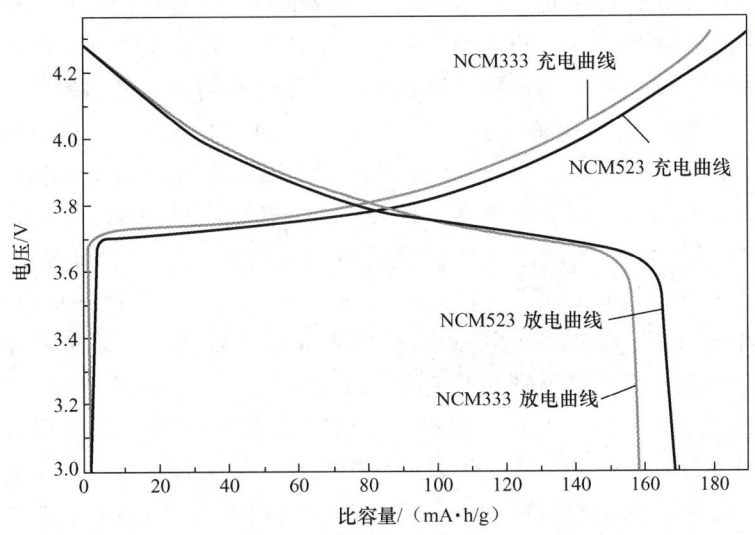

图2.21 常规三元材料锂电池的充放电曲线

随着镍含量的提高,高镍三元材料的质量比容量大幅度提升。NCM622材料的可逆质量比容量$\geqslant 175\text{mA}\cdot\text{h/g}$,NCM811材料的可逆质量比容量$\geqslant 190\text{mA}\cdot\text{h/g}$,适用于质量能量密度为$260\sim 350\text{W}\cdot\text{h/kg}$的高比能量电池体系。但镍含量高的材料,阳离子混排程度增大,结构稳定性下降,表面碱含量高,易吸水,出现极片加工工艺难度增大、电池循环性能和倍率性能下降、高温产气等问题。因此,高镍三元材料的生产和电池制造均有较高的技术门槛。高镍三元材料锂电池的充放电曲线如图2.22所示。

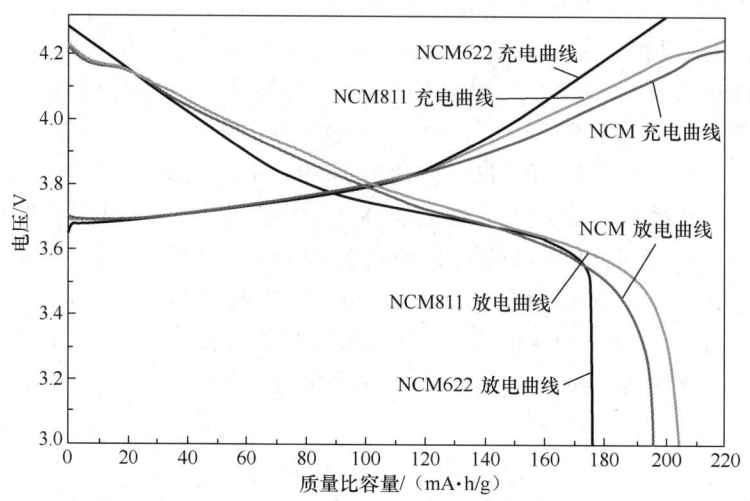

图 2.22 高镍三元材料锂电池的充放电曲线

（4）镍钴铝酸锂（NCA）。镍钴铝酸锂不仅可逆比容量高、材料成本较低，而且掺铝后增强了材料的结构稳定性和安全性，进而提高了材料的循环稳定性。

（5）钴酸锂（LCO）。钴酸锂是最早商业化的锂离子蓄电池正极材料，其优点是电化学性能优越、易加工、性能稳定、一致性好、比容量高、综合性能突出；缺点是安全性较差、成本高。钴酸锂主要应用于小电池，如手机电池、计算机电池等。钴酸锂按性能和用途分为常规钴酸锂、高倍率型钴酸锂、高压实型钴酸锂和高电压型钴酸锂。

（6）镍酸锂。镍酸锂的理论质量比容量为 247mA·h/g，实际质量比容量为 190～210mA·h/g，工作电压为 2.5～4.2V。镍酸锂的主要优点是自放电率低、无污染、与多种电解质有良好的相容性；缺点是制备条件要求高、热稳定性和安全性差。

（7）锰酸锂（LMO）。锰酸锂具有尖晶石结构，其理论质量比容量为 148mA·h/g，实际质量比容量为 90～120mA·h/g，工作电压为 3～4V。锰酸锂的优点是锰资源丰富、成本较低、对环境友好、安全性较好；缺点是能量密度较低、高温性能差、容量衰减明显，多与镍钴铝酸锂、镍钴锰酸锂混合使用。锰酸锂主要用于小型锂电池。

以磷酸铁锂，三元材料（镍钴锰酸锂、镍钴铝酸锂），钴酸锂，镍酸锂和锰酸锂为正极材料制成的电池分别为磷酸铁锂电池、三元锂电池、钴酸锂电池、镍酸锂电池和锰酸锂电池。特斯拉 Model 3 电动汽车用动力蓄电池的正极材料为镍钴铝酸锂；比亚迪 e6 电动汽车用动力蓄电池的正极材料为磷酸铁锂或镍钴锰酸锂。

### 3. 正极材料的主要性能指标

正极材料的主要性能指标有主元素含量、粒度、比表面积、水分含量、密度、残存碱含量、杂质元素含量、比容量、首次充放电效率、电压倍率特性、循环寿命。

（1）主元素含量。锂离子蓄电池中的正极材料都是含锂氧化物，一般锂含量越高，容量越大。比如锰酸锂的锂含量仅为 4.2%，而钴酸锂和镍酸锂的锂含量约为 7.1%。如果材料组成固定，则主元素含量应该以实际测试平均值＋公差的形式给出，以达到相应的电化学活性并保持批次之间的稳定性。正极材料对主元素含量的要求见表 2-1。

表 2-1 正极材料对主元素含量的要求

| 含锂氧化物 | | 主元素含量/(%) | | | | | | | |
|---|---|---|---|---|---|---|---|---|---|
| | | 锂 | 镍 | 钴 | 锰 | 铝 | 铁 | 磷 | 碳 |
| 磷酸铁锂 | | 3.9~5.0 | — | — | — | — | 33.0~36.0 | 18.0~20.0 | — |
| 碳复合磷酸铁锂 | | 4.4±1.0 | — | — | — | — | 35.0±2.0 | 20.0±1.0 | ≤5.0 |
| 三元材料 | 镍钴锰酸锂 | 7.5±1.0 | — | — | 58.8±1.5 | — | — | — | — |
| | 镍钴铝酸锂 | 7.5±0.5 | 45.0~55.0 | 4.0~12.0 | — | 0.2~1.5 | — | — | — |
| 钴酸锂 | | 6.5~7.5 | — | 57.0~60.0 | — | — | — | — | — |
| 镍酸锂 | | 7.1±0.2 | 45.0~55.0 | 5.0~15.0 | — | — | — | — | — |
| 锰酸锂 | 容量型 | 4.2±0.4 | — | — | 58.0±2.9 | — | — | — | — |
| | 动力型 | 4.1±0.4 | — | — | 57.5±2.9 | — | — | — | — |

(2) 粒度。正极材料的粒度直接影响蓄电池浆料和极片的制备，一般大粒度材料的浆料黏度小，流动性好，可以少用溶剂。通常采用激光粒度仪测试正极材料的颗粒直径，将粒度分布曲线中累积分布为 50% 时最大颗粒的等效直径 $D_{50}$ 视为平均直径。正极材料的粒度及其分布与前驱体、烧结、破碎工艺密切相关，通常情况下呈正态分布。前驱体是获得目标产物前的一种形式，大多以有机-无机配合物或混合物固体的形式存在，也有部分以溶胶的形式存在。

钴酸锂一般以四氧化三钴和碳酸锂为原料制备，其烧结特性很好，可通过控制 Li 或 Co 含量、烧结温度、升温速度等关键因素使其长大，因此对原料要求较低；通过烧结粘连长大、破碎的粉体材料易出现大的异形颗粒，制浆涂布成型时易出现划痕、断带，因此钴酸锂对粒度分布曲线中最大颗粒的等效直径 $D_{max}$ 有限制。锰酸锂大多采用与碱锰电池相同的原料——电解二氧化锰（$MnO_2$），其生产工艺是通过电解工艺沉积整块二氧化锰板，再通过剥离、破碎得到，原料本身存在大的异形颗粒，因此锰酸锂对 $D_{max}$ 也有限制。镍酸锂、镍钴锰酸锂、镍钴铝酸锂等材料通常采用化学共沉淀来实现镍、钴、锰、铝等元素的原子级别混合，并通过控制结晶实现高密度，此类材料的粒度分布比钴酸锂窄，对 $D_{10}$、$D_{90}$ 提出了要求。正极材料对粒度的要求见表 2-2。

(3) 比表面积。当正极材料的比表面积大时，电池的倍率特性较好；但通常更易与电解液发生反应，使得循环和储存变差。正极材料的比表面积与颗粒直径及其分布、表面孔隙度、表面包覆物等密切相关。在钴酸锂体系里，小颗粒的倍率型产品对应的比表面积最大。由于磷酸铁锂导电性差，颗粒以纳米团聚体的形式存在，且表面包覆无定形的碳，因此其比表面积在所有正极材料中最大。锰系材料与钴系材料相比，存在难以烧结的特点，比表面积也整体较大。正极材料对比表面积的要求见表 2-3。

(4) 水分含量。正极材料的水分含量与比表面积、颗粒直径及其分布、表面孔隙度、表面包覆物等密切相关。水分含量对电池制浆影响很大。正极浆料大多以聚偏氟乙烯（PVDF）做黏结剂，以 N-甲基吡咯烷酮（NMP）为溶剂，在此有机体系中，大分子量的聚偏氟乙烯并非完全溶解，而是以溶胶的形式存在。当正极材料的水分含量、残存碱含量较高时，有机溶胶体系被破坏，聚偏氟乙烯将从 N-甲基吡咯烷酮中析出，使浆料黏度急剧增大。正极材料对水分含量的要求见表 2-4。

表 2-2  正极材料对粒度的要求

| 正极材料 | | $D_{50}/\mu m$ | $D_{10}/\mu m$ | $D_{90}/\mu m$ | $D_{max}/\mu m$ |
|---|---|---|---|---|---|
| 磷酸铁锂 | | 2.0~5.0 | — | — | ≤40.0 |
| 碳复合磷酸铁锂 | | 0.5~20.0 | — | — | — |
| 三元材料 | 镍钴锰酸锂 | 5.0~15.0 | ≥2.0 | ≤30.0 | — |
| | 镍钴铝酸锂 | 4.0~18.0 | ≥1.0 | ≤30.0 | — |
| 钴酸锂 | 常规型 | 7.0~13.0 | — | — | ≤50.0 |
| | 高倍率型 | 4.0~8.0 | — | — | ≤40.0 |
| | 高压实型 | 10.0~25.0 | — | — | ≤70.0 |
| | 高电压型 | 10.0~25.0 | — | — | ≤70.0 |
| 镍酸锂 | | 5.0~10.0 | ≥1.0 | ≤30.0 | — |
| 锰酸锂 | 容量型 | 6.0~14.0 | — | — | ≤100 |
| | 动力型 | 10.0~14.0 | — | — | ≤60.0 |

表 2-3  正极材料对比表面积的要求

| 正极材料 | | $D_{50}/\mu m$ | 比表面积/(m²/g) |
|---|---|---|---|
| 磷酸铁锂 | | 2.0~5.0 | ≤20.0 |
| 碳复合磷酸铁锂 | | 0.5~20.0 | ≤30.0 |
| 三元材料 | 镍钴锰酸锂 | 5.0~15.0 | ≤1.0 |
| | 镍钴铝酸锂 | 4.0~18.0 | ≤0.7 |
| 钴酸锂 | 常规型 | 7.0~13.0 | 0.15~0.5 |
| | 高倍率型 | 4.0~8.0 | 0.3~1.0 |
| | 高压实型 | 10.0~25.0 | 0.1~0.4 |
| | 高电压型 | 10.0~25.0 | 0.1~0.4 |
| 镍酸锂 | | 5.0~10.0 | 0.3~0.7 |
| 锰酸锂 | 容量型 | 6.0~14.0 | 0.4~1.2 |
| | 动力型 | 10.0~14.0 | 0.2~0.7 |

表 2-4 正极材料对水分含量的要求

| 正极材料 | | $D_{50}/\mu m$ | 比表面积/$(m^2/g)$ | 水分含量/(%) |
|---|---|---|---|---|
| 磷酸铁锂 | | 2.00~5.00 | ≤20.00 | ≤0.20 |
| 碳复合磷酸铁锂 | | 0.50~20.00 | ≤30.00 | ≤0.10 |
| 三元材料 | 镍钴锰酸锂 | 5.00~15.00 | ≤1.00 | ≤0.05 |
| | 镍钴铝酸锂 | 4.00~18.00 | ≤0.70 | ≤0.05 |
| 钴酸锂 | | 4.00~25.00 | 0.10~1.00 | ≤0.05 |
| 镍酸锂 | | 5.00~10.00 | 0.30~0.70 | ≤0.05 |
| 锰酸锂 | 容量型 | 6.00~14.00 | 0.40~1.20 | ≤0.07 |
| | 动力型 | 10.00~14.00 | 0.20~0.70 | ≤0.05 |

(5) 密度。锂离子蓄电池的体积能量密度很大程度上取决于活性物质的密度。正极材料的密度与所含元素的原子量、晶体分布方式、结晶程度、球形度、颗粒直径及其分布、致密度等密切相关，还受制备工艺影响。正极材料的密度主要分为振实密度、极片压实密度和理论密度等。振实密度是指将一定质量的粉末加入有刻度的透明量器中，在规定条件下，经一定振幅和频率的振动达到规定次数或时间后，测得单位容积粉末的质量；极片压实密度是指将材料与少量黏结剂、导电剂混合制浆，经涂布、烘干、碾压成正极片，压实密度＝面密度÷(极片碾压后的厚度－集流体厚度)，以不同的压力碾压后，对折极片不出现透光的临界状态对应的数值；理论密度是指假设材料没有任何宏观缺陷和微观缺陷的理想晶体，利用X射线衍射仪测量晶胞常数得到晶胞体积，去除单个晶胞内所有原子的总质量。振实密度测试方法简单，是衡量正极活性材料的重要指标。正极材料对密度的要求见表 2-5。

表 2-5 正极材料对密度的要求

| 正极材料 | | $D_{50}/\mu m$ | 振实密度/$(g/cm^3)$ | 极片压实密度/$(g/cm^3)$ | 理论密度/$(g/cm^3)$ |
|---|---|---|---|---|---|
| 磷酸铁锂 | | 2.00~5.00 | ≥0.70 | ≥2.30 | 3.57 |
| 三元材料 | 镍钴锰酸锂 | 5.00~15.00 | ≥1.80 | ≥3.40 | 4.76 |
| | 镍钴铝酸锂 | 4.00~18.00 | ≥2.00 | ≥3.40 | 4.68 |
| 钴酸锂 | 常规型 | 7.00~13.00 | ≥2.30 | ≥3.90 | 5.06 |
| | 高倍率型 | 4.00~8.00 | ≥1.80 | ≥3.60 | — |
| | 高压实型 | 10.00~25.00 | ≥2.50 | ≥4.20 | — |
| | 高电压型 | 10.00~25.00 | ≥2.40 | ≥4.10 | — |
| 镍酸锂 | | 5.00~10.00 | ≥2.00 | ≥3.40 | 4.81 |
| 锰酸锂 | 容量型 | 6.00~14.00 | ≥1.10 | ≥2.90 | 4.28 |
| | 动力型 | 10.00~14.00 | ≥1.80 | ≥3.10 | — |

（6）残存碱含量。残存碱含量是指产品中可以与酸发生反应的水溶性物质占产品总量的百分比，通常以碳酸锂（$Li_2CO_3$）计。制备正极材料时，一般采用稍过量的 Li/Me，以保证材料从里到外彻底锂化。因此，大多数正极材料表面都会残留一定量的锂，且大多以碳酸锂形式存在。对于 NC、镍钴锰酸锂、镍钴铝酸锂等镍系材料，镍含量越高，材料混排加剧，残存碱含量越高；严重时将导致电池浆料黏度大，电池存储性能变差。残存碱测试通常采用酸碱电位滴定或人工滴定，将正极粉体分散到一定量的纯水中并过滤，量取一定体积的滤液，用标准盐酸溶液滴定。选取酚酞和甲基橙做指示剂，依次在 pH≈8 和 pH≈4 附近出现两个等当点，分别记录所用标准盐酸体积。正极材料对残存碱含量的要求见表 2-6。

表 2-6 正极材料对残存碱含量的要求

| 正极材料 | | pH | 残存碱含量/(g/m²) |
|---|---|---|---|
| 磷酸铁锂 | | 9.00~11.00 | — |
| 碳复合磷酸铁锂 | | 7.00~10.00 | — |
| 三元材料 | 镍钴锰酸锂 | 10.00~12.50 | — |
| | 镍钴铝酸锂 | 10.00~12.50 | ≤0.70 |
| 钴酸锂 | | ≤11.50 | ≤0.15 |
| 镍酸锂 | | 10.00~12.50 | — |
| 锰酸锂 | | 7.00~11.00 | — |

（7）杂质元素含量。除了特意引入的掺杂元素，正极材料的杂质元素含量越低越好。杂质元素一般是通过原料和生产过程引入的，需要在源头加以控制。常见的杂质元素有钠、钙、铁、铜，钠在前驱体和锂盐中含量都较高，钙主要是锂盐引入的。正极材料对杂质元素含量的要求见表 2-7。

表 2-7 正极材料对杂质元素含量的要求

| 正极材料 | | 杂质元素含量/(%) | | | | | | | | |
|---|---|---|---|---|---|---|---|---|---|---|
| | | 钾 | 钠 | 钙 | 铁 | 锌 | 铜 | 硅 | 硫 | 铝 |
| 磷酸铁锂 | | — | ≤0.030 | ≤0.030 | — | ≤0.030 | ≤0.005 | — | — | — |
| 碳复合磷酸铁锂 | | | | | ≤0.200 | | | | | |
| 三元材料 | 镍钴锰酸锂 | — | ≤0.030 | ≤0.030 | ≤0.030 | ≤0.030 | ≤0.030 | ≤0.030 | ≤0.167 | ≤0.050 |
| | 镍钴铝酸锂 | — | ≤0.030 | ≤0.030 | ≤0.010 | | ≤0.005 | | ≤0.067 | |
| 钴酸锂 | | ≤0.020 | ≤0.030 | ≤0.020 | ≤0.010 | | ≤0.010 | | | |
| 镍酸锂 | | ≤0.030 | ≤0.030 | ≤0.030 | ≤0.030 | | ≤0.030 | | | |
| 锰酸锂 | 容量型 | ≤0.050 | ≤0.300 | ≤0.030 | ≤0.010 | | ≤0.005 | | | |
| | 动力型 | ≤0.010 | ≤0.100 | ≤0.03 | ≤0.010 | | ≤0.050 | | ≤0.167 | |

(8) 质量比容量、首次充放电效率、电压。质量比容量是指单位质量的活性物质在规定条件下充电或者放电的电化学容量,单位为 mA·h/g;充放电效率是指活性物质在规定条件下放电容量与充电容量的百分比。正极材料的质量比容量、首次充放电效率、电压等电化学性能指标与主元素含量、晶体结构、粒度、充放电电压、充放电电流等密切相关。基本规律是锂含量越高,质量比容量越大。正极材料对质量比容量、首次充放电效率、电压的要求见表 2-8。

表 2-8 正极材料对质量比容量、首次充放电效率、电压的要求

| 正极材料 | | 质量比容量/(mA·h/g) | 首次充放电效率/(%) | 电压/V |
| --- | --- | --- | --- | --- |
| 碳复合磷酸铁锂 | 能量型Ⅰ | ≥160.00 | ≥95.00 | 2.50~3.90 |
| | 能量型Ⅱ | ≥155.00 | ≥95.00 | 2.50~3.90 |
| | 能量型Ⅲ | ≥150.00 | ≥95.00 | 2.50~3.90 |
| | 功率型Ⅰ | ≥155.00 | ≥95.00 | 2.50~3.90 |
| | 功率型Ⅱ | ≥150.00 | ≥95.00 | 2.50~3.90 |
| | 功率型Ⅲ | ≥145.00 | ≥95.00 | 2.50~3.90 |
| 三元材料 | 镍钴锰酸锂 | ≥140.00 | ≥85.00 | 3.00~4.30 |
| | 镍钴铝酸锂 | ≥175.00 | ≥86.00 | 2.70~4.20 |
| 钴酸锂 | 常规型 | ≥155.00 | ≥95.00 | 2.75~4.30 |
| | 高倍率型 | ≥155.00 | ≥95.00 | — |
| | 高压实型 | ≥155.00 | ≥95.00 | — |
| | 高电压型 | ≥180.00 | ≥95.00 | 3.00~4.50 |
| 镍酸锂 | | ≥175.00 | ≥87.00 | 2.75~4.30 |

(9) 倍率特性。倍率特性是指活性物质在某大电流下放电容量与在某小电流下放电容量的百分比。正极材料的倍率特性与粒度、结晶度、钴含量、碳包覆量等相关。高倍率型钴酸锂可以实现 10C 放电,且 10C/1C 大于或等于 90%。正极材料对倍率特性的要求见表 2-9。

表 2-9 正极材料对倍率特性的要求

| 正极材料 | | 电导率×$10^{-4}$/(S/cm) | 1C/0.1C/(%) | 10C/1C/(%) |
| --- | --- | --- | --- | --- |
| 碳复合磷酸铁锂 | 能量型Ⅰ | ≥10 | ≥94 | — |
| | 能量型Ⅱ | ≥5 | ≥92 | — |
| | 能量型Ⅲ | ≥1 | ≥90 | — |
| | 功率型Ⅰ | ≥50 | ≥96 | — |
| | 功率型Ⅱ | ≥25 | ≥94 | — |
| | 功率型Ⅲ | ≥10 | ≥92 | — |
| 钴酸锂 | 高倍率型 | — | — | ≥90 |

（10）循环寿命。循环寿命是指活性物质在规定条件下进行充放电循环，当放电容量与首次放电容量的百分比达到规定值时的循环次数。正极材料对循环寿命的要求见表2-10。

表2-10 正极材料对循环寿命的要求

| 正极材料 | | 循环寿命/次 | |
|---|---|---|---|
| | | 常温 | 55℃ |
| 磷酸铁锂 | | ≥2000.0 | — |
| 碳复合磷酸铁锂 | | 0.5～20.0 | — |
| 三元材料 | 镍钴锰酸锂 | ≥500.0 | — |
| | 镍钴铝酸锂 | ≥500.0 | — |
| 钴酸锂 | 常规型 | ≥500.0 | — |
| | 高倍率型 | — | — |
| | 高压实型 | ≥500.0 | — |
| | 高电压型 | ≥500.0 | — |
| 镍酸锂 | | ≥500.0 | — |
| 锰酸锂 | 容量型 | ≥500.0 | — |
| | 动力型 | ≥1000.0 | ≥300.0 |

**4. 碳复合磷酸铁锂技术指标**

锂离子蓄电池用碳复合磷酸铁锂正极材料的技术指标见表2-11。

表2-11 锂离子蓄电池用碳复合磷酸铁锂正极材料的技术指标

| 技术指标 | | 产品代号 | | | | | |
|---|---|---|---|---|---|---|---|
| | | LFP@C-E | | | LFP@C-P | | |
| | | Ⅰ | Ⅱ | Ⅲ | Ⅰ | Ⅱ | Ⅲ |
| 理化性能 | 颗粒直径 $D_{50}$/μm | 0.5～20.0 | | | 0.5～20.0 | | |
| | 水分含量/(mg/kg) | ≤1000.0 | | | ≤1000.0 | | |
| | pH | 7.0～10.0 | | | 7.0～10.0 | | |
| | 比表面积/(m²/g) | ≤30.0 | | | ≤30.0 | | |
| | 振实密度/(g/cm³) | ≥0.6 | | | ≥0.6 | | |
| | 粉末压实密度/(g/cm³) | ≥1.5 | | | ≥1.5 | | |
| | 碳含量/(%) | ≤5.0 | | | ≤10.0 | | |
| | 锂含量/(%) | 4.4±1.0 | | | 4.4±1.0 | | |
| | 铁含量/(%) | 35.0±2.0 | | | 35.0±2.0 | | |
| | 磷含量/(%) | 20.0±1.0 | | | 20.0±1.0 | | |
| | 铁离子溶出率/(mg/kg) | ≤2000.0 | | | ≤2000.0 | | |

续表

| 技术指标 | | 产品代号 | | | | | |
|---|---|---|---|---|---|---|---|
| | | LFP@C-E | | | LFP@C-P | | |
| | | Ⅰ | Ⅱ | Ⅲ | Ⅰ | Ⅱ | Ⅲ |
| 电化学性能 | 0.1C首次库仑效率/(%) | ≥95 | | | ≥95 | | |
| | 0.1C首次可逆质量比容量/(mA·h/g) | ≥160 | ≥155 | ≥150 | ≥155 | ≥150 | ≥145 |
| | 倍率特性（1C/0.1C）/(%) | ≥94 | ≥92 | ≥90 | ≥96 | ≥94 | ≥92 |
| | 电导率（×10⁻⁴)/(S/cm) | ≥10 | ≥5 | ≥1 | ≥50 | ≥25 | ≥10 |
| 限用物质含量 | 铬及其化合物/(mg/kg) | ≤5 | | | ≤5 | | |
| | 铅及其化合物/(mg/kg) | ≤100 | | | ≤100 | | |
| | 汞及其化合物/(mg/kg) | ≤100 | | | ≤100 | | |
| | 六价铬及其化合物/(mg/kg) | ≤100 | | | ≤100 | | |

## 2.4.2 负极材料

负极材料是电池充电过程中锂离子和电子的载体，起着储存与释放能量的作用。在电池成本中，负极材料占5%～15%，是重要原材料。负极材料影响锂离子蓄电池的安全性。

**1. 锂离子蓄电池对负极材料的要求**

锂离子蓄电池的负极材料应满足以下要求。

（1）锂离子嵌入、脱嵌电位尽可能低，使蓄电池有较高的输出电压，以提高蓄电池的能量密度。

（2）锂离子尽可能多地在材料中可逆脱嵌，保证蓄电池的比容量。

（3）在蓄电池的循环过程中，材料的结构没有或很少发生改变，以确保蓄电池的循环性能。

（4）具有较高的电子电导率和离子电导率，保证电子和锂离子在材料中快速传输，以提高蓄电池的功率密度。

（5）氧化还原电位变化小，以使蓄电池较平稳地充电和放电。

（6）材料在电解液中稳定，不溶解，并且具有良好的表面结构，能够与电解质形成稳定的固体电解质界面膜。

（7）价格低，来源丰富，对环境友好。

**2. 负极材料的类型**

锂离子蓄电池负极材料主要有石墨类和钛酸锂（$Li_4Ti_5O_{12}$）。

（1）石墨类。石墨类负极材料采用的是结晶型层状结构的石墨类碳材料，与正极材料在一定体系下协同作用，实现锂离子蓄电池多次充放电，在充电过程中，负极接受锂离子的嵌入；在放电过程中，实现锂离子的脱出。石墨类负极材料的理论质量比容量为

锂离子蓄电池负极材料粒度分布快速检测

372mA·h/g，外观为灰黑色或铜灰色、有金属光泽的粉末。石墨类负极材料可分为天然石墨（natural graphite，NG）、人造石墨（artifical graphite，AG）和复合石墨（composite graphite，CG）。其中人造石墨又分为中间相碳微球（carbon micro bead，CMB）人造石墨、针状焦人造石墨（needle coke artifical graphite，NAG）和石油普焦人造石墨（common petroleum coke artifical graphite，CPAG）。

锂离子蓄电池石墨类负极材料等级见表2-12。

表2-12 锂离子蓄电池石墨类负极材料等级

| 负极材料 | | 级别 | 首次放电质量比容量/(mA·h/g) | 首次库仑效率/(%) | 粉末压实密度/(g/cm³) | 石墨化度/(%) | 固定碳含量/(%) | 磁性物质含量/(×10⁻⁶) | 铁含量/(×10⁻⁶) |
|---|---|---|---|---|---|---|---|---|---|
| 天然石墨 | | Ⅰ | ≥360.00 | ≥95.00 | ≥1.65 | ≥96.00 | ≥99.97 | ≤0.10 | ≤10.00 |
| | | Ⅱ | ≥360.00 | ≥93.00 | ≥1.55 | ≥94.00 | ≥99.95 | ≤0.10 | ≤30.00 |
| | | Ⅲ | ≥345.00 | ≥91.00 | ≥1.45 | ≥92.00 | ≥99.90 | ≤0.50 | ≤50.00 |
| 人造石墨 | 中间相碳微球 | Ⅰ | ≥350.00 | ≥95.00 | ≥1.50 | ≥94.00 | ≥99.97 | ≤0.10 | ≤20.00 |
| | | Ⅱ | ≥340.00 | ≥94.00 | ≥1.40 | ≥90.00 | ≥99.95 | ≤0.50 | ≤50.00 |
| | | Ⅲ | ≥330.00 | ≥90.00 | ≥1.20 | ≥90.00 | ≥99.70 | ≤1.50 | ≤100.00 |
| | 针状焦 | Ⅰ | ≥355.00 | ≥94.00 | ≥1.25 | ≥94.00 | ≥99.97 | ≤0.10 | ≤20.00 |
| | | Ⅱ | ≥340.00 | ≥93.00 | ≥1.20 | ≥90.00 | ≥99.95 | ≤0.10 | ≤50.00 |
| | | Ⅲ | ≥320.00 | ≥90.00 | ≥1.10 | ≥85.00 | ≥99.70 | ≤1.50 | ≤100.00 |
| | 石油普焦 | Ⅰ | ≥350.00 | ≥95.00 | ≥1.40 | ≥94.00 | ≥99.97 | ≤0.10 | ≤20.00 |
| | | Ⅱ | ≥330.00 | ≥93.00 | ≥1.20 | ≥90.00 | ≥99.95 | ≤0.10 | ≤50.00 |
| | | Ⅲ | ≥300.00 | ≥90.00 | ≥1.10 | ≥85.00 | ≥99.70 | ≤1.50 | ≤100.00 |
| 复合石墨 | | Ⅰ | ≥355.00 | ≥94.00 | ≥1.60 | ≥94.00 | ≥99.97 | ≤0.10 | ≤20.00 |
| | | Ⅱ | ≥345.00 | ≥92.00 | ≥1.50 | ≥92.00 | ≥99.95 | ≤0.10 | ≤30.00 |
| | | Ⅲ | ≥330.00 | ≥91.00 | ≥1.40 | ≥90.00 | ≥99.70 | ≤0.50 | ≤50.00 |

（2）钛酸锂。钛酸锂负极材料具有体积小、质量轻、密封性好、无泄漏、无记忆效应、自放电率低、充放电迅速、循环寿命长、工作环境温度范围宽、安全稳定、绿色环保等优点；同时具有能量密度低，成本高的缺点。

3. 负极材料的主要性能指标

负极材料的主要性能指标有晶体结构、粒度分布、密度、比表面积、pH、水分含量、元素含量、首次可逆比容量、首次效率等。

（1）晶体结构。常用的负极材料石墨有两种晶体结构，一种是六方相，另一种是菱方相。晶体结构的有序程度与石墨化程度相关。石墨化程度越大，碳材料越容易石墨化，晶体结构的有序程度越大,相应晶格缺陷越少,电子的迁移阻力越小,电池的动力学性能会得到提升。

钛酸锂为立方尖晶石结构,拥有三维锂离子迁移通道,具有非常优异的循环稳定性,允许高倍率充放电,在动力蓄电池和大规模储能中有一定的应用。

(2) 粒度分布。负极材料的粒度分布直接影响电池的制浆工艺及体积能量密度。在相同体积填充分数的情况下,材料的颗粒直径越大,粒度分布越宽,浆料的黏度就越小,有利于提高固体含量,减小涂布难度。另外,材料的粒度分布较宽时,体系中的小颗粒能够填充在大颗粒的空隙中,有助于增大极片的压实密度和蓄电池的体积能量密度。负极材料的粒度分布特征参数有 $D_{50}$、$D_{10}$、$D_{90}$ 和 $D_{max}$,其中 $D_{50}$ 表示粒度累积分布曲线中累积量为 50% 时的粒度,可视为材料的平均颗粒直径。负极材料的粒度主要是由制备方法决定的。

负极材料对粒度的要求见表 2-13。

表 2-13 负极材料对粒度的要求

| 负极材料 | $D_{50}/\mu m$ | $D_{10}/\mu m$ | $D_{90}/\mu m$ | $D_{max}/\mu m$ |
| --- | --- | --- | --- | --- |
| 天然石墨 | 8～25 | 5～16 | 18～37 | ≤70 |
| 中间相碳微球人造石墨 | 15～28 | 5～13 | 31～42 | ≤75 |
| 针状焦人造石墨 | 11～24 | 7～17 | 29～49 | ≤70 |
| 石油普焦人造石墨 | 16～24 | 5～11 | 33～42 | ≤75 |
| 复合石墨 | 13～24 | 5～12 | 31～40 | ≤70 |
| 钛酸锂 | 0.5～10 | — | — | — |

(3) 密度。密度是指材料在绝对密实状态下单位体积的质量。一般粉体材料都是有孔的,计算材料密度时,根据是否计入这些孔体积,可分为真密度、有效密度和表观密度,其中表观密度又分为振实密度和压实密度。在实际应用中,制造厂商更关心材料的表观密度。负极材料的密度直接影响蓄电池的体积能量密度,对于同一种材料,压实密度越大,体积能量密度越大,因此对各项密度的下限值均作出要求。负极材料对密度的要求见表 2-14。

表 2-14 负极材料对密度的要求

| 负极材料 | 真密度/(g/cm³) | 振实密度/(g/cm³) | 压实密度/(g/cm³) |
| --- | --- | --- | --- |
| 天然石墨 | 2.20～2.26 | ≥0.90 | ≥1.45 |
| 中间相碳微球人造石墨 | 2.20～2.26 | ≥1.10 | ≥1.40 |
| 针状焦人造石墨 | 2.20～2.26 | ≥0.80 | ≥1.40 |
| 石油普焦人造石墨 | 2.20～2.26 | ≥1.00 | ≥1.30 |
| 复合石墨 | 2.20～2.26 | ≥0.80 | ≥1.30 |
| 钛酸锂 | ≥3.40 | ≥0.90 | ≥1.90 |

(4) 比表面积。比表面积是指每克固体材料具有的表面积。负极材料的比表面积对蓄电池的动力学性能和固体电解质膜的形成有很大影响。如石墨的比表面积太大,则首次容量损失过多,而且添加的黏结剂比较多,造成内阻增大。石墨的比表面积与石墨颗粒的形状、表面结构等有关,比如人造石墨具有特殊的微孔结构,比表面积大,活性部位增加,反应面积增大,提高了活性材料的利用率,表现出高容量和高倍率性能。但是,在首次充放电过程中,由于形成固体电解质膜所消耗的电解液较多,因此不可逆容量比率大。石墨颗粒的比表面积过大或过小都不利于锂离子的可逆脱嵌,只有比表面积合适才能有限度地可逆脱嵌锂离子。负极材料对比表面积的要求见表2-15。

表2-15 负极材料对比表面积的要求

| 负极材料 | 天然石墨 | 中间相碳微球人造石墨 | 针状焦人造石墨 | 石油普焦人造石墨 | 复合石墨 | 钛酸锂 |
|---|---|---|---|---|---|---|
| $D_{50}/\mu m$ | 8.0~25.0 | 15.0~28.0 | 11.0~24.0 | 16.0~24.0 | 13.0~24.0 | 0.5~10.0 |
| 比表面积/(m²/g) | ≤6.5 | 0.5~1.5 | ≤5.0 | ≤5.0 | ≤4.0 | ≤10.0 |

(5) pH、水分含量。负极材料的pH和水分含量对材料的稳定性和制浆工艺有重要影响。负极材料对pH和水分含量的要求见表2-16。

表2-16 负极材料对pH和水分含量的要求

| 负极材料 | 天然石墨 | 中间相碳微球人造石墨 | 针状焦人造石墨 | 石油普焦人造石墨 | 复合石墨 | 钛酸锂 |
|---|---|---|---|---|---|---|
| pH | 4.0~9.0 | 4.5~9.0 | 4.5~9.0 | 4.5~9.0 | 4.5~9.0 | 9.5~11.5 |
| 水分含量/(%) | ≤0.2 | ≤0.2 | ≤0.2 | ≤0.2 | ≤0.2 | ≤0.15 |

(6) 元素含量。石墨主要由固定碳、灰分和挥发分三部分组成。固定碳是真正具有电化学活性的组分,对固定碳的含量有严格要求——至少大于99.5%。此外,除了固定碳、锂主要元素,负极材料在包覆、掺杂等改性过程中会引入一些杂质元素,它们也会影响蓄电池的电化学性能,需要严格控制。另外,部分负极原料中含有镉、铅、汞、六价铬及其化合物等限用元素,它们对动物、植物和环境有害,因此对此类物质有严格限制。负极材料对相关元素含量的要求见表2-17。

表2-17 负极材料中对相关元素含量的要求

| 负极材料 | | 天然石墨 | 中间相碳微球人造石墨 | 针状焦人造石墨 | 石油普焦人造石墨 | 复合石墨 | 钛酸锂 |
|---|---|---|---|---|---|---|---|
| 主元素含量/(%) | 固定碳 | ≥99.9 | ≥99.95 | ≥99.7 | ≥99.7 | ≥99.5 | — |
| | 锂 | — | — | — | — | — | 5.0~7.0 |
| 杂质元素含量($\times 10^{-6}$) | 微量金属(钠、铜、铝等) | ≤80.0 | ≤80.0 | ≤130.0 | ≤230.0 | ≤110.0 | — |

续表

| 负极材料 | | 天然石墨 | 中间相碳微球人造石墨 | 针状焦人造石墨 | 石油普焦人造石墨 | 复合石墨 | 钛酸锂 |
|---|---|---|---|---|---|---|---|
| 杂质元素含量 ($\times 10^{-6}$) | 阴离子 | ≤110.0 | ≤110.0 | ≤110.0 | ≤110.0 | ≤110.0 | ≤60.0 |
| | 硫 | ≤20.0 | ≤20.0 | ≤20.0 | ≤20.0 | ≤20.0 | — |
| | 有机物（甲苯等） | ≤17.0 | ≤17.0 | ≤17.0 | ≤17.0 | ≤17.0 | — |
| 有害元素含量 ($\times 10^{-6}$) | 限用物质（镉、铅、汞等） | ≤20.0 | ≤20.0 | ≤20.0 | ≤20.0 | ≤20.0 | ≤100.0 |
| | 磁性物质（铁、镍、锌等） | <0.5 | <0.5 | <1.5 | <1.5 | <1.0 | ≤20.0 |

（7）首次可逆比容量、首次效率。首次可逆比容量指的是首周脱锂容量，首次效率指的是首周脱锂容量与嵌锂容量的比值，它们可以在很大程度上反映电极材料的电化学性能，而且电池的首次可逆质量比容量可以在一定程度上反映材料在后续循环中的稳定容量，也具有重要意义。负极材料对首次可逆质量比容量和首次效率的要求见表2-18。

表 2-18　负极材料对首次可逆比容量和首次效率的要求

| 负极材料 | 天然石墨 | 中间相碳微球人造石墨 | 针状焦人造石墨 | 石油普焦人造石墨 | 复合石墨 | 钛酸锂 |
|---|---|---|---|---|---|---|
| 首次可逆质量比容量/[(mA·h)/g] | ≥345 | ≥320 | ≥320 | ≥295 | ≥320 | ≥155 |
| 首次效率/(%) | ≥91 | ≥92 | ≥91 | ≥89 | ≥89 | ≥90 |

**4. 球形石墨**

球形石墨（spherical graphite，SG）是指以高纯度天然石墨为原料，对石墨进行改性处理，生产的呈椭球形的石墨产品，主要用作锂离子蓄电池的负极材料。

（1）球形石墨等级。球形石墨等级见表2-19。

表 2-19　球形石墨等级

| 等级代号 | 球形度 $S$ | 固定碳含量/(%) | 磁性物质含量（$\times 10^{-6}$） | 铁含量（$\times 10^{-6}$） |
|---|---|---|---|---|
| Ⅰ | $S \geq 0.90$ | ≥99.95 | ≤0.10 | ≤30.00 |
| Ⅱ | $S \geq 0.80$ | ≥99.90 | ≤0.30 | ≤50.00 |
| Ⅲ | $S \geq 0.60$ | ≥99.00 | ≤0.50 | ≤70.00 |

（2）产品代号。产品代号由产品名称、等级代号、中位径（$D_{50}$）、固定碳含量和振实密度等依次排列组成，即 SG 等级代号-$D_{50}$-固定碳含量-振实密度。例如 SGⅠ-17-9995-95，SG 表示球形石墨，Ⅰ表示Ⅰ级，17 表示 $D_{50}=17.0\mu m \pm 2.0\mu m$，9995 表示固定碳含量≥99.95%，95 表示振实密度≥0.95g/cm³。

(3) 技术指标要求。典型Ⅰ级球形石墨的技术指标要求见表 2-20，其中限用物质包括镉及其化合物、铅及其化合物、汞及其化合物、六价铬及其化合物。

表 2-20 典型Ⅰ级球形石墨的技术指标要求

| 技术指标 | | 产品代号 | | | |
|---|---|---|---|---|---|
| | | SGⅠ-8-9995-85 | SGⅠ-11-9995-90 | SGⅠ-17-9995-93 | SGⅠ-23-9995-98 |
| 球形度 | | ≥0.90 | | | |
| 粒度分布 | $D_{10}/\mu m$ | 5.50～6.50 | 6.00～7.00 | 10.50～12.00 | 13.50～14.50 |
| | $D_{50}/\mu m$ | 8.00～9.00 | 10.00～11.00 | 16.50～18.50 | 20.50～22.50 |
| | $D_{90}/\mu m$ | 12.00～14.00 | 16.00～19.00 | 24.50～28.50 | 32.00～34.00 |
| | $D_{max}/\mu m$ | ≤23.00 | ≤30.00 | ≤45.00 | ≤60.00 |
| 固定碳含量/(%) | | ≥99.95 | | | |
| 水分含量/(%) | | ≤0.20 | | ≤0.10 | |
| pH | | 4.50～6.00 | | | |
| 振实密度/(g/cm³) | | ≥0.85 | ≥0.90 | ≥0.93 | ≥0.98 |
| 比表面积/(m²/g) | | 9.50～10.50 | 7.00～8.50 | 5.00～6.50 | 4.50～6.00 |
| 微量元素含量（×10⁻⁶） | 铁 | ≤30.00 | | | |
| | 钠 | ≤10.00 | | | |
| | 铬 | ≤10.00 | | | |
| | 铜 | ≤10.00 | | | |
| | 镍 | ≤10.00 | | | |
| | 铝 | ≤10.00 | | | |
| | 钼 | ≤10.00 | | | |
| | 锌 | ≤10.00 | | | |
| | 钴 | ≤10.00 | | | |
| | 硅 | ≤30.00 | | | |
| 磁性物质含量（×10⁻⁶） | 铁+铬+镍+锌+钴 | ≤0.10 | | | |
| 硫含量（×10⁻⁶） | | ≤15.00 | | | |
| 限用物质含量（×10⁻⁶） | | ≤5.00 | | | |
| 阴离子含量（×10⁻⁶） | F⁻ | ≤10.00 | | | |
| | Cl⁻ | ≤100.00 | | | |
| | Br⁻ | ≤100.00 | | | |
| | NO₃⁻ | ≤100.00 | | | |
| | SO₄²⁻ | ≤100.00 | | | |

## 2.4.3 隔膜

隔膜是锂离子蓄电池的重要材料,具有两种重要功能:一是保证蓄电池安全;二是实现与充放电相关的功能。蓄电池能量密度的提高主要基于电极材料体系的发展和优化;蓄电池的容量发挥、倍率性能、循环寿命、充电电位、首次库仑效率、自放电、高低温特性、内短路和析锂等重要特性,都与隔膜材料的特性和品质相关。隔膜的根本作用是隔离正极片和负极片,避免短路。同时,基于锂离子蓄电池的工作机制:充电时,锂离子从正极材料中脱出,穿过隔膜,迁移插入负极材料的层状结构间;放电时,锂离子从负极材料中脱出,反向穿过隔膜,重新迁移嵌入正极材料。因此,隔膜上需要有贯通的微孔供锂离子迁移;对于隔膜而言,最重要的特性就是微孔结构。

**1. 锂离子蓄电池对隔膜材料的要求**

锂离子蓄电池对隔膜材料有以下要求。
(1) 具有电子绝缘性,保证正负极的机械隔离。
(2) 有一定的孔径和孔隙率,保证小的电阻和高的离子电导率,对锂离子有很好的透过性。
(3) 耐电解质腐蚀,具有良好的化学稳定性和电化学稳定性,因为电解质的溶剂为强极性的有机化合物。
(4) 具有良好的电解液浸润性,并且吸液保湿能力强。
(5) 力学稳定性好,包括穿刺强度、拉伸强度等,但厚度尽可能小。
(6) 空间稳定性和平整性好。
(7) 热稳定性和自动关断保护性好。
(8) 受热收缩率小,否则会引起短路,引发蓄电池热失控。

**2. 隔膜的类型**

应用比较广泛的隔膜有聚乙烯(polyethylene,PE)隔膜、聚丙烯(polypropylene,PP)隔膜、PP-PE-PP三层隔膜、无纺布复合隔膜、凝胶隔膜、表面涂覆的复合隔膜等。

**3. 隔膜的主要技术指标**

隔膜的主要技术指标有厚度、面密度、孔隙率、孔径、透气性、曲折度、润湿性、润湿速度、化学稳定性、穿刺强度、混合穿刺强度、拉伸强度、热闭合温度、熔融破裂温度、热收缩率等。

(1) 厚度。厚度是锂离子蓄电池隔膜的基本参数,通常与锂离子的透过性成反比,与隔膜的力学性能成正比,故在满足机械强度的条件下,应尽可能减小隔膜厚度,以提升蓄电池性能。厚度为 $16\mu m$、$18\mu m$、$20\mu m$、$25\mu m$、$30\mu m$ 等的隔膜较普遍,蓄电池的用途不同,隔膜厚度有所差异。电子产品的蓄电池隔膜厚度较小,$16\mu m$ 和 $18\mu m$ 较理想,但 $25\mu m$ 较常见;混合动力电动汽车和纯电动汽车上,大功率、大电流蓄电池的隔膜需有较大的厚度,一般大于或等于 $40\mu m$。

(2) 面密度。隔膜的面密度间接反映了同一厚度及原料规格隔膜材料的孔隙率,主要与隔膜原料的密度、隔膜的厚度规格有关。锂离子蓄电池隔膜材料的面密度影响锂离子蓄电池的内阻、倍率特性、循环寿命及安全性。聚乙烯隔膜材料对面密度的要求见表 2-21。

表 2-21 聚乙烯隔膜材料对面密度的要求

| 隔膜材料 | 厚度规格/μm | 面密度/(g/m²) |
| --- | --- | --- |
| PE | 5 | 3.1±0.6 |
| | 7 | 4.1±0.8 |
| | 9 | 5.3±0.8 |
| | 12 | 6.8±0.8 |
| PE+$Al_2O_3$ | 10 | 9.5±3.0 |

（3）孔隙率。孔隙率是影响隔膜电化学性能的重要参数，理论上，其余参数（如透气度、吸液率、电化学阻抗等）都与孔隙率相关。其值等于隔膜中微孔的体积与隔膜总体积的比值。隔膜中的微孔一般为通孔、盲孔和闭孔，对于锂离子蓄电池隔膜而言，有用的只有通孔。

（4）孔径。为了使锂离子蓄电池持续、稳定地运行，要求蓄电池中的电流密度均匀平稳，因此要求隔膜有适合的孔径及其分布。若孔径太小，则锂离子的透过性会受到限制，从而使蓄电池的内阻增大，降低了蓄电池的整体性能；若孔径太大，则在增强锂离子透过性的同时，容易受到锂离子枝晶生长刺穿隔膜的影响，发生短路甚至爆炸等安全问题。锂离子蓄电池隔膜的孔径应小于 1μm。大多数隔膜的平均孔径为 0.01～0.05μm，孔径分布越窄越均匀，蓄电池的电化学性能越优异。

（5）透气性。透气性是表征隔膜气体透过能力的一个指标，能够间接反映离子的透过性。隔膜行业通常用 Gurley 值作为评判标准，其是指将隔膜置于透气度检测仪内，一定体积的空气在一定压力下透过规定面积隔膜的时间。因为 Gurley 值取决于空气通过隔膜中多孔结构的流动方式，所以能够从一定程度上反映隔膜内部孔隙的曲折程度，当隔膜的孔隙率和厚度都确定时，比较 Gurley 值可以大致评估隔膜孔隙的曲折度。

（6）曲折度。曲折度可用于表征蓄电池隔膜等多孔性物质的微观孔隙结构，能够反映隔膜的透过性，并用于描述锂离子透过隔膜的难易程度。曲折度的值等于隔膜中有效毛细管的平均长度（离子实际通过的路程）与隔膜厚度的比值。

（7）润湿性、润湿速度。隔膜的润湿性和润湿速度对锂离子蓄电池的运行有重要意义。为高效传递锂离子，正、负极材料之间的隔膜需与电解液充分接触，并且具备较强的电解液保持能力；否则会使电池内阻增大，降低电池使用性能。通常隔膜的润湿性与所用材料的性质特点有关，亲水性材料比疏水性材料的润湿性好。润湿速度反映了隔膜在电解液中完全润湿所需的时间（或单位时间内隔膜被润湿的面积），不仅与隔膜的材料（主要是表面张力）有关，还受孔径、孔隙率和曲折度等的影响。隔膜的润湿性与润湿速度具有很好的关联性，即隔膜的润湿性越好，润湿速度越高。

（8）化学稳定性。化学稳定性主要是指隔膜电解液中的耐腐蚀性和尺寸稳定性。由于电解液中含有大量有机物质，因此要求隔膜浸润时不能与电解液发生化学反应，同时要求有较好的尺寸稳定性，不发生胀缩和变形。

（9）穿刺强度。鉴于隔膜生产过程中的蜷曲缠绕和包装、蓄电池的组装和拆卸、实际使用过程中反复充放电等因素，要求隔膜具备一定的物理强度，以克服上述过程中物理冲击、穿刺、磨损和压缩等作用带来的损坏，因此需要考察隔膜的穿刺强度。

（10）混合穿刺强度。混合穿刺强度一般用于评估蓄电池发生短路概率，由于锂离子蓄电池的隔膜与正、负极的粗糙表面接触，在蓄电池的组装和使用过程中，电极表面可能刺穿隔膜，因此混合穿刺强度相对穿刺强度是一种动态的指标参数。

（11）拉伸强度。拉伸强度是反映隔膜在使用过程中受到外力作用时维持尺寸稳定性的参数，若拉伸强度不够，则隔膜变形后不易恢复原尺寸而导致电池短路。

（12）热闭合温度。热闭合效应是隔膜对锂离子蓄电池的一种特殊保护机制，即当蓄电池的使用温度过高时，隔膜会自动将原来可以让锂离子自由透过的微孔闭合，阻止锂离子在正、负极之间交换，使蓄电池内阻增大，从而避免了由温度过高和电流过大造成的短路甚至是爆炸的危险。但是隔膜的闭合性是单向不可逆的，即一旦发生热闭合效应，蓄电池就报废，不再具有使用价值。由于隔膜通常以聚合物为基材，因此当蓄电池的温度达到隔膜基材的熔点时，聚合物熔融流动，导致原有微孔结构闭合，即基材的熔点一般为隔膜的热闭合温度。

（13）熔融破裂温度。熔融破裂温度是指温度达到热闭合温度后进一步上升，隔膜基材由于高温熔融而处于黏流状态，力学性能下降并自发破裂时的温度。由于隔膜破裂等效于电路中发生短路，因此蓄电池的电阻下降为零。单层PP隔膜的熔融破裂温度比单层PE隔膜高约30℃；PP-PE-PP三层隔膜的闭孔度与单层PE隔膜接近，而熔融破裂温度与单层PP隔膜相近，表明PP-PE-PP三层隔膜在较低的温度下闭孔后，仍有30℃左右的温度范围保持较大的电阻，从而保证电池的安全性。

（14）热收缩率。由于隔膜在高温下易发生收缩形变，因此可以通过热收缩率表征隔膜高温下的尺寸稳定性。例如，单层PE隔膜在120℃下仅10min就有近10%的热收缩率，锂离子蓄电池隔膜的热收缩率在90℃下放置60min时应小于5%。

没有隔膜能适用于所有的蓄电池材料体系和蓄电池型号。为使动力蓄电池发挥最佳性能，需要根据具体的蓄电池设计及蓄电池制造的工艺和设备水平选配适合的隔膜。为保证动力蓄电池的安全性，隔膜的孔隙率不能太高，以30%~45%为宜。单体容量较大的能量型蓄电池不宜使用过薄的隔膜；功率型蓄电池可以考虑孔隙率较高、较薄的隔膜。

## 2.4.4 电解质

电解质（液）作为锂离子在电池正、负极之间传输的主要媒介，保证了内部电路的有效性，对锂离子蓄电池的能量密度、倍率特性、循环效率、安全性、储存性等起着至关重要的作用。

**1. 锂离子蓄电池对电解质的要求**

锂离子蓄电池对电解质有以下要求。

（1）液态温度范围大（-20~80℃）。

(2) 具有较高的离子电导率,室温下应大于 6mS/cm。
(3) 对电极、隔膜的润湿性好。
(4) 电化学稳定性好,有较宽的电化学窗口。
(5) 与正、负极材料兼容性好,能形成稳定的固体电解质界面膜。
(6) 化学稳定性好,与正、负极材料,集流体,隔膜等基本不发生反应。
(7) 热稳定性较好。
(8) 安全性好,不易燃。
(9) 对环境友好。

### 2. 电解质类型

高纯有机溶剂、电解质锂盐和必要的电解液添加剂构成常见的锂离子蓄电池电解液。有机溶剂主要有碳酸乙烯酯(ethylene carbonate,EC)、碳酸二乙酯(diethyl carbonate,DEC)、碳酸丙烯酯(propylene carbonate,PC)、碳酸二甲酯(dimethyl carbonate,DMC)等。在实际应用中,一般将高介电常数溶剂与低黏度溶剂混合使用,如 EC+DMC、EC+DEC、EC+DMC+EMC 等。电解质锂盐有六氟磷酸锂($LiPF_6$)、高氯酸锂($LiClO_4$)、四氟硼酸锂($LiBF_4$)等。锂盐是电解质的重要组成部分,在很大程度上决定了电解质的物理性质和化学性质。在众多电解质锂盐中,由于六氟磷酸锂($LiPF_6$)具有良好的导电性和电化学稳定性,因此应用广泛。电解质与蓄电池之间的对应性强,使用时,根据不同制造厂商蓄电池设计的电化学性能要求,配套使用不同配方的电解质。

### 3. 锂离子蓄电池电解质的技术指标

锂离子蓄电池对电解质技术指标的要求见表 2-22。表中的金属杂质主要是指钾(K)、钠(Na)、铁(Fe)、钙(Ca)、铅(Pb)、铜(Cu)、锌(Zn)、镍(Ni)和铬(Cr)。

表 2-22 锂离子蓄电池对电解质技术指标的要求

| 项 目 | 色度/Hazen | 水分含量/(mg/kg) | 游离酸含量/(mg/kg) | 密度/(g/cm³) |
|---|---|---|---|---|
| 指 标 | ≤50 | ≤20.0 | ≤50.0 | 标称值±0.01 |
| 项 目 | 离子电导率/(mS/cm) | 金属杂质含量/(mg/kg) | 氯离子含量/(mg/kg) | 硫酸根离子含量/(mg/kg) |
| 指 标 | 标称值±0.3 | ≤2.0 | ≤5.0 | ≤10.0 |

## 2.5 锂离子蓄电池的要求

锂离子蓄电池的要求包括尺寸要求和技术要求。

### 2.5.1 锂离子蓄电池的尺寸要求

锂离子蓄电池的外形尺寸应该符合 GB/T 34013—2017《电动汽车用动力蓄电池产品规格尺寸》的要求。

1. 单体蓄电池规格尺寸

单体蓄电池规格尺寸包括圆柱形单体蓄电池规格尺寸、方形单体蓄电池规格尺寸和软包单体蓄电池规格尺寸。

(1) 圆柱形单体蓄电池规格尺寸。圆柱形单体蓄电池的主要结构形式如图 2.23 所示，其尺寸系列见表 2-23。其中，$N_1$ 为圆柱形单体蓄电池的直径；$N_3$ 为不包含极柱的圆柱形单体蓄电池的高度。

表 2-23 圆柱形单体蓄电池的尺寸系列

| 序号 | 外形尺寸/mm | |
|---|---|---|
| | $N_1$ | $N_3$（不包含极柱） |
| 1 | 18 | 65 |
| 2 | 21 | 70 |
| 3 | 26 | 65/70 |
| 4 | 32 | 70/134 |

(2) 方形单体蓄电池规格尺寸。方形单体蓄电池的主要结构形式如图 2.24 所示，其尺寸系列见表 2-24。其中，$N_1$ 为方形单体蓄电池的厚度；$N_2$ 为方形单体蓄电池的宽度；$N_3$ 为不包含极柱的方形单体蓄电池的高度。

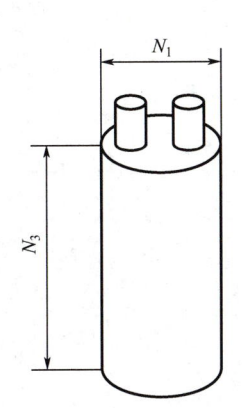

图 2.23 圆柱形单体蓄电池的主要结构形式

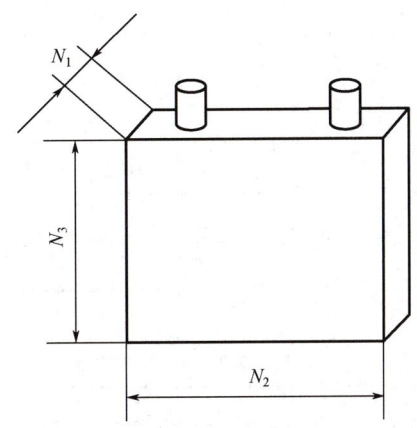

图 2.24 方形单体蓄电池的主要结构形式

表 2-24 方形单体蓄电池的尺寸系列

| 序号 | 外形尺寸/mm | | |
|---|---|---|---|
| | $N_1$ | $N_2$ | $N_3$（不包含极柱） |
| 1 | 20 | 65 | 138 |
| 2 | 20/27 | 70 | 107/120/131 |
| 3 | 12/20 | 100 | 141/310 |

续表

| 序 号 | 外形尺寸/mm | | |
|---|---|---|---|
| | $N_1$ | $N_2$ | $N_3$（不包含极柱） |
| 4 | 12/20 | 120 | 80/85 |
| 5 | 27 | 135 | 192/214 |
| 6 | 20/27/40/53/57/79/86 | 148 | 91/95/98/129/200/396 |
| 7 | 12/20/32/40/45/48/53/71 | 173 | 85/110/125/137/149/166/184/200 |
| 8 | 32/53 | 217 | 98 |

（3）软包单体蓄电池规格尺寸。软包单体蓄电池的主要结构形式如图2.25所示，其尺寸系列见表2-25。其中，$N_1$为软包单体蓄电池的厚度；$N_2$为软包单体蓄电池的宽度；$N_3$为不包含极柱的软包单体蓄电池的高度。

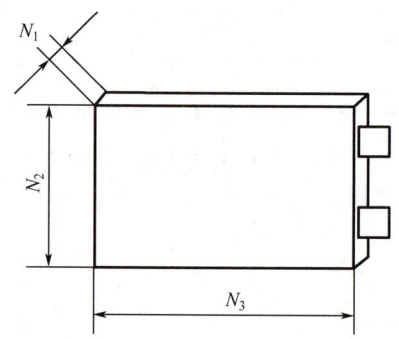

图2.25 软包单体蓄电池的主要结构形式

表2-25 软包单体蓄电池的尺寸系列

| 序 号 | 外形尺寸/mm | | |
|---|---|---|---|
| | $N_1$ | $N_2$ | $N_3$（不包含极柱） |
| 1 | — | 100 | 302/310 |
| 2 | — | 118 | 85/243/342 |
| 3 | — | 148 | 91 |
| 4 | — | 161 | 227/240/291 |
| 5 | — | 190 | 236/245 |
| 6 | — | 217 | 127/262 |
| 7 | — | 228 | 268 |

**2. 蓄电池模块尺寸**

蓄电池模块的结构形式如图2.26所示，其尺寸系列见表2-26。其中，$N_1$为蓄电池模块的厚度；$N_2$为蓄电池模块的宽度；$N_3$为蓄电池模块的高度。

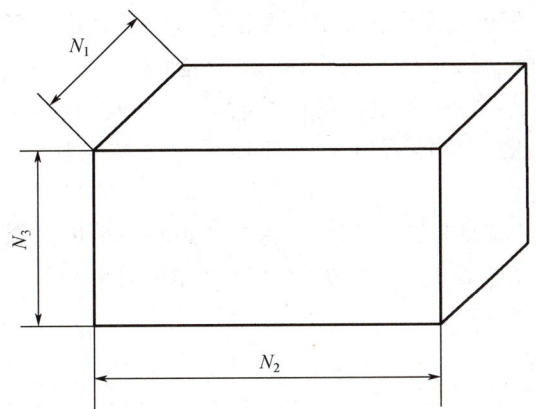

图 2.26 蓄电池模块的结构形式

表 2-26 蓄电池模块的尺寸系列

| 序 号 | 外形尺寸/mm | | |
|---|---|---|---|
| | $N_1$ | $N_2$ | $N_3$ |
| 1 | 211～515 | 141 | 211/235 |
| 2 | 252～590 | 151 | 108/119/130/141 |
| 3 | 157 | 159 | 269 |
| 4 | 285～793 | 178 | 130/163/177/200/216/240/255/265 |
| 5 | 270～793 | 190 | 47/90/110/140/197/225/250 |
| 6 | 191/590 | 220 | 108/294 |
| 7 | 547 | 226 | 144 |
| 8 | 269～319 | 234 | 85/297 |
| 9 | 280 | 325 | 207 |
| 10 | 18～27,330～672 | 367 | 114/275/429 |
| 11 | 242～246 | 402 | 167 |
| 12 | 162～861 | 439 | 363 |

对于动力蓄电池产业，贯彻实施蓄电池规格尺寸要求体系，有助于促进动力蓄电池产业实现更大规模的制造、应用、梯次利用和回收，同时有利于大幅度降低成本，助推产业更加健康、稳定和快速地发展。

## 2.5.2 锂离子蓄电池的技术要求

锂离子蓄电池的技术要求分为单体蓄电池的要求、蓄电池模块的要求及蓄电池总成的要求。

**1. 单体蓄电池的要求**

对单体蓄电池有以下要求。

（1）外观。在良好的光线条件下，用目测法检查单体蓄电池的外观，外壳不得有变形及裂纹，表面平整、干燥、无碱痕、无污物，且标志清晰。

（2）极性。当用电压表检查蓄电池的极性时，蓄电池极性应与标志的极性符号一致。

（3）外形尺寸及质量。单体蓄电池的外形尺寸及质量应符合制造厂商提供的技术条件。

（4）室温放电容量。按规定方法对单体蓄电池进行试验时，其放电容量应不低于额定容量，并且不超过额定容量的1.1倍；同时，所有测试对象初始容量极差不大于初始容量平均值的5%。

### 2. 蓄电池模块的要求

对蓄电池模块有以下要求。

（1）外观。在良好的光线条件下，用目测法检查蓄电池模块的外观，不得有变形及裂纹，表面平整、干燥、无外伤，且排列整齐、连接可靠、标志清晰等。

（2）极性。当用电压表检查蓄电池模块的极性时，蓄电池极性应与标志的极性符号一致。

（3）外形尺寸及质量。蓄电池模块的外形尺寸及质量应符合制造厂商提供的技术条件。

（4）室温放电容量。按规定方法对蓄电池模块进行试验时，其放电容量应不低于额定容量，并且不超过额定容量的1.1倍；同时，所有测试对象初始容量极差不大于初始容量平均值的7%。

（5）室温倍率放电容量。按照生产企业提供的蓄电池类型分别进行试验，按规定方法对高能量蓄电池模块进行试验时，其放电容量应不低于初始容量的90%，按规定方法对高功率蓄电池模块进行试验时，其放电容量应不低于初始容量的80%。

（6）室温倍率充电性能。按规定方法对蓄电池模块进行试验时，其放电容量应不低于初始容量的80%。

（7）低温放电容量。按规定方法对蓄电池模块进行试验时，其放电容量应不低于初始容量的70%。

（8）高温放电容量。按规定方法对蓄电池模块进行试验时，其放电容量应不低于初始容量的90%。

（9）荷电保持率与容量恢复能力。按规定方法对蓄电池模块进行试验时，其室温荷电保持率应不低于初始容量的85%，容量恢复应不低于初始容量的90%。

（10）耐振动性。按规定方法对蓄电池模块进行耐振动性试验时，不允许出现放电电流锐变、电压异常、蓄电池壳变形、电解液溢出等现象，并保持连接可靠、结构完好。

（11）贮存。贮存一段时间后，按规定方法对蓄电池模块进行试验时，容量恢复后应不低于初始容量的90%。

（12）安全性。按规定方法对蓄电池模块进行短路、过放电、过充电、加热、针刺、挤压等试验时，应不爆炸、不起火、不漏液。

具体试验方法参照GB/T 31486—2015《电动汽车用动力蓄电池电性能要求及试验方法》和GB 38031—2020《电动汽车用动力蓄电池安全要求》。

**3. 蓄电池总成的要求**

对蓄电池总成的主要技术要求如下。

(1) 锂离子蓄电池的一致性。锂离子蓄电池的一致性是指组成锂离子蓄电池模块和总成的单体蓄电池性能的一致性，主要包括实际电能、阻抗、电极的电气特性、电气连接、温度特性差异、衰变速度等。这些性能的差异将直接影响电池运行过程中输出电参数的差异。组成锂离子蓄电池模块和总成的单体蓄电池的一致性应在规定的负荷条件和荷电状态下进行试验。锂离子蓄电池的一致性分为充电状态测试的一致性和放电状态测试的一致性。若没有具体规定，则应以放电状态测试的一致性为锂离子蓄电池模块或总成的一致性。

锂离子蓄电池的一致性分为五个等级，见表 2-27。一致性等级超过 5 级的产品为不合格产品。

表 2-27 锂离子蓄电池的一致性等级

| 一致性等级 | 1 级 | 2 级 | 3 级 | 4 级 | 5 级 |
| --- | --- | --- | --- | --- | --- |
| 一致性指数 | ≤5F | ≤8F | ≤11F | ≤14F | ≤18F |

(2) 正极和负极输出连接。组成锂离子蓄电池总成的蓄电池模块正极和负极连接，可采用螺栓连接方式或可插拔连接器连接方式，正极和负极连接处应有清晰的极性标志：正极采用红色标志和红色电缆，负极采用黑色标志和黑色电缆。

(3) 接口和协议。组成锂离子蓄电池总成的电池管理系统的接口和协议包括电路接口和接口协议、通信接口和通信协议。其中，电路接口和接口协议包括充电控制导引接口和接口协议、单体蓄电池电压监测电路接口和接口协议、充放电控制电路接口和接口协议、I/O 充放电接口电路和接口协议；通信接口和通信协议包括内部通信接口和通信协议、充放电通信接口和通信协议、用户通信接口和通信协议。蓄电池总成接口和通信协议应符合相关标准的规定。

(4) 额定电能。当采用相同标称电压的锂离子蓄电池模块组成蓄电池总成时，蓄电池总成的额定电能等于组成蓄电池总成中电能最小的蓄电池模块的电能与模块数量的乘积。当采用不同标称电压的蓄电池模块组成蓄电池总成时，蓄电池总成的额定电能等于由蓄电池模块的额定电能除以蓄电池模块标称电压最小值与蓄电池总成标称电压的乘积。

(5) 电源功率消耗。电源功率消耗是指组成锂离子蓄电池总成的电池管理系统电路消耗的峰值功率，应符合制造厂商提供的产品技术文件的规定。

(6) 标称电压。由锂离子蓄电池模块组成的锂离子蓄电池总成的标称电压见表 2-28。

表 2-28 由锂离子蓄电池模块组成的锂离子蓄电池总成的标称电压

| 模块数量/个 | 12V 系列 | 24V 系列 | 36V 系列 | 48V 系列 | 72V 系列 |
| --- | --- | --- | --- | --- | --- |
| 2 | 24V | 48V | 72V | 96V | 144V |
| 3 | 36V | 72V | — | 144V | 216V |
| 4 | 48V | 96V | 144V | — | 288V |

续表

| 模块数量/个 | 12V 系列 | 24V 系列 | 36V 系列 | 48V 系列 | 72V 系列 |
|---|---|---|---|---|---|
| 5 | 60V | 120V | — | 240V | 360V |
| 6 | 72V | 144V | — | 288V | 432V |
| 7 | — | — | — | 366V | — |
| 8 | 96V | — | 288V | 384V | — |
| 9 | — | — | — | 432V | — |
| 10 | 120V | 240V | — | 480V | — |
| 11 | — | — | 396V | — | — |
| 12 | 144V | 288V | — | — | — |
| 13 | — | 312V | — | — | — |
| 14 | — | 336V | — | — | — |
| 15 | — | — | — | — | — |
| 16 | — | 384V | — | — | — |

(7) 使用寿命。蓄电池总成的使用寿命分为标准循环使用寿命和工况循环使用寿命。磷酸铁锂蓄电池标准循环使用寿命应大于或等于 1200 次，锰酸锂蓄电池标准循环使用寿命应大于或等于 800 次。电动汽车用锂离子蓄电池总成的工况循环使用寿命可用续驶里程表示。

## 2.6　动力蓄电池的测试技术

动力蓄电池的测试包括充电性能测试、放电性能测试、储存性能测试、耐振动测试、电安全测试、机械安全测试、环境安全测试、循环寿命测试等。本书主要介绍锂离子蓄电池的测试。

### 2.6.1　充电性能测试

充电性能测试的目的是测量单体蓄电池的充电性能，主要包括蓄电池充电方法和室温倍率充电性能测试。

**1. 蓄电池充电方法**

蓄电池充电方法规定了单体蓄电池充电方法和蓄电池模块充电方法，并以此为充电的标准方法，在不同试验过程中具有一致性。

(1) 单体蓄电池充电方法。在室温下，单体蓄电池先以 $1I_1$（A）（1 小时率放电电流，其值等于 $C_1$，$C_1$ 为 1 小时率额定容量）电流放电至制造厂商技术条件中规定的放电终止电压，搁置 1h（或制造厂商提供的不高于 1h 的搁置时间），再按制造厂商提供的充电方法充电。若制造厂商未提供充电方法，则依据如下方法充电：对于锂离子蓄电池，以 $1I_1$（A）电流恒流充电至制造厂商技术条件中规定的充电终止电压时转恒压充电，当充电电流降至 $0.05I_1$（A）时停止充电，充电后搁置 1h（或制造厂商提供的不高于 1h 的搁置时间）。

（2）蓄电池模块充电方法。在室温下，蓄电池模块先以 $1I_1$（A）电流放电至任一单体蓄电池电压达到放电终止电压，搁置 1h（或制造厂商提供的不高于 1h 的搁置时间），再按制造厂商提供的充电方法充电。若制造厂商未提供充电方法，则依据如下方法充电：对于锂离子蓄电池，以 $1I_1$（A）电流恒流充电至制造厂商技术条件中规定的充电终止电压时转恒压充电，当充电电流降至 $0.05I_1$（A）时停止充电，充电后搁置 1h（或制造厂商提供的不高于 1h 的搁置时间）。

### 2. 室温倍率充电性能测试

室温倍率充电性能测试用于测量蓄电池模块在室温下的倍率充电性能，模拟蓄电池在电动汽车上大电流充电的工作状态，从而评估样品是否满足设计要求。

按照如下步骤进行室温倍率充电性能测试。

（1）在室温下，蓄电池模块以 $1I_1$（A）电流放电至任一单体蓄电池电压达到放电终止电压，静置 1h。

（2）在室温下，蓄电池模块以 $2I_1$（A）（最大电流不超过 400A）电流充电，直至任一单体蓄电池电压达到充电终止电压或制造厂商规定的充电终止条件，并且总充电时间不超过 30min，静置 1h。

（3）在室温下，蓄电池模块以 $1I_1$（A）电流放电至任一单体蓄电池电压达到放电终止电压。

（4）计量放电容量（单位为 A·h）。

对室温倍率充电性能测试的要求是放电容量应不低于初始容量的 80%。

## 2.6.2 放电性能测试

蓄电池放电性能测试用于测量蓄电池在室温、低温、高温和倍率下的放电性能，模拟蓄电池在电动汽车上的各种放电性能，从而评估样品是否满足设计要求。

蓄电池放电性能测试包括室温放电性能测试、低温放电性能测试、高温放电性能测试和倍率放电性能测试。

### 1. 室温放电性能测试

（1）单体蓄电池的室温放电性能测试。

① 按规定给单体蓄电池充满电。

② 在室温下，单体蓄电池以 $1I_1$（A）电流放电至制造厂商技术条件中规定的放电终止电压。

③ 计算放电容量（单位为 A·h）。

④ 重复步骤①~③五次，当连续三次试验结果的极差小于额定容量的 3% 时，可提前结束试验，取最后三次试验结果的平均值。

对单体蓄电池室温放电性能的要求如下：放电容量应不低于额定容量，并且不超过额定容量的 1.1 倍，同时 10 个测试对象的初始容量极差不大于初始容量平均值的 5%。

(2) 蓄电池模块的室温放电性能测试。

① 按规定给蓄电池模块充满电。

② 在室温下，蓄电池模块以 $1I_1$(A) 电流放电至任一单体蓄电池电压达到放电终止电压。

③ 计算放电容量（单位为 A·h）。

④ 重复步骤①～③五次，当连续三次试验结果的极差小于额定容量的 3% 时，可提前结束试验，取最后三次试验结果的平均值。

对蓄电池模块室温放电性能测试的要求如下：放电容量应不低于额定容量，并且不超过额定容量的 1.1 倍，同时 10 个测试对象的初始容量极差不大于初始容量平均值的 7%。

### 2. 低温放电性能测试

按如下步骤对蓄电池模块进行低温放电性能测试。

(1) 按规定给蓄电池模块充满电。

(2) 蓄电池模块在 (−20±2)℃下搁置 24h。

(3) 蓄电池模块在 (−20±2)℃下，以 $1I_1$(A) 电流放电至任一单体蓄电池达到制造厂商技术条件中规定的放电终止电压（不低于室温放电终止电压的 80%）。

(4) 计算放电容量（单位为 A·h）。

对蓄电池模块低温放电性能的要求是放电容量应不低于初始容量的 70%。

### 3. 高温放电性能测试

按如下步骤对蓄电池模块进行高温放电性能测试。

(1) 按规定给蓄电池模块充满电。

(2) 蓄电池模块在 (55±2)℃下搁置 5h。

(3) 蓄电池模块在 (55±2)℃下，以 $1I_1$(A) 电流放电至任一单体蓄电池达到室温放电终止电压。

(4) 计算放电容量（单位为 A·h）。

对蓄电池模块高温放电性能测试的要求是放电容量应不低于初始容量的 90%。

### 4. 倍率放电性能测试

倍率放电性能要求分别考察能量型蓄电池和功率型蓄电池。能量型蓄电池是指最大允许持续输出电功率与在 1C 倍率放电能量的比值小于 10 的蓄电池，比值大于 10 的为功率型蓄电池。

(1) 能量型蓄电池模块的倍率放电性能测试。

① 按规定给蓄电池模块充满电。

② 室温下，蓄电池模块以 $3I_1$(A)（最大电流不超过 400A）电流放电至任一单体蓄电池电压达到放电终止电压。

③ 计算放电容量（单位为 A·h）。

对能量型蓄电池模块的倍率放电性能测试的要求是放电容量应不低于初始容量

的 90%。

(2) 功率型蓄电池模块的倍率放电性能测试。

① 按规定给蓄电池模块充满电。

② 室温下，蓄电池模块以 $8I_1$（A）（最大电流不超过 400A）电流放电至任一单体蓄电池电压达到放电终止电压。

③ 计算放电容量（单位为 A·h）。

对功率型蓄电池模块的倍率放电性能测试的要求是放电容量应不低于初始容量的 80%。

### 2.6.3 储存性能测试

蓄电池储存性能测试用于测量蓄电池模块在室温和高温下的荷电保持能力、容量恢复能力及储存性能，模拟电动汽车长时间存放后运行的工作状态，以确定蓄电池的维护保养时间和方式，从而评估样品是否满足设计要求。

**1. 荷电保持和容量恢复能力测试**

(1) 蓄电池模块的荷电保持和容量恢复能力测试。

① 按规定给蓄电池模块充满电。

② 在室温下储存蓄电池模块 28 天。

③ 在室温下，蓄电池模块以 $1I_1$（A）电流放电至任一单体蓄电池电压达到放电终止电压。

④ 计算荷电保持容量（单位为 A·h）。

⑤ 再给蓄电池模块充满电。

⑥ 在室温下，蓄电池模块以 $1I_1$（A）电流放电至任一单体蓄电池电压达到放电终止电压。

⑦ 计算恢复容量（单位为 A·h）。

(2) 蓄电池模块的荷电保持和容量恢复能力测试。

① 按规定给蓄电池模块充满电。

② 在（55±2）℃下储存蓄电池模块 7 天。

③ 在室温下搁置蓄电池模块 5h 后，以 $1I_1$（A）电流放电至任一单体蓄电池电压达到放电终止电压。

④ 计算荷电保持容量（单位为 A·h）。

⑤ 再给蓄电池模块充满电。

⑥ 在室温下，蓄电池模块以 $1I_1$（A）电流放电至任一单体蓄电池电压达到放电终止电压。

⑦ 计算恢复容量（单位为 A·h）。

蓄电池模块的荷电保持率应不低于初始容量的 85%，容量恢复应不低于初始容量的 90%。

**2. 储存性能测试**

按如下步骤对蓄电池模块进行储存性能测试。

(1) 按规定给蓄电池模块充满电。

(2) 在室温下，蓄电池模块以 $1I_1(A)$ 电流放电 30min。

(3) 在 $(45\pm2)$℃下储存蓄电池模块 28 天。

(4) 在室温下搁置蓄电池模块 5h。

(5) 给蓄电池模块充满电。

(6) 在室温下，蓄电池模块以 $1I_1(A)$ 电流放电至任一单体蓄电池电压达到放电终止电压。

(7) 计算放电容量（单位为 A·h）。

对蓄电池模块储存性能测试的要求是容量恢复应不低于初始容量的 90%。

### 2.6.4 耐振动测试

蓄电池耐振动测试用于验证蓄电池的耐振动性能，模拟蓄电池发生振动时可能出现的安全风险和电性能衰减，从而评估样品是否满足设计要求。

按如下步骤对蓄电池模块进行耐振动测试。

(1) 按规定给蓄电池模块充满电。

(2) 将蓄电池模块紧固到振动试验台上，按下述条件进行线性扫描振动试验。

① 放电电流：$1/3I_1(A)$。

② 振动方向：上、下单振动。

③ 最大加速度：$30m/s^2$。

④ 扫描循环：10 次。

⑤ 振动时间：3h。

(3) 在振动试验过程中，观察有无异常现象出现。

对蓄电池耐振动测试的要求如下：不允许出现放电电流锐变、电压异常、蓄电池壳变形、电解液溢出等现象，并保持连接可靠、结构完好。

### 2.6.5 电安全测试

蓄电池电安全测试包括过放电测试、过充电测试、外部短路测试。

#### 1. 过放电测试

过放电测试用于验证单体蓄电池（或蓄电池模块）的电滥用性能，模拟蓄电池发生过放电时可能出现的安全风险，从而评估样品是否满足设计要求。

按如下步骤对单体蓄电池（或蓄电池模块）进行过放电测试。

(1) 按规定给单体蓄电池（或蓄电池模块）充满电。

(2) 单体蓄电池（或蓄电池模块）以 $1I_1(A)$ 电流放电 90min。

(3) 在试验环境温度下观察 1h。

对单体蓄电池（或蓄电池模块）过放电测试的要求是不起火、不爆炸。

#### 2. 过充电测试

过充电测试用于验证单体蓄电池（或蓄电池模块）的电滥用性能，模拟蓄电池发生过充电时可能出现的安全风险,从而评估样品是否满足设计要求。

按如下步骤对单体蓄电池(或蓄电池模块)进行过充电测试。

(1) 按规定给单体蓄电池(或蓄电池模块)充满电。

(2) 以 $1I_1$(A) 电流恒流充电至(任一单体蓄电池)电压达到制造厂商技术条件中规定的充电终止电压的 1.1 倍或 115%SOC 后停止充电。

(3) 在试验环境温度下观察 1h。

对单体蓄电池(或蓄电池模块)过充电测试的要求是不起火、不爆炸。

### 3. 外部短路测试

外部短路测试用于验证单体蓄电池(或蓄电池模块)的电滥用性能,模拟蓄电池发生外部短路时可能出现的安全风险,从而评估样品是否满足设计要求。

按如下步骤对单体蓄电池(或蓄电池模块)进行外部短路测试。

(1) 按规定给单体蓄电池(或蓄电池模块)充满电。

(2) 将单体蓄电池(或蓄电池模块)正极端子和负极端子经外部短路 10min,外部线路的电阻应小于 5mΩ。

(3) 在试验环境温度下观察 1h。

对单体蓄电池(或蓄电池模块)外部短路测试的要求是不起火、不爆炸。

## 2.6.6 机械安全测试

蓄电池机械安全测试主要包括挤压测试和针刺测试。

### 1. 挤压测试

挤压测试用于验证单体蓄电池(或蓄电池模块)的机械滥用性能,模拟蓄电池发生挤压时可能出现的安全风险,从而评估样品是否满足设计要求。

(1) 按如下步骤对单体蓄电池进行挤压测试。

① 按规定给单体蓄电池充满电。

② 按下列条件进行试验。

a. 挤压方向:垂直于电池单体极板方向施压,或与电池单体在整车布局上最容易受到挤压的方向相同,如图 2.27 所示。

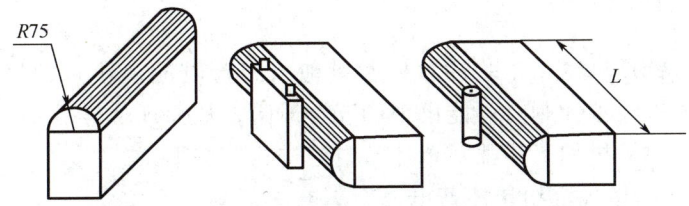

图 2.27 垂直于电池单体极板方向施压

b. 挤压板形式:半径 75mm 的半圆柱体,半圆柱体的长度($L$)大于被挤压电池单体的尺寸。

c. 挤压速度:不大于 2mm/s。

d. 挤压程度:当电压达到 0V 或变形量达到 15% 或挤压力达到 100kN 或 1000 倍试验

对象重量后停止挤压。

e. 保持10min。

③ 完成以上试验步骤后,在试验环境温度下观察1h。

对单体蓄电池挤压测试的要求是不起火、不爆炸。

(2) 按如下步骤对蓄电池模块进行挤压测试。

① 按规定给蓄电池模块充满电。

② 按下列条件进行试验。

A. 挤压板形式(选择以下两种挤压板中的一种)。

a. 挤压板如图2.28所示,半径为75mm的半圆柱体,半圆柱体的长度($L$)大于试验对象的高度,但不超过1m。

b. 挤压板如图2.29所示,尺寸为600mm×600mm(长×宽)或更小,三个半圆柱体半径为75mm,半圆柱体间距为30mm。

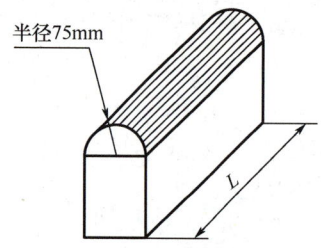

图2.28 挤压板形式一

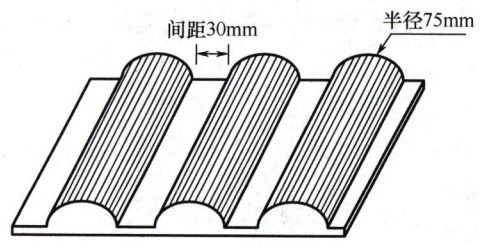

图2.29 挤压板形式二

B. 挤压方向:$x$方向和$y$方向(汽车行驶方向为$x$轴方向,另一垂直于行驶方向的水平方向为$y$轴方向),为保护试验操作安全,可分开的两个试验对象上执行测试。

C. 挤压速度:不大于2mm/s。

D. 挤压程度:挤压力达到100kN或挤压变形量达到挤压方向的整体尺寸的30%时停止挤压。

E. 保持10min。

③ 完成以上试验步骤后,在试验环境温度下观察2h。

对蓄电池模块挤压性能测试的要求是不起火、不爆炸。

### 2. 针刺测试

比亚迪刀片电池针刺测试

针刺测试用于验证单体蓄电池(或蓄电池模块)的机械滥用性能,模拟蓄电池被针刺时可能出现的安全风险,从而评估样品是否满足设计要求。

(1) 按如下步骤对单体蓄电池进行针刺测试。

① 按规定给单体蓄电池充满电。

② 用$\phi 5 \sim \phi 8$mm的耐高温钢针(针尖的圆锥角度为45°~60°,针表面光洁、无锈蚀、无氧化层及油污),以(25±5)mm/s的速度,从垂直于蓄电池极板的方向贯穿,贯穿位置宜靠近所刺面的几何中心,钢针停留在蓄电池中。

③ 观察1h。

对单体蓄电池针刺测试的要求是不起火、不爆炸。

(2) 按如下步骤对蓄电池模块进行针刺测试。

① 按规定给蓄电池模块充满电。

② 用 $\phi 6\sim\phi 10$mm 的耐高温钢针（针尖的圆锥角度为 $45°\sim60°$，针表面光洁、无锈蚀、无氧化层及油污），以 $(25\pm5)$ mm/s 的速度，从垂直于蓄电池极板的方向，依次贯穿至少三个单体蓄电池，如图 2.30 所示，钢针停留在蓄电池中。

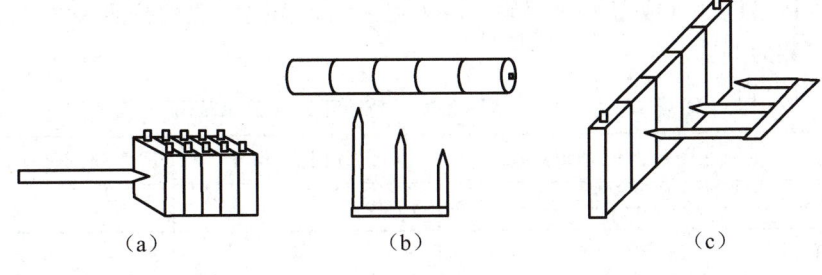

图 2.30 针刺示意

③ 在试验环境温度下观察 1h。

对蓄电池模块针刺测试的要求是不起火、不爆炸。

## 2.6.7 环境安全测试

蓄电池环境安全测试主要包括加热测试、海水浸泡测试、温度循环测试、低气压测试。

### 1. 加热测试

加热测试用于验证单体蓄电池（或蓄电池模块）的热滥用性能，模拟蓄电池在温度急剧上升时可能出现的安全风险，从而评估样品是否满足设计要求。

按如下步骤对单体蓄电池（或蓄电池模块）进行加热测试。

（1）按规定给单体蓄电池（或蓄电池模块）充满电。

（2）将单体蓄电池（或蓄电池模块）放入温度箱，温度箱按照 5℃/min 的速度由室温上升至 $(130\pm2)$℃，并保持此温度 30min 后停止加热。

（3）观察 1h。

对单体蓄电池（或蓄电池模块）加热测试的要求是不起火、不爆炸。

### 2. 海水浸泡测试

海水浸泡测试用于验证单体蓄电池（或蓄电池模块）的海水滥用性能，模拟蓄电池在海水浸泡时可能出现的安全风险，从而评估样品是否满足设计要求。

按如下步骤对单体蓄电池（或蓄电池模块）进行海水浸泡测试。

（1）按规定给单体蓄电池（或蓄电池模块）充满电。

（2）将单体蓄电池（或蓄电池模块）浸入质量分数为 3.5% 的氯化钠溶液（模拟常温下的海水成分）2h。

（3）水深应完全没过单体蓄电池（或蓄电池模块）。

对单体蓄电池（或蓄电池模块）海水浸泡测试的要求是不起火、不爆炸。

### 3. 温度循环测试

温度循环测试用于验证单体蓄电池（或蓄电池模块）的热滥用性能，模拟蓄电池在持续的温度变化时可能出现的安全风险，从而评估样品是否满足设计要求。

按如下步骤对单体蓄电池（或蓄电池模块）进行温度循环测试。

（1）按规定给单体蓄电池（或蓄电池模块）充满电。

（2）将单体蓄电池（或蓄电池模块）放入温度箱，温度箱温度按照表 2-29 和图 2.31 调节，循环次数为 5 次。

表 2-29 温度循环测试一个循环的温度和时间

| 温度/℃ | 时间增量/min | 累计时间/min | 温度变化率/(℃/min) |
| --- | --- | --- | --- |
| 25 | 0 | 0 | 0 |
| -40 | 60 | 60 | 13/12 |
| -40 | 90 | 150 | 0 |
| 25 | 60 | 210 | 13/12 |
| 85 | 90 | 300 | 2/3 |
| 85 | 110 | 410 | 0 |
| 25 | 70 | 480 | 6/7 |

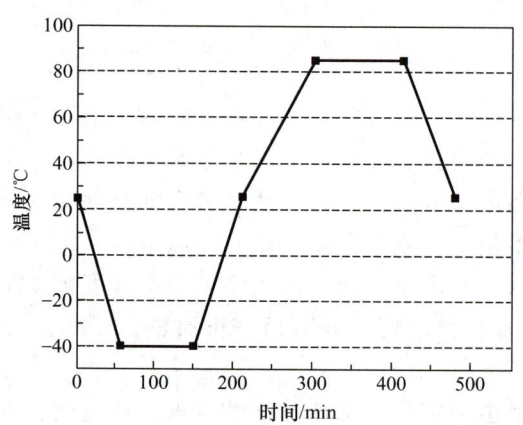

图 2.31 温度循环测试曲线

（3）观察 1h。

对单体蓄电池（或蓄电池模块）温度循环测试的要求是不起火、不爆炸。

### 4. 低气压测试

低气压测试用于验证单体蓄电池（或蓄电池模块）的气压滥用性能，模拟蓄电池在气压急剧下降时可能出现的安全风险，从而评估样品是否满足设计要求。

按如下步骤对单体蓄电池（或蓄电池模块）进行低气压测试。

（1）按规定给单体蓄电池（或蓄电池模块）充满电。

(2) 将单体蓄电池（或蓄电池模块）放入低气压箱，调节试验箱中的气压为 11.6kPa，温度为室温，静置 6h。

(3) 观察 1h。

对单体蓄电池（或蓄电池模块）低气压测试的要求是不起火、不爆炸。

## 2.6.8 循环寿命测试

蓄电池循环寿命测试用于验证蓄电池的标准循环寿命和工况循环寿命，从而评估样品是否满足设计要求。

**1. 标准循环寿命测试**

按如下步骤对蓄电池进行标准循环寿命测试。

(1) 蓄电池以 $1I_1$(A) 放电至制造厂商规定的放电终止电压。

(2) 蓄电池搁置时间不少于 30min 或制造厂商规定的搁置条件。

(3) 按规定充电方法给蓄电池充电。

(4) 蓄电池搁置时间不少于 30min 或制造厂商规定的搁置条件。

(5) 蓄电池以 $1I_1$(A) 放电至制造厂商规定的放电终止条件，记录放电电量。

(6) 按照步骤 (2) 至步骤 (5) 连续循环 500 次，若放电容量高于初始容量的 90%，则终止试验；若放电容量低于初始容量的 90%，则继续循环 500 次。

(7) 计量室温放电容量和放电能量。

对蓄电池标准循环寿命测试的要求是循环次数达到 500 次时，放电容量应不低于初始容量的 90%；或者循环次数达到 1000 次时，放电容量应不低于初始容量的 80%。

**2. 工况循环寿命测试**

(1) 纯电动乘用车用能量型蓄电池工况循环寿命测试。

纯电动乘用车用能量型蓄电池工况循环寿命测试由充电部分和放电部分组成，充电部分按规定充电方法进行；放电部分按照表 2-30 所示的主放电工况进行，主放电工况的 SOC 波动示意如图 2.32 所示。

表 2-30　纯电动乘用车用能量型蓄电池主放电工况测试步骤

| 时间增量/s | 累计时间/s | 电流/A | ΔSOC/(%) |
|---|---|---|---|
| 5 | 5 | $3I_1$ | −0.417 |
| 3 | 8 | $−1I_1$ | −0.333 |
| 6 | 14 | $−1/3I_1$ | −0.278 |
| 40 | 54 | $1/3I_1$ | −0.648 |
| 30 | 84 | $1/2I_1$ | −1.065 |
| 10 | 94 | $1I_1$ | −1.343 |

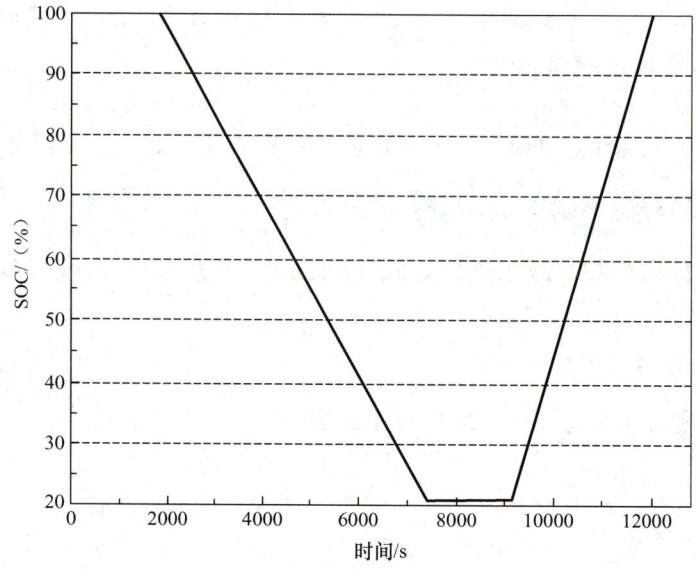

图 2.32 纯电动乘用车用能量型蓄电池主放电工况的 SOC 波动示意

按如下步骤对纯电动乘用车能量型蓄电池进行工况循环寿命测试。

① 按充电方法进行充电。

② 搁置 30min。

③ 运行主放电工况到 20%SOC 或者制造厂商规定的 SOC 最小值，或制造厂商规定的放电终止条件。

④ 搁置 30min。

⑤ 重复步骤①至步骤④共 $x$h（$x$ 约为 20，循环次数为图 2.32 所示循环的整数倍）。

⑥ 搁置 2h。

⑦ 重复步骤①至步骤⑥共 6 次。

⑧ 按照容量和能量测试方法测试容量和能量。

⑨ 计算总放电能量与电池初始能量的比值。

⑩ 重复步骤①至步骤⑨，直至总放电能量与蓄电池初始能量的比值为 500。

纯电动乘用车用能量型蓄电池的工况循环寿命的测试要求是当总放电能量与蓄电池初始能量的比值为 500 时，计算放电容量。

（2）纯电动商用车能量型蓄电池工况循环寿命测试。

纯电动商用车用能量型蓄电池工况循环寿命测试由充电部分和放电部分组成，充电部分按照充电方法进行；放电部分按照表 2-31 所示的主放电工况进行，主放电工况的 SOC 波动示意如图 2.33 所示。

表 2-31 纯电动商用车用能量型蓄电池主放电工况测试步骤

| 时间增量/s | 累计时间/s | 电流/A | ΔSOC/(%) |
|---|---|---|---|
| 23 | 23 | $1I_1$ | -0.639 |
| 8 | 31 | $1/3I_1$ | -0.713 |
| 23 | 54 | $-1/3I_1$ | -0.500 |
| 26 | 80 | $0.1I_1$ | -0.572 |

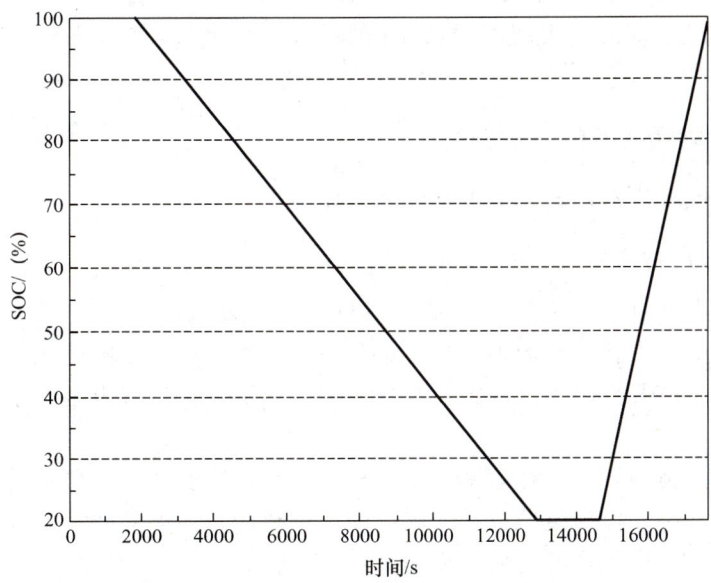

图 2.33　纯电动商用车用能量型蓄电池主放电工况的 SOC 波动示意

纯电动商用车能量型蓄电池按照以下步骤进行工况循环寿命测试。
① 按照充电方法进行充电。
② 搁置 30min。
③ 运行主放电工况到 20％SOC 或者制造厂商规定的 SOC 最小值，或制造厂商规定的放电终止条件。
④ 搁置 30min。
⑤ 重复步骤①至步骤④共 $x$h（$x \approx 20$，循环次数为图 2.33 所示循环的整数倍）。
⑥ 搁置 2h。
⑦ 重复步骤①至步骤⑥共 6 次。
⑧ 按照容量和能量测试方法测试容量和能量。
⑨ 计算总放电能量与蓄电池初始能量的比值。
⑩ 重复步骤①至步骤⑨，直至总放电能量与蓄电池初始能量的比值为 500。

纯电动商用车能量型蓄电池的工况循环寿命的测试要求是当总放电能量与蓄电池初始能量的比值为 500 时，计算放电容量。

有关动力蓄电池包和系统的测试，可参见 GB/T 31467.1—2015《电动汽车用锂离子动力蓄电池包和系统　第 1 部分：高功率应用测试规程》、GB/T 31467.2—2015《电动汽车用锂离子动力蓄电池包和系统　第 2 部分：高能量应用测试规程》和 GB 38031—2020《电动汽车用动力蓄电池安全要求》。

## 2.7　动力蓄电池的匹配

以纯电动汽车为例，匹配锂离子蓄电池。动力蓄电池（锂离子蓄电池）是纯电动汽车

的能量来源，由于纯电动汽车的所有能量消耗都来自动力蓄电池，因此动力蓄电池的类型、质量和技术参数都会影响纯电动汽车的整车性能。动力蓄电池是纯电动汽车的关键部件。

## 2.7.1　动力蓄电池的匹配原则

不同类型的电动汽车，动力蓄电池的匹配原则不同。

### 1. 纯电动汽车动力蓄电池的匹配原则

由于动力蓄电池是纯电动汽车的唯一能量来源，整车所有能量消耗都来自动力蓄电池，因此，选择的动力蓄电池的类型、质量和各种技术参数都会影响纯电动汽车的整车性能，是纯电动汽车的关键部件。动力蓄电池参数匹配主要包括蓄电池容量、单体蓄电池数目、蓄电池电压等。

动力蓄电池的类型要符合纯电动汽车的行驶要求。纯电动汽车要求动力蓄电池具有较高的比能量和比功率，以满足纯电动汽车续驶里程和动力性能的要求，同时希望动力蓄电池具有与汽车使用寿命相当的充放电循环寿命，拥有高效率、良好的性能价格比及免维护特性。纯电动汽车用动力蓄电池主要是锂离子蓄电池，以三元锂电池和磷酸铁锂电池为主。

动力蓄电池的电压等级要与驱动电动机的电压等级一致，并且满足驱动电动机电压变化的要求。同时，由于电动空调、电动真空泵和电动转向助力泵等附件消耗一定的电能，因此蓄电池组的总电压要大于驱动电动机的额定电压。

动力蓄电池一般分为能量型与功率型两种，为满足纯电动汽车的行驶要求。采用能量型蓄电池，匹配时主要考虑蓄电池的容量，即蓄电池应具有较大的容量，以延长汽车的续驶里程。因为蓄电池容量与功率成正比，容量越大，输出功率越大，所以输出功率均能满足整车电力系统的要求。蓄电池容量主要根据汽车续驶里程确定，确定的蓄电池容量需符合市场现有产品的标准，并通过对现有产品反复验证进行设计。

续驶里程分为等速工况下的续驶里程和循环工况下的续驶里程。等速工况一般取60km/h；循环工况有 NEDC、WLTC、FTP-75、CATC 等。

NEDC（new European driving cycle，新欧洲驾驶周期）又称新标欧洲循环测试，是欧洲的续驶测试标准，我国工业和信息化部在对纯电动汽车的综合里程进行测试时，采用的就是 NEDC 循环工况。在 NEDC 循环工况中，包含四个市区循环和一个郊区循环（模拟），其中市区循环的车速较低，郊区循环的车速较高。NEDC 测试更加偏于理想化，对于纯电动汽车来说，意味着测试的续驶里程更长，而实际续驶里程较短。

WLTP（world light vehicle test procedure，全球统一轻型汽车测试规程）由 WLTC 循环（工况曲线）和测试规程两部分组成，是由联合国世界车辆法规协调论坛（WP29）下设的污染与能源工作组（GRPE）研究制定的全球轻型车排放测试法规，2014 年被 WP29 采纳，我国也是签约国。与 NEDC 相比，WLTP 更加严格，其分为低速、中速、高速和超高速四部分。另外，因为其将汽车的滚动阻力、挡位和车重作为可变因素纳入测试范围，所以测试的续驶里程更加接近实际续驶里程。与 NEDC 相比，WLTC 循环测试时间延长约 10min，测试工况、温度等与实际驾驶情况更接近，能更好地反映汽车的真实电耗。

FTP-75是美国城市测试工况，本着测试真实数据的原则，FTP-75工况设计了很多接近现实的试验内容。FTP-75工况由一个市区循环工况和两个补充循环工况（SC03高温空调全负荷运转循环和US06高速、高加速度循环）组成。由于试验结果由三个循环工况试验结果通过不同的比率计算得到，因此试验数据更接近实际数据。

我国正在制定CATC（China automotive testing cycle，中国汽车循环测试）工况标准，这是根据我国实际情况制定的道路测试标准。

#### 2. 非插电式混合动力电动汽车动力蓄电池的匹配原则

混合动力电动汽车与纯电动汽车相比，对动力蓄电池的要求较低。动力蓄电池不是混合动力电动汽车的唯一能量来源。非插电式混合动力电动汽车的主要能量来源是发动机，动力蓄电池作为补充能量，可以选择价格较低的金属氢化物镍蓄电池。蓄电池容量可以根据使用工况确定。非插电式混合动力电动汽车的动力蓄电池容量很小，一般仅在汽车起步低速工况下使用，纯电动模式下的续驶里程较短，没有外部充电功能。

#### 3. 插电式混合动力电动汽车动力蓄电池的匹配原则

插电式混合动力电动汽车与非插电式混合动力电动汽车相比，具有较长的纯电动续驶里程，必要时可以在混合动力模式下行驶。当车载动力蓄电池电量足够时，优先在纯电动模式下行驶；当车载动力蓄电池电量不足时，适时切换到混合动力模式；通过电网充满电后，进入纯电动模式。插电式混合动力电动汽车的车载动力蓄电池，既可以用锂离子蓄电池，又可以用金属氢化物镍蓄电池，它们都可以利用电网充电。

无论是非插电式混合动力电动汽车还是插电式混合动力电动汽车，都是混合度越大，对动力蓄电池的要求越高。

### 2.7.2 动力蓄电池的参数匹配

动力蓄电池的参数匹配主要包括蓄电池能量或容量、蓄电池数目、蓄电池电压等。

纯电动汽车用动力蓄电池的参数匹配分为两种情况，一种是根据等速（60km/h）工况的续驶里程匹配，另一种是根据循环工况的续驶里程匹配。

#### 1. 根据等速（60km/h）工况的续驶里程匹配

动力蓄电池组是由一个或多个蓄电池模块组成的单一机械总成；蓄电池模块是一组相连的单体蓄电池的组合；单体蓄电池是构成蓄电池的最小单元，一般由正极、负极和电解质等组成。

（1）动力蓄电池组容量。动力蓄电池组容量取决于纯电动汽车的续驶里程，动力蓄电池组容量越大，纯电动汽车续驶里程越长，整车质量和成本越高。因此，合理匹配动力蓄电池组的容量可大大提高整车性能。

纯电动汽车在水平路面上巡航行驶消耗的功率

$$P_{md} = \frac{u_d}{3600\eta_t}\left(mgf + \frac{C_D A u_d^2}{21.15}\right) \tag{2-1}$$

式中，$P_{md}$ 为纯电动汽车巡航行驶时消耗的功率；$u_d$ 为纯电动汽车巡航行驶速度；$m$ 为纯电动汽车整车质量；$g$ 为重力加速度；$f$ 为滚动阻力系数；$C_D$ 为风阻系数；$A$ 为迎风面积；$\eta_t$ 为传动系统效率。

动力蓄电池组能量应满足

$$E_z \geq \frac{mgf + C_D A u_d^2 / 21.15}{3600 \xi_{SOC} \eta_t \eta_e \eta_d (1-\eta_a)} S \qquad (2-2)$$

式中，$E_z$ 为动力蓄电池组能量；$\xi_{SOC}$ 为蓄电池放电深度；$\eta_e$ 为驱动电动机及控制器整体效率，是指驱动电动机转轴输出功率除以控制器输入功率再乘以 100%；$\eta_d$ 为蓄电池放电效率；$\eta_a$ 为汽车附件能量消耗比例系数；$S$ 为纯电动汽车等速（60km/h）续驶里程。

动力蓄电池组能量与容量的关系为

$$E_z = \frac{U_z C_z}{1000} \qquad (2-3)$$

式中，$U_z$ 为动力蓄电池组电压；$C_z$ 为动力蓄电池组容量。

动力蓄电池组容量应满足

$$C_z \geq \frac{mgf + C_D A u_d^2 / 21.15}{3600 \xi_{SOC} \eta_t \eta_e \eta_d (1-\eta_a) U_z} S \qquad (2-4)$$

（2）动力蓄电池模块数目。动力蓄电池模块数目必须满足驱动电动机供电、纯电动汽车行驶时所需的峰值功率和续驶里程的要求。

由于动力蓄电池组的最低工作电压应能满足驱动电动机系统的最小工作电压，因此需要的动力蓄电池模块数目

$$N_1 \geq \frac{U_{emin}}{U_{zd}} \qquad (2-5)$$

式中，$N_1$ 为满足驱动电动机系统最小工作电压所需的动力蓄电池模块数目；$U_{emin}$ 为驱动电动机的最小工作电压；$U_{zd}$ 为动力蓄电池组中的单体蓄电池模块电压。

满足纯电动汽车行驶时所需的峰值功率要求的动力蓄电池模块数目

$$N_2 \geq \frac{P_{emax}}{P_{bmax} \eta_e N_0} \qquad (2-6)$$

式中，$N_2$ 为满足驱动电动机峰值功率要求的动力蓄电池模块数目；$P_{emax}$ 为驱动电动机的峰值功率；$P_{bmax}$ 为单体蓄电池的最大输出功率；$N_0$ 为蓄电池模块包含的单体蓄电池数目。

单体蓄电池的最大输出功率

$$P_{bmax} = \frac{2U_b^2}{9R_{b0}} \qquad (2-7)$$

式中，$U_b$ 为单体蓄电池的开路电压；$R_{b0}$ 为单体蓄电池的等效内阻。

满足纯电动汽车续驶里程要求的动力蓄电池模块数目

$$N_3 = \frac{1000 S P_{md}}{v_0 \eta_e U_{zd} C_z} \qquad (2-8)$$

式中，$N_3$ 为满足电动汽车续驶里程要求的动力蓄电池模块数目。

实际动力蓄电池模块数目

$$N_z \geq \max\{N_1, N_2, N_3\} \qquad (2-9)$$

式中，$N_z$ 为实际动力蓄电池模块数目。

## 2. 根据循环工况的续驶里程匹配

下面以 NEDC 循环工况为例介绍续驶里程匹配。NEDC 循环工况主要包括匀速行驶、加速行驶和减速行驶。

NEDC 循环工况由四个市区循环和一个市郊循环组成，理论试验距离为 11.022km，试验时间为 1180s，如图 2.34 所示。图中，①代表市区循环（0～780s）；②代表市郊循环（780～1180s）；③代表基本市区循环。

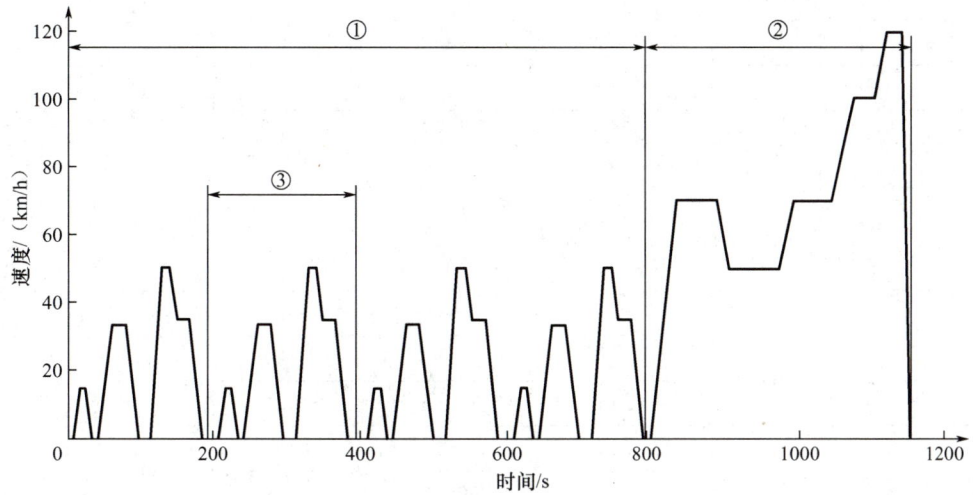

图 2.34　NEDC 循环工况

基本市区循环如图 2.35 所示。

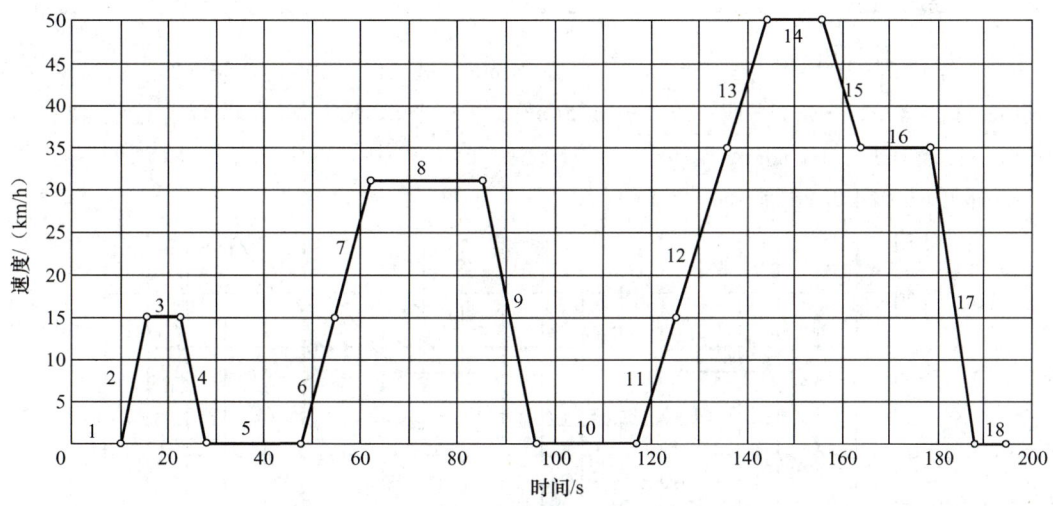

图 2.35　基本市区循环

基本市区循环试验参数见表 2-32。

表 2-32 基本市区循环试验参数

| 运转次序 | 操作状态 | 工况序号 | 加速度/(m/s²) | 速度/(km/h) | 操作时间/s | 工况时间/s | 累计时间/s |
|---|---|---|---|---|---|---|---|
| 1 | 停车 | 1 | 0.00 | 0 | 11 | 11 | 11 |
| 2 | 加速 | 2 | 1.04 | 0→15 | 4 | 4 | 15 |
| 3 | 等速 | 3 | 0.00 | 15 | 8 | 8 | 23 |
| 4 | 减速 | 4 | −0.83 | 15→0 | 5 | 5 | 28 |
| 5 | 停车 | 5 | 0.00 | 0 | 21 | 21 | 49 |
| 6 | 加速 | 6 | 0.69 | 0→15 | 6 | 12 | 55 |
| 7 | 加速 |  | 0.79 | 15→32 | 6 |  | 61 |
| 8 | 等速 | 7 | 0.00 | 32 | 24 | 24 | 85 |
| 9 | 减速 | 8 | −0.81 | 32→0 | 11 | 11 | 96 |
| 10 | 停车 | 9 | 0.00 | 0 | 21 | 21 | 117 |
| 11 | 加速 | 10 | 0.69 | 0→15 | 6 | 26 | 123 |
| 12 | 加速 |  | 0.51 | 15→35 | 11 |  | 134 |
| 13 | 加速 |  | 0.46 | 35→50 | 9 |  | 143 |
| 14 | 等速 | 11 | 0.00 | 50 | 12 | 12 | 155 |
| 15 | 减速 | 12 | −0.52 | 50→35 | 8 | 8 | 163 |
| 16 | 等速 | 13 | 0.00 | 35 | 15 | 15 | 178 |
| 17 | 减速 | 14 | −0.97 | 35→0 | 10 | 10 | 188 |
| 18 | 停车 | 15 | 0.00 | 0 | 7 | 7 | 195 |

一个基本市区循环时间是 195s，其中停车 60s（占 30.77%），加速 42s（占 21.54%），等速 59s（占 30.26%），减速 34s（占 17.43%）。一个基本市区循环的理论行驶距离是 1017m，平均车速为 18.78km/h。

市郊循环如图 2.36 所示。

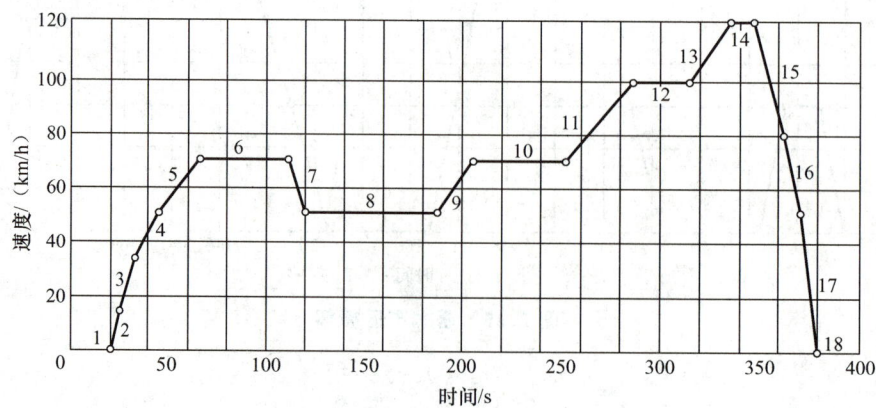

图 2.36 市郊循环

市郊循环试验参数见表2-33。

表2-33 市郊循环试验参数

| 运转次序 | 操作状态 | 工况序号 | 加速度/(m/s²) | 速度/(km/h) | 操作时间/s | 工况时间/s | 累计时间/s |
|---|---|---|---|---|---|---|---|
| 1 | 停车 | 1 | 0.00 | 0 | 20 | 20 | 20 |
| 2 | 加速 | 2 | 0.69 | 0→15 | 6 | 41 | 26 |
| 3 | 加速 | | 0.51 | 15→35 | 11 | | 37 |
| 4 | 加速 | | 0.42 | 35→50 | 10 | | 47 |
| 5 | 加速 | | 0.40 | 50→70 | 14 | | 61 |
| 6 | 等速 | 3 | 0.00 | 70 | 50 | 50 | 111 |
| 7 | 减速 | 4 | -0.69 | 70→50 | 8 | 8 | 119 |
| 8 | 等速 | 5 | 0.00 | 50 | 69 | 69 | 188 |
| 9 | 加速 | 6 | 0.43 | 50→70 | 13 | 13 | 201 |
| 10 | 等速 | 7 | 0.00 | 70 | 50 | 50 | 251 |
| 11 | 加速 | 8 | 0.24 | 70→100 | 35 | 35 | 286 |
| 12 | 等速 | 9 | 0.00 | 100 | 30 | 30 | 316 |
| 13 | 加速 | 10 | 0.28 | 100→120 | 20 | 20 | 336 |
| 14 | 等速 | 11 | 0.00 | 120 | 10 | 10 | 346 |
| 15 | 减速 | 12 | -0.69 | 120→80 | 16 | 34 | 362 |
| 16 | 减速 | | -1.04 | 80→50 | 8 | | 370 |
| 17 | 减速 | | -1.39 | 50→0 | 10 | | 380 |
| 18 | 停车 | 13 | 0.00 | 0 | 20 | 20 | 400 |

一个市郊循环时间是400s，其中停车40s（占10%），加速109s（占27.25%），等速209s（占52.25%），减速42s（占10.50%）。一个市郊循环的理论行驶距离是6956m，平均车速为62.60km/h。

满足纯电动汽车在水平路面匀速行驶的动力蓄电池能量

$$E_{m4} = \frac{mgf + C_D A u^2 / 21.15}{3600 \eta_t} S_d \tag{2-10}$$

式中，$E_{m4}$为纯电动汽车在水平路面匀速行驶的能量需求；$S_d$为纯电动汽车匀速行驶的续驶里程。

纯电动汽车在水平路面加（减）速行驶工况的功率需求

$$P_{m5} = \frac{u(t)}{3600 \eta_t} \left[ mgf + \frac{C_D A u^2(t)}{21.15} + \delta m a_j \right] \tag{2-11}$$

式中，$P_{m5}$为纯电动汽车在水平路面加（减）速行驶工况的功率需求；$u(t)$为纯电动汽车的行驶速度；$\delta$为纯电动汽车旋转质量换算系数；$a_j$为纯电动汽车的加（减）速度。

纯电动汽车的行驶速度

$$u(t) = u_0 + 3.6a_j t \qquad (2-12)$$

式中，$u_0$ 为起始速度；$t$ 为加速时间。

纯电动汽车加（减）速行驶工况的能量需求

$$E_{m5} = \frac{P_{m5} S_j}{u(t)} \qquad (2-13)$$

式中，$E_{m5}$ 为纯电动汽车加（减）速行驶工况的能量需求；$S_j$ 为纯电动汽车加（减）速续驶里程。

纯电动汽车加（减）速行驶里程

$$S_j = \frac{u_j^2 - u_0^2}{25920 a_j} \qquad (2-14)$$

式中，$u_j$ 为加速终了速度。

根据表 2-32 和式(2-10)至式(2-14) 计算市区循环各操作状态下的能量需求，它们的和就是在一个市区基本循环中，为使纯电动汽车匀速行驶和加速行驶动力蓄电池需要输出的能量；当纯电动汽车制动时，制动产生的能量可为动力蓄电池补充能量，再考虑制动能量回收率，可求出纯电动汽车完成一个基本市区循环运行动力蓄电池需要输出的能量，再乘以 4，可以得到纯电动汽车完成四个基本市区循环运行动力蓄电池需要输出的能量。

根据表 2-33 和式(2-10)至式(2-14) 计算市郊循环各操作状态下的能量需求，它们的和就是在市郊工况循环中，为使纯电动汽车匀速行驶和加速行驶动力蓄电池需要输出的能量；当纯电动汽车制动时，制动产生的能量可为动力蓄电池补充能量，再考虑制动能量回收率，可求出纯电动汽车完成市郊循环运行动力蓄电池需要输出的能量。

纯电动汽车完成 NEDC 循环运行，动力蓄电池需要输出的能量 $E_m$ 等于纯电动汽车完成四个基本市区循环运行动力蓄电池需要输出的能量＋纯电动汽车完成一个市郊循环运行动力蓄电池需要输出的能量。

图 2.37 所示为某纯电动汽车一个 NEDC 循环所需的动力蓄电池能量。

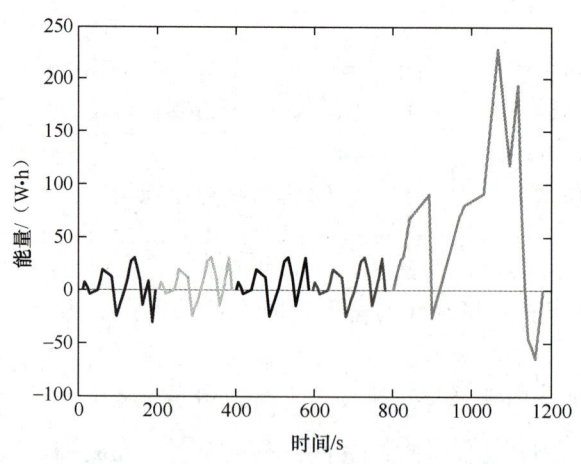

图 2.37 某纯电动汽车一个 NEDC 循环所需的动力蓄电池能量

纯电动汽车一个 NEDC 循环的行驶距离为 11.022km，假设要求纯电动汽车循环工况续驶里程为 $S$，则动力蓄电池至少需要配置的能量

$$E_z = \frac{SE_m}{11.022} \tag{2-15}$$

动力蓄电池满足 NEDC 循环工况续驶里程至少需要配置的容量

$$C_z = \frac{1000SE_m}{11.022U_z} \tag{2-16}$$

实际上，为纯电动汽车匹配动力蓄电池时，除了要考虑汽车附件的功率需求，还要考虑传动系统效率、驱动电动机效率、蓄电池放电效率、蓄电池放电深度等。一般在理论数值的基础上加 10%～20% 的余量，以确保匹配的动力蓄电池充分满足纯电动汽车的续驶里程要求。

如果纯电动汽车的技术指标中既有等速工况续驶里程的要求，又有 NEDC 循环工况续驶里程的要求，则动力蓄电池容量需求取两者中的最大值。

## 2.8　新体系电池

新体系电池泛指正在研发的、先进的、高能量密度的二次电池体系，其未来的开发与应用对电动汽车产业的发展至关重要。下面主要介绍全固态锂离子蓄电池、锂硫电池、金属空气电池和石墨烯电池等。

### 2.8.1　全固态锂离子蓄电池

全固态锂离子蓄电池是较具潜力的可替代现有高能量密度锂离子蓄电池的蓄电池，其能量密度有望是现有锂离子蓄电池的 2～5 倍，循环性和倍率性能更强、使用寿命更长，并可能从本质上解决现有液态电解质锂离子蓄电池的安全性问题。如果这些目标得以实现，则全固态锂离子蓄电池必然会颠覆现有的锂离子蓄电池技术。

**1. 液态电解质锂离子蓄电池的不足**

在已有可充放蓄电池技术中，锂离子蓄电池的质量能量密度和体积能量密度最高，单位成本不断下降，获得了广泛应用。对于能量密度越来越高的采用液态电解质的锂离子蓄电池，尽管从材料、电极、电芯、模组、电源管理、热管理、系统设计等层面采取了多种改进措施，但安全性问题依然突出，难以彻底避免热失控。除此之外，液态电解质锂离子蓄电池的电芯还存在以下不足。

（1）SEI（solid electrolyte interface，固体电解质界面）膜持续生长。由于 SEI 膜生长不致密且正、负极材料在循环过程中存在较大的体积膨胀/收缩，SEI 膜部分成分可以溶解在电解液里，因此正、负极表面的 SEI 膜持续生长，活性锂减少，电解液持续耗尽，内阻、内压不断增大，电极体积膨胀。

固态电池

（2）过渡金属溶解。对于层状及尖晶石结构的氧化物正极材料来说，正极在充电态下处于高氧化态，容易发生还原相变，骨架中的过渡金属离子与电解质中的溶剂相互作用后析出到电解液，并扩散到负极，促使 SEI 膜进一步生长；同时正极材料表面结构被破坏，内阻增大，可逆容量损失。由于过渡金属促使SEI膜生长，电池中对所有材料的游离磁性金属的要求达到亿分之一级以下，因此电池材料成本提高。

（3）正极材料析氧。当高容量的层状氧化物充电至较高电压时，正极晶格中的氧容易失去电子，以游离氧的形式从晶格析出，并与电解液发生氧化反应，导致热失控；正极材料结构也逐渐破坏。

（4）电解液氧化。为了提高正极材料容量，需要充电至高电压以便脱出更多锂，目前针对钴酸锂的电解质溶液可以充电到4.45V，三元材料可以充电到4.35V，继续充电到更高电压，电解质会氧化分解，正极表面也会发生不可逆相变。

（5）析锂。嵌入负极材料内部动力学较慢，在低温过充电或大电流充电下，金属锂直接析出到负极表面，可能导致锂枝晶，造成微短路；高活性的金属锂与液体电解质直接发生还原反应，损失活性锂，增大内阻。

（6）高温失效。充满电状态下，负极处于还原态，正极处于高氧化态，在高温下，SEI膜的部分成分溶解度增大，导致高活性的正、负极材料与电解液发生反应；同时，锂盐在高温下自发分解，并促进电解液反应，可能导致热失控。高温可能由外部因素导致，也可能由内部的短路、电化学与化学放热反应、大电流焦耳热导致。

（7）体积膨胀。采用高容量的硅负极或者高温胀气、长时间循环后，电解液持续分解，SEI膜生长、产气及负极本身的体积膨胀，软包电芯的体积膨胀不超过应用要求的10%。

以上缺点与电解质的化学稳定性、电化学稳定性、热稳定性不强有一定关系，如果能克服上述不足，则液态电解质锂离子蓄电池的电化学性能及安全性会有显著提升。为了提高安全性，在液态电解质方面，阻燃添加剂、离子液体等获得了广泛的研究和开发，但考虑电芯综合性能的优化，这些策略不能同时解决上述问题。渐渐地，理论上不易燃烧、基于固态电解质的电池成为重要的研究方向，并期望固态锂离子蓄电池能解决上述问题。

### 2. 全固态锂离子蓄电池的结构

全固态锂离子蓄电池的内部主要由正、负极和固态电解质组成，如图2.38所示。正负极材料涂敷于相应的集流体上，固态电解质位于正、负极之间。当蓄电池放电时，电子通过外电路从负极传输至正极，锂离子则通过固态电解质从负极传输至正极；当蓄电池充

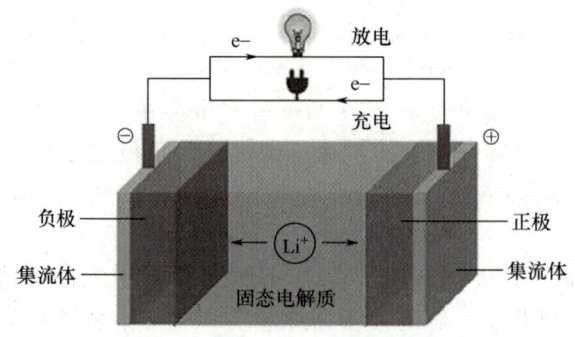

图2.38 全固态锂离子蓄电池的结构

电时，电子和锂离子的传输方向与放电时相反。全固态锂离子蓄电池在这种电子、锂离子传输机制下完成充放电循环。

### 3. 全固态锂离子蓄电池的特点

基于固体电解质的全固态锂离子蓄电池采用固体电解质，不含易燃、易挥发组分，彻底消除了蓄电池因漏液引发的冒烟、起火等安全隐患，被称为最安全电池体系。

（1）全固态锂离子蓄电池与液态电解质锂离子蓄电池相比，具有以下优点。

① 安全性能强。由于液态电解质中含有易燃的有机溶剂，发生内部短路时温度骤升，容易引起燃烧甚至爆炸，要安装抗温升和防短路的安全装置，因此会新增加成本，但仍无法彻底解决安全问题。由于很多无机固体电解质材料不可燃、无腐蚀、不挥发、不存在漏液问题，也有望克服锂枝晶现象，因而基于无机固体电解质的全固态锂二次电池有望具有很高的安全特性。聚合物固体电解质仍然存在一定的可燃烧风险，但与含有可燃溶剂的液态电解质锂离子蓄电池相比，安全性有较大提高。

② 能量密度高。市场中应用的锂离子蓄电池电芯的质量能量密度最高达到 300W·h/kg。对全固态锂离子蓄电池来说，若负极采用金属锂，则蓄电池的质量能量密度有望达到 300～400W·h/kg 甚至更高。由于固体电解质密度高于液态电解质，因此对于正负极材料相同的体系，液态电解质锂离子蓄电池能量密度要显著高于全固态锂离子蓄电池。之所以说全固态锂离子蓄电池能量密度高，是因为负极可能采用金属锂材料。

③ 循环寿命长。固体电解质有望解决液态电解质在充放电过程中持续形成和生长 SEI 膜的问题及锂枝晶刺穿隔膜问题，可能大大提升金属锂离子蓄电池的循环性和使用寿命。

④ 工作温度范围宽。若全固态锂离子蓄电池全部采用无机固体电解质，则最高操作温度有望提高到 300℃ 甚至更高。大容量全固态锂离子蓄电池的低温性能有待提高。蓄电池的工作温度范围主要与电解质及界面电阻的高低温特性有关。

⑤ 电化学窗口宽。全固态锂离子蓄电池的电化学窗口宽，可能达到 5V，适用于高电压型电极材料，有利于进一步提高能量密度。主流的三元锂电池电化学窗口为 4.2～4.5V。

⑥ 具有柔性优势。全固态锂离子蓄电池可以制备成薄膜蓄电池和柔性蓄电池，未来可应用于智能穿戴和可植入式医疗设备等，与柔性液态电解质锂离子蓄电池相比，封装更容易、更安全。

（2）全固态锂离子蓄电池具有以下缺点。

① 界面阻抗过大。因为固态电解质与电极材料之间的界面是固-固状态，所以电极与电解质之间的有效接触能力较弱，致使离子在固体物质中的传输动力较低。

② 快充比较难。由于蓄电池的阻抗及电导率都较大，因此较大内阻阻碍充电和容量易损失。

③ 成本高。由于固态电解质的制造和固-固界面优化两项技术还不成熟，因此全固态锂离子蓄电池的成本较高。

### 4. 全固态锂离子蓄电池的核心材料

全固态锂离子蓄电池的核心材料有固体电解质、正极材料和负极材料。

（1）固态电解质。固态电解质在全固态锂离子蓄电池中起到传输锂离子的作用。固态电解质可分为有机聚合物电解质和无机固态电解质，前者包括固态聚合物电解质（SPE）和凝胶聚合物电解质（GPE），后者包括氧化物基固态电解质（SCOs）和硫化物基固态电解质（SCSs），如图 2.39 所示。

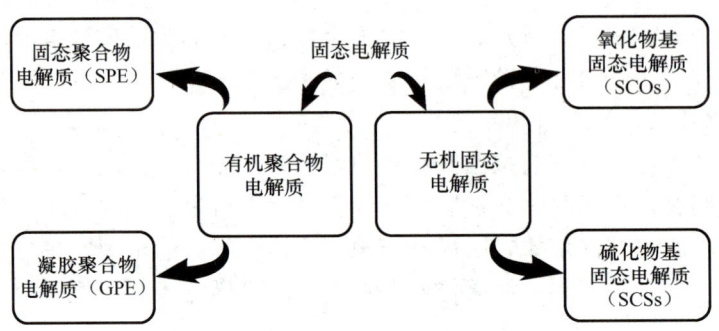

图 2.39　固态电解质的分类

① 有机聚合物电解质。

a. 固态聚合物电解质主要有聚氧化乙烯（PEO）、聚偏氟乙烯（PVDF）和氯化聚乙烯（PEC）等。其中，聚氧化乙烯具有优异的盐溶性和电极界面相容性，成为常用的固态聚合物电解质。

b. 凝胶聚合物电解质是向聚合物基体中添加有机液态增塑剂，锂离子在其内部的传输机理类似于液态电解质，但是与液态电解质相比，凝胶聚合物电解质可以保证一定的柔韧性，从而实现更强的安全性。常见的凝胶聚合物电解质有聚偏二氟乙烯（PVDF）-六氟丙烯（HFP）、聚甲基丙烯酸甲酯（PMMA）-聚丙烯腈（PAN）等。

② 无机固态电解质。

a. 氧化物基固态电解质包括钠超离子导体（NASICON）型、钙钛矿型及石榴石型。钠超离子导体型固态电解质材料的化学通式可以写为 $A_x MM'(XO_4)_3$，其中 A 代表 Li、Na、K、Mg 等碱金属和碱土金属元素，M 和 $M'$ 代表 Fe、Ti、Zr 等过渡金属元素，X 代表 S、P、Si 等非金属元素，研究较广泛的有 $Li_{1+x}Al_xTi_{2-x}(PO_4)_3$（LATP）等。钙钛矿型固态电解质材料的化学通式是 $ABO_3$，其中 A 代表稀土或碱土金属元素，B 代表过渡金属元素。石榴石型固态电解质材料具有石榴石构型，研究较多的是 $Li_7La_3Zr_2O_{12}$（LLZO）。LLZO 晶体结构较复杂，存在两种相态，在室温下为四方相，在 100～150℃ 下会发生相变，形成立方相。

b. 硫化物基固态电解质可分为非晶态硫化物、晶态硫化物和微晶玻璃硫化物。具有代表性的非晶态硫化物固态电解质为 $xLi_2S-(1-x)P_2S_5$ 和 $xLi_2S-(1-x)SiS_2$ 系统；晶态硫化物固态电解质主要为 LISICON [$Li_{14}Zn(GeO_4)_4$]；微晶玻璃硫化物固态电解质是由玻璃晶化而成的，具有三维框架结构和沿 $c$ 轴的一维锂离子传导路径。硫化物基固态电解质可以实现 $10^{-6}～10^{-2}$ S/cm 的室温离子电导率。

（2）正极材料。作为蓄电池体系中的锂离子提供者，正极材料主要有层状结构的 $LiCoO_2$、尖晶石结构的 $LiMn_2O_4$、橄榄石结构的 $LiFePO_4$、三元复合层状的 $LiNi_{1/3}Mn_{1/3}Co_{1/3}O_2$，以及富锂层状结构的 $Li_2MnO_3·LiMO_2$（M 为 Ni、Co、Mn 等过渡金属）。

(3) 负极材料。负极是在蓄电池充电过程中发生锂化的地方，负极材料主要有石墨、金属锂及其合金、硅基和锡基材料、金属氧化物等。

### 2.8.2 锂硫电池

锂硫电池（图 2.40）以硫为电池正极，以金属锂为负极。锂硫电池中，硫的理论质量比容量和电池的理论质量比能量分别达到 $1675mA·h/g$ 和 $2600W·h/kg$，是锂离子蓄电池的 3~5 倍。因为单质硫在地球中储量丰富、价格低廉、对环境友好，所以锂硫电池是一种非常有前景的电池，有望应用于动力蓄电池、便携式电子产品等领域。

图 2.40 锂硫电池

锂硫电池具有以下优点。

(1) 质量轻。锂硫电池质量轻的特性有利于电池总体能量密度的提高。根据三类石墨烯的共同反应，全石墨烯硫正极可建立高达 90% 的活性物质利用率与出色的循环稳定性能。

(2) 导电性能好。使用高孔容石墨烯作为硫载体，部分氧化石墨烯作为间隔层，高导电石墨烯作为集流体，采用全石墨烯基正极结构设计。

(3) 成本低，材料来源广泛。硫是一种分布广泛且储量丰富的元素，化合态的硫主要储存于硫化物或硫酸盐的矿物中。

(4) 结构特征特殊，续航能力和稳定性强。使用独具特色的桥接结构，创新性地对硫阴极进行配备，使之具有更强的应力负荷及稳定性，故电池续航能力和稳定性有大幅度提高。

锂硫电池具有以下缺点。

(1) 单质硫及其放电终了产物硫化锂的导电性差，致使活性物质利用率较低及动力学性较差，严重影响电池的高倍率性能。

(2) 电池充电操作过程中产生的多硫化锂在醚类电解液中的溶解性较强，会转移至负极表面层并再次发生自放电反应，致使库仑效率较低。

(3) 硫化锂可与金属锂负极反应生成硫化锂并沉积在负极表面层，致使活性物质损失及负极性能恶化，造成电容量的损耗。

(4) 在电池充电操作过程中，硫的体积发生较大变化，可降低正极的结构稳定性。

(5) 锂硫电池使用金属锂作为负极，除了金属锂自身的基酶，金属锂负极在电池充电操作过程会再次发生体积变化，比较容易产生锂枝晶。

### 2.8.3 金属空气电池

金属空气电池是以电极电位较低的金属（如锌、铝、镁、铁等）为负极，以空气中的氧或纯氧为正极的电池，主要有锌空气电池、铝空气电池、镁空气电池等，如图2.41所示。

（a）锌空气电池

（b）铝空气电池

（c）镁空气电池

图2.41 金属空气电池

金属空气电池具有比能量高、价格低、性能稳定等特点。

### 2.8.4 石墨烯电池

石墨烯电池是利用锂离子在石墨烯表面与电极之间快速、大量穿梭运动的特性开发出的一种新能源电池，如图2.42所示。石墨烯电池具有质量比能量高（可以超过600W·h/kg）、充电时间短、使用寿命长、质量轻、成本低等特点。

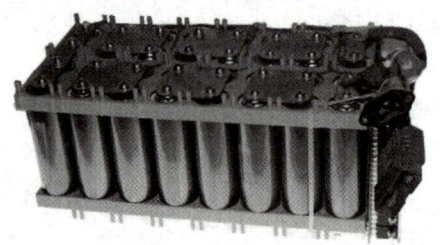

图2.42 石墨烯电池

## 练习题

**一、名词解释**

1. 铅酸蓄电池
2. 金属氢化物镍蓄电池
3. 锂离子蓄电池
4. 三元锂电池
5. 石墨烯电池

**二、填空题**

1. 铅酸蓄电池主要用于汽车的_____和一些低速电动汽车、特种电动汽车的

_____，也可以作为_____使用。

2. 锂离子蓄电池根据形状可以分为_____锂离子蓄电池、_____锂离子蓄电池和_____锂离子蓄电池。

3. 锂离子蓄电池根据正极材料可以分为_____、_____、_____和_____等。

4. 锂离子蓄电池的基本结构主要由_____、_____、_____、_____和_____等组成。

5. 锂离子蓄电池的主要材料有_____、_____、_____和_____，它们统称锂离子蓄电池的四大关键材料。

三、选择题

1. 下列（　　）属于新体系电池。
　A. 全固态锂离子蓄电池　　　　　B. 磷酸铁锂电池
　C. 锰酸锂电池　　　　　　　　　D. 三元锂电池

2. 磷酸铁锂电池的理论质量比容量为（　　）。
　A. 150mA·h/g　　　　　　　　　B. 160mA·h/g
　C. 170mA·h/g　　　　　　　　　D. 180mA·h/g

3. 下列（　　）不属于锂离子蓄电池的正极材料。
　A. 磷酸铁锂　　　　　　　　　　B. 碳复合磷酸铁锂
　C. 镍钴锰酸锂　　　　　　　　　D. 天然石墨

4. 国内纯电动汽车常用的锂离子蓄电池是（　　）。
　A. 三元锂电池　　　　　　　　　B. 磷酸铁锂电池
　C. 锰酸锂电池　　　　　　　　　D. 钛酸锂电池

5. 下列（　　）不属于三元材料。
　A. 镍　　　　B. 钴　　　　C. 磷　　　　D. 锰

四、判断题

1. 18650蓄电池是日本索尼公司生产的一种标准性的锂离子蓄电池，其中18表示蓄电池直径为18mm，65表示蓄电池长度为65mm，0表示圆柱形锂离子蓄电池。（　　）

2. 软包锂离子蓄电池的质量比相同容量的钢壳方形锂离子蓄电池轻约50%，比铝壳方形锂离子蓄电池轻约30%。（　　）

3. 三元锂电池能量密度高，但安全性较差、循环寿命短、成本高；磷酸铁锂电池能量密度低，但安全性好、循环寿命长、成本低。（　　）

4. 锂离子蓄电池的负极材料主要是石墨类，钛酸锂和碳复合碳酸锂不能作为锂离子蓄电池的负极材料。（　　）

5. 蓄电池能量密度的增大主要基于电极材料体系的发展和优化，蓄电池的容量发挥、倍率性能、循环寿命、充电电位、首次库仑效率、自放电、高/低温特性、内短路和析锂等特性都与隔膜材料的特性和品质相关。（　　）

五、问答题

1. 蓄电池的阴极、阳极与正极、负极之间是什么关系？
2. 锂离子蓄电池隔膜和电解质的主要作用分别是什么？

3. 动力蓄电池的测试主要包括哪些项目？
4. 如何匹配纯电动汽车用动力蓄电池的容量？
5. 全固态锂离子蓄电池与液态锂离子蓄电池相比，有什么优点？

## 六、拓展题

1. 总结分析上一年度国内提供动力蓄电池前五名的企业。
2. 总结分析上一年度国内电动汽车用动力蓄电池的技术水平。

# 第 3 章　电池管理系统

 教学目标

通过本章的学习，读者能够掌握电池管理系统的基本知识，了解电池管理系统的要求，熟悉电池管理系统的参数检测，能够建立动力蓄电池模型及对动力蓄电池的 SOC 和 SOH 进行估计，了解动力蓄电池的均衡控制。

 教学要求

| 教学内容 | 能力要求 | 参考学时 |
| --- | --- | --- |
| 电池管理系统的基本知识 | 掌握电池管理系统的组成、功能、工作模式及动力蓄电池的热管理；能够识别和初步分析已有电动汽车的电池管理系统 | 2 |
| 电池管理系统的要求 | 了解电池管理系统的基本功能要求，以及状态参数检测精度、SOC 估计、电池故障诊断、绝缘性能、电气适应性能、环境适应性能、电磁兼容性能的技术要求 | |
| 电池管理系统的参数检测 | 掌握电池管理系统的电压检测、电流检测和温度检测 | 2 |
| 动力蓄电池的模型 | 掌握动力蓄电池的电化学模型、等效电路模型、参数辨识数学模型；能够对参数进行辨识 | |
| 动力蓄电池的 SOC 估计与 SOH 估计 | 掌握动力蓄电池的 SOC 估计和 SOH 估计；以大作业的形式，对动力蓄电池的 SOC 估计进行仿真 | 2 |
| 动力蓄电池的均衡控制 | 了解动力蓄电池的不一致性，以及动力蓄电池均衡控制的目的、方法和策略 | |

新能源汽车动力电池技术

> **导入案例**
>
> 特斯拉 Model S 电动汽车使用由 7000 多节 18650 蓄电池组成的动力蓄电池组，大幅度增强单体蓄电池之间的不一致性，导致单体蓄电池的温度、电荷、电压出现不平衡现象，个别单体蓄电池过充电、过放电并产生静电反应，从而降低动力蓄电池组的循环寿命及安全性。为保障蓄电池组正常、安全运行，需要设置电池管理系统。特斯拉 Model S 电动汽车的每个蓄电池模块（共 16 个）都有独立的电池管理系统，位于电池模块的侧面，如图 3.1 所示。
>
>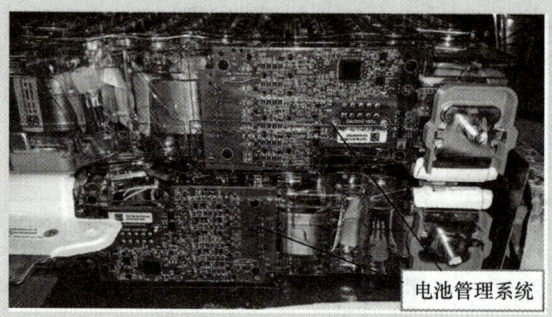
>
> 图 3.1 特斯拉 Model S 电动汽车的电池管理系统
>
> 电池管理系统是什么？通过本章的学习，读者可以得到答案。

## 3.1 电池管理系统的基本知识

电池管理系统的意义

电动汽车用动力蓄电池组由成百上千个单体蓄电池组合而成，只有对这些单体蓄电池进行管理，才能发挥最大的作用。电池管理系统（battery management system，BMS）是指监视蓄电池的状态（电压、电流、温度、荷电状态等），可以为蓄电池提供通信、安全、电芯均衡及管理控制，并提供与应用设备通信接口的系统。电池管理系统通过控制蓄电池的充放电过程，实现对蓄电池的保护，提升蓄电池的综合性能。

### 3.1.1 电池管理系统的组成

电池管理系统主要由检测模块、均衡电源模块和控制模块三部分组成，如图 3.2 所示。

（1）检测模块。检测模块能够准确、实时检测蓄电池模块中各单体蓄电池的电压、电流、温度等关键状态参数，并通过串行外设接口（serial peripheral interface，SPI）总线上报给控制模块。

（2）均衡电源模块。均衡电源模块能够平衡单体蓄电池间的电压差异，避免蓄电池组产生"短板效应"。

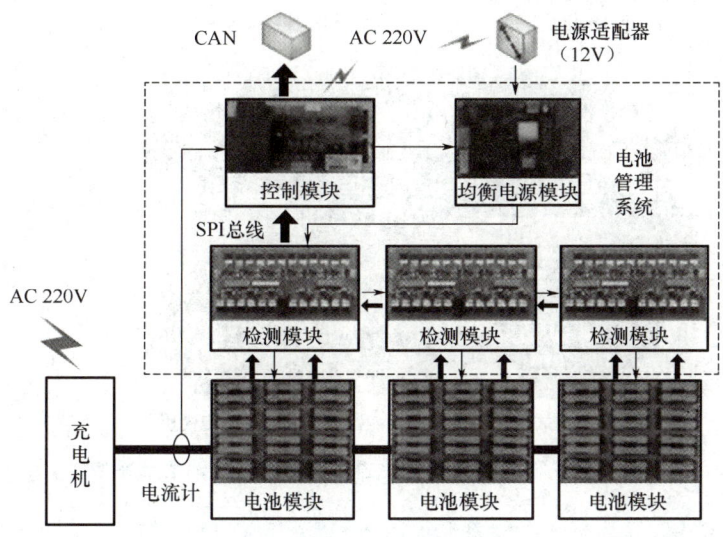

图 3.2　电池管理系统的组成

（3）控制模块。控制模块能够根据既定策略完成控制功能，实现 SOC 估计，同时通过 CAN 总线将电池状态数据发送给整车的其他电子控制单元。

电池管理系统在电动汽车上的连接关系如图 3.3 所示。

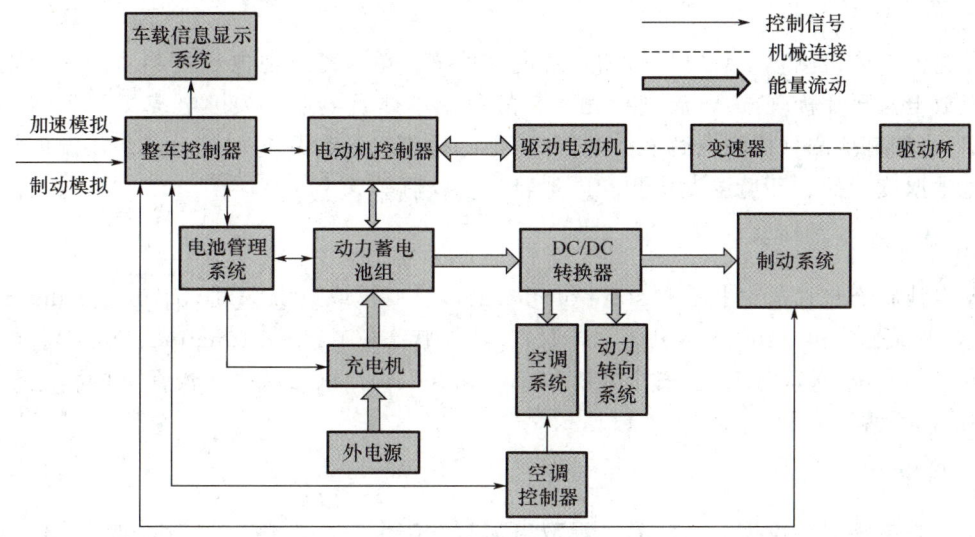

图 3.3　电池管理系统在电动汽车上的连接关系

电池管理系统和动力蓄电池组组成蓄电池包，与电池管理系统有通信关系的两个部件是整车控制器和充电机。电池管理系统向上通过 CAN 总线与整车控制器通信，将状态参数上报给蓄电池包，并接收整车控制器的指令，配合整车需要，确定功率输出；向下监控整个蓄电池包的运行状态，使蓄电池包不受过放电、过热等非正常运行状态的侵害；在充电过程中，电池管理系统与充电机交互，管理充电参数，监控充电过程正常完成。不同电动汽车的电池管理系统的具体组成与结构会有差异。

图 3.4 所示为某电动汽车用动力蓄电池组及电池管理系统。

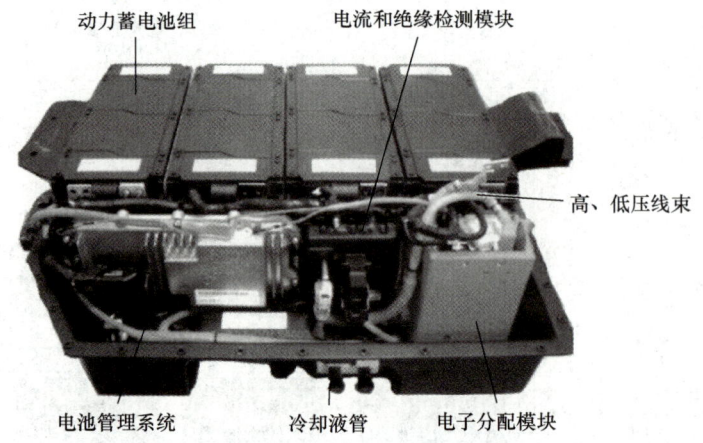

图 3.4　某电动汽车用动力蓄电池组及电池管理系统

### 3.1.2　电池管理系统的功能

电池管理系统的主要功能有蓄电池参数检测、蓄电池状态估计、蓄电池热管理、蓄电池均衡控制、充电控制、在线故障诊断、蓄电池安全控制与报警、网络通信、信息存储、电磁兼容等。

#### 1. 蓄电池参数检测

蓄电池参数检测包括总电压检测,总电流检测,单体蓄电池电压检测(防止出现过充电、过放电甚至反极现象),温度检测(最好每个单体蓄电池、关键电缆接头等均有温度传感器),烟雾探测(检测电解液泄漏等),绝缘检测(检测漏电)等。其中,温度检测包括蓄电池温度检测、环境温度检测和电池箱温度检测等。

#### 2. 蓄电池状态估计

蓄电池状态包括荷电状态(state of charge,SOC)或放电深度(depth of discharge,DOD)、健康状态(state of health,SOH)、功能状态(state of function,SOF)、能量状态(state of energy,SOE)、安全状态(sate of safety,SOS)等。较常见的蓄电池状态估计有 SOC 估计和 SOH 估计。

#### 3. 蓄电池热管理

根据蓄电池组内温度分布信息及充放电需求,决定主动加热、散热的强度,使得蓄电池尽可能工作在适合的温度,充分发挥蓄电池的性能。

#### 4. 蓄电池均衡控制

蓄电池不一致性分为容量不一致性、电阻不一致性和电压不一致性。容量不一致性将使蓄电池组的容量小于其中容量最小的单体蓄电池。蓄电池均衡控制是指根据单体蓄电池信息,采用主动或被动、耗散或非耗散等均衡控制方式,尽可能使蓄电池组的容量接近容量最小的单体蓄电池。

### 5. 充电控制

电池管理系统有一个充电管理模块，能够根据蓄电池的特性、温度及充电机的功率等级控制充电机，给蓄电池安全充电。

### 6. 在线故障诊断

在线故障诊断包括故障检测、故障类型判断、故障定位、故障信息输出等。故障检测是指通过采集的传感器信号，采用诊断算法诊断故障类型并进行早期预警。蓄电池故障包括蓄电池组、高压电回路、热管理等子系统的传感器故障，执行器（如接触器、风扇、泵、加热器等）故障，以及网络故障、控制器软硬件故障等。蓄电池组故障包括过电压（过充电）、欠电压（过放电）、过电流、超高温、内短路故障、接头松动、电解液泄漏、绝缘性能降低等。

### 7. 蓄电池安全控制与报警

蓄电池安全控制包括热系统控制和高压电安全控制。电池管理系统诊断到故障后，通过网络通知整车控制器，并要求整车控制器进行有效处理（超过一定阈值时，电池管理系统可以切断主回路电源），以防止出现高温、低温、过充电、过放电、过电流、漏电等现象。

### 8. 网络通信

电池管理系统需要与整车控制器等网络节点进行通信，其在汽车上拆卸不方便，需要在不拆壳的情况下进行在线标定、监控、自动代码生成和在线程序下载（程序更新而不拆卸产品）等，一般车载网络都采用 CAN 总线技术。

### 9. 信息存储

电池管理系统的信息存储功能用于存储关键数据，如 SOC、SOH、SOF、SOE、故障码、不一致性等。

### 10. 电磁兼容

由于电动汽车使用环境恶劣，因此要求电池管理系统具有较好的抗电磁干扰能力，同时对外辐射小。

电池管理系统的具体组成和功能应以实际动力汽车种类为准，有时电池管理系统可能只具有上面提到的部分功能。

## 3.1.3 电池管理系统的工作模式

电池管理系统的主要工作模式有下电模式、待机模式、放电模式、充电模式和故障模式。

### 1. 下电模式

下电模式是电池管理系统的低压与高压部分处于不工作状态的模式，属于省电模式。在下电模式下，电池管理系统控制的所有高压接触器均处于断开状态，低压控制电源均处于不供电状态。

2. 待机模式

电池管理系统在待机模式下不处理任何数据,能耗极低,能快速启动,所有接触器均处于断开状态。电池管理系统可接收点火锁、整车控制器、电动机控制器、充电插头开关等发出的硬线信号或受 CAN 总线报文控制的低压信号驱动高压接触器,从而进入所需工作模式。

3. 放电模式

电池管理系统在待机模式下检测到放电唤醒信号后,接收并执行整车控制器发送的动力蓄电池运行状态指令和接触器的动作指令,完成上电及预充电流程,进入放电模式。

4. 充电模式

当电池管理系统检测到充电唤醒信号时,进入充电模式。在充电模式下,主正继电器、主负继电器闭合;同时为保证低压控制,电源持续供电,DC/DC 转换器需处于工作状态。

5. 故障模式

电池管理系统在任何模式下检测到故障时都进入故障模式,同时将故障状态和相关故障码上报给整车控制器。故障模式是控制系统中常出现的一种模式。由于动力蓄电池的使用关系到用户的人身安全,因此电池管理系统总是对各种模式采取"安全第一"原则。电池管理系统应根据故障等级确定故障响应的方式,当故障级别较低时,采取报错或发出轻微报警信号的方式告知驾驶人;当故障级别较高甚至伴随危险时,采取直接断开高压接触器的方式。

### 3.1.4 动力蓄电池的热管理

电动汽车自燃是非常大的安全隐患。由于动力蓄电池温度过高是电动汽车自燃的原因之一,因此动力蓄电池的热管理非常重要,如果温度过高,则会影响动力蓄电池的使用寿命和安全性。动力蓄电池的温度要保持为 20~35℃。

电动汽车对动力蓄电池的热管理有以下要求。

动力蓄电池的热管理

(1) 保证单体蓄电池的温度处于适合的工作温度范围,避免单体蓄电池整体或局部温度过高,可在高温环境中有效散热,在低温环境中迅速加热或保温。

(2) 减小单体蓄电池尤其是大尺寸单体蓄电池内部不同部位的温度差异,保证单体蓄电池温度均匀。

(3) 满足电动汽车轻量化、紧凑性的具体要求,安装和维护方便,可靠性强,成本低。

(4) 当产生有害气体时进行有效通风,进行与温度等相关参数一致的热测量与监控。

动力蓄电池的冷却主要分为风冷和液冷(冷却液冷却)两大类。

风冷的典型代表是日产聆风纯电动汽车,其采用鼓风机(专门用于动力蓄电池冷却)

驱动空气，通过空调制冷系统的蒸发器后变成冷风进行冷却。动力蓄电池的风冷原理如图3.5所示。风冷技术比较成熟，由于空气的比热容较小，带走的热量较少，因此主要适用于动力蓄电池散热量较少的情况。

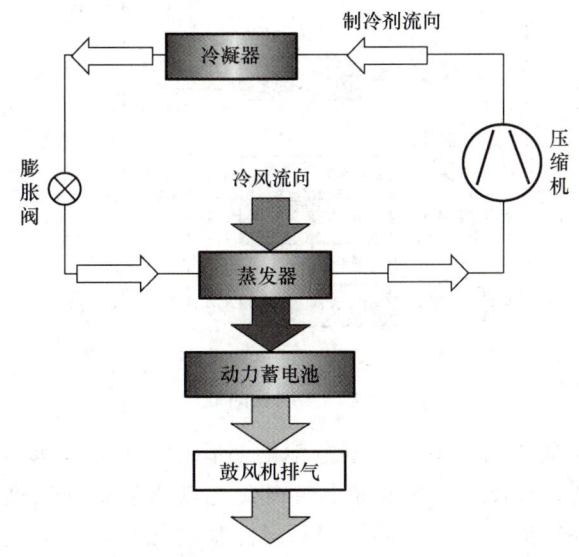

图 3.5　动力蓄电池的风冷原理

图3.6所示为采用风冷的某电动汽车动力蓄电池组。

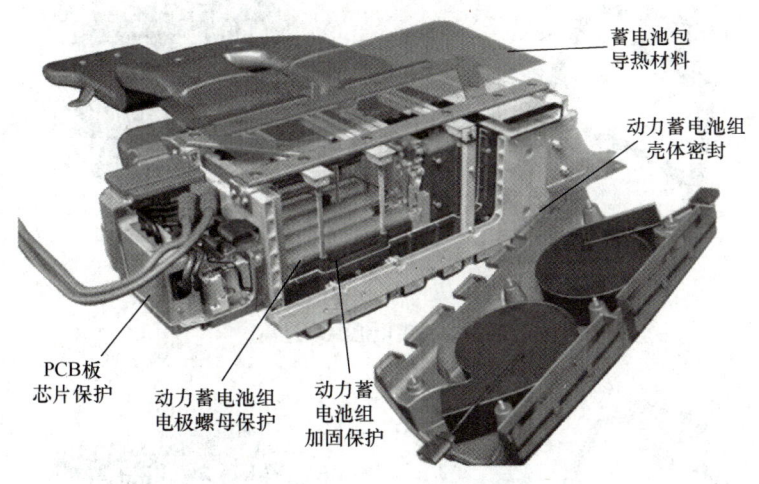

图 3.6　采用风冷的某电动汽车动力蓄电池组

液冷的典型代表是特斯拉纯电动汽车，在空调系统中添加中间换热器，中间换热器内部有两个流道，一个流道内部流动的是冷却液，另一个流道内部流动的是制冷剂，二者进行热交换。冷却液经过热交换后变成低温冷却液并流入动力蓄电池，对动力蓄电池进行冷却。动力蓄电池的液冷原理如图3.7所示。液冷技术比较成熟，应用广泛。由于冷却液的比热容大，能够带走更多热量，因此主要适用于动力蓄电池散热量多的情况。

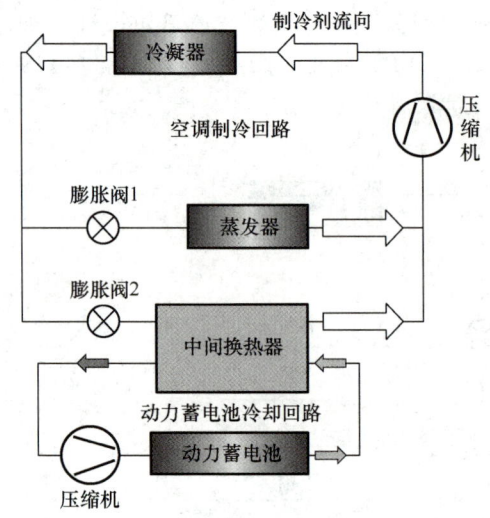

图 3.7　动力蓄电池的液冷原理

图 3.8 所示为某纯电动汽车用动力蓄电池的热管理示意。当动力蓄电池温度过高时，开启动力蓄电池冷却器，对动力蓄电池进行冷却；当动力蓄电池温度过低时，开启中间换热器，对动力蓄电池进行加热。水泵的作用是对冷却液加压，促使冷却液在冷却系统中循环，以带走其散发的热量。纯电动汽车冷却系统的电子控制单元自动控制水泵的开启。

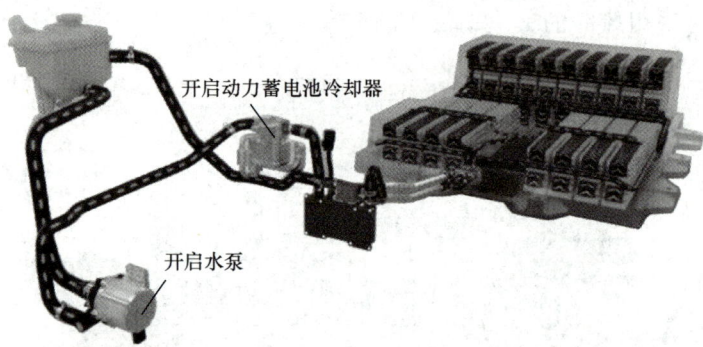

（a）动力蓄电池温度过高

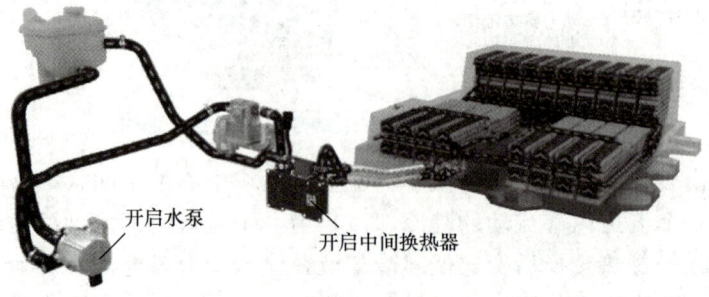

（b）动力蓄电池温度过低

图 3.8　某纯电动汽车用动力蓄电池的热管理示意

## 3.2 电池管理系统的要求

对电池管理系统的要求包括基本功能要求和技术要求。

### 3.2.1 基本功能要求

电动汽车对电池管理系统有以下基本功能要求。

(1) 电池管理系统应能检测或者以其他方式获取蓄电池的相关数据,包括蓄电池系统总电压、单体蓄电池电压或电芯组电压、蓄电池组电压、蓄电池系统电流、蓄电池包内部温度等参数。

(2) 电池管理系统应具有故障诊断、故障信息记录及故障处理功能,如故障码上报、实时警示和故障保护等。

(3) 电池管理系统应具有自检功能,对电池管理系统主要功能进行初步筛查和识别,对严重影响使用和安全的异常功能进行预警。

(4) 电池管理系统应具有与其他控制器进行信息交互的功能。

(5) 具有充电过程控制和管理功能的电池管理系统应能与车载充电机或者非车载充电机实时通信,与非车载充电机的通信协议应符合相关标准的要求。

(6) 具有绝缘电阻值检测功能的电池管理系统应能监控蓄电池绝缘电阻。

(7) 具有充放电高压互锁监控功能的电池管理系统应能监控蓄电池充放电高压互锁情况。

(8) 电池管理系统应具有防止蓄电池出现过充电、过放电、过电流、超高温的功能。

(9) 电池管理系统应具有 SOC 估计功能,宜具有 SOP 估计和均衡控制功能。

### 3.2.2 技术要求

电动汽车对电池管理系统的技术要求包括状态参数检测精度、SOC 估计、电池故障诊断、绝缘性能、电气适应性能、环境适应性能和电磁兼容性能。

#### 1. 状态参数检测精度

电池管理系统的状态参数检测精度包括总电压检测精度、总电流检测精度、单体蓄电池(电芯组)电压检测精度、温度检测精度和绝缘电阻检测精度。

(1) 总电压检测精度。总电压检测精度应满足 ±1%FS (full-scale,满量程)。

(2) 总电流检测精度。锂离子蓄电池的总电流检测精度应满足 ±2%FS;镍氢蓄电池的总电流检测精度应满足 ±3%FS。

(3) 单体蓄电池(电芯组)电压检测精度。锂离子蓄电池的单体蓄电池(电芯组)电压检测精度应满足 ±0.5%FS,并且最大误差的绝对值应不大于 10mV;镍氢蓄电池的单体蓄电池(电芯组)电压或者模块电压检测精度应满足 ±1%FS。

(4) 温度检测精度。对于锂离子蓄电池,在 −20~65℃ 下的温度检测精度应满足 ±2℃,在 −40℃~−20℃ 及 65~125℃ (或电池管理系统标定的最高测量温度) 下的温度检测精度应满足 ±3℃;对于镍氢蓄电池,在 −20~65℃ 下的温度检测精度应满足 ±3℃,在

−40～−20℃及65～125℃（或电池管理系统标定的最高测量温度）下的温度检测精度应满足±5℃。

（5）绝缘电阻检测精度。具有绝缘电阻检测功能的电池管理系统，蓄电池总电压大于或等于400V，绝缘电阻检测相对误差应为−20%～+20%；蓄电池总电压小于400V，绝缘电阻检测相对误差应为−30%～+30%。绝缘电阻小于或等于50kΩ，检测精度应满足±10kΩ。

### 2. SOC估计

对于纯电动汽车和插电式混合动力电动汽车，电池管理系统SOC估计的累积误差应不大于5%；对于不可外接充电的混合动力电动汽车，锂离子蓄电池SOC估计的累积误差应不大于15%，镍氢蓄电池SOC估计的累积误差应不大于20%。

### 3. 电池故障诊断

电池管理系统对蓄电池进行故障诊断的基本项目见表3-1。根据整车功能设计和蓄电池的具体需要，电池管理系统的具体诊断内容可以不限于表3-1所列项目。电压、电流、温度的设定值由整车厂和蓄电池制造商确定，并且不应超过蓄电池制造商规定的最大工作限值；蓄电池制造商可以自行规定故障诊断项目的具体名称、故障等级划分及相关故障条件的设定值。

表3-1 电池管理系统对蓄电池进行故障诊断的基本项目

| 序　号 | 故障状态 | 故障诊断的基本项目 |
|---|---|---|
| 1 | 蓄电池温度大于温度设定值 | 蓄电池温度高 |
| 2 | 单体蓄电池（电芯组）电压大于电压设定值1 | 单体蓄电池（电芯组）电压高 |
| 3 | 单体蓄电池（电芯组）电压小于电压设定值2 | 单体蓄电池（电芯组）电压低 |
| 4 | 单体蓄电池（电芯组）一致性偏差大于设定值 | 单体蓄电池（电芯组）一致性偏差大 |
| 5 | 充电电流（功率）大于最大充电电流（功率） | 充电电流（功率）大 |
| 6 | 放电电流（功率）大于最大放电电流（功率） | 放电电流（功率）大 |

电池管理系统对蓄电池进行故障诊断的可扩展项目见表3-2。根据整车功能设计和蓄电池的具体需要，电池管理系统的具体诊断项目可以不限于表3-2所列项目。

表3-2 电池管理系统对蓄电池进行故障诊断的可扩展项目

| 序　号 | 故障状态 | 故障诊断的可扩展项目 |
|---|---|---|
| 1 | 绝缘电阻小于绝缘电阻设定值 | 绝缘薄弱 |
| 2 | 蓄电池温度小于温度设定值2 | 蓄电池温度低 |
| 3 | SOC值大于SOC设定值1 | SOC值高 |
| 4 | SOC值小于SOC设定值2 | SOC值低 |
| 5 | SOC值不连续变化 | SOC跳变 |
| 6 | 总电压小于总电压设定值1（与放电电流、温度等参数有关） | 总电压低 |

续表

| 序　号 | 故障状态 | 故障诊断的可扩展项目 |
| --- | --- | --- |
| 7 | 总电压大于总电压设定值2（与充电电流、温度等参数有关） | 总电压高 |
| 8 | 外部通信异常 | 外部通信故障 |
| 9 | 内部通信异常 | 内部通信故障 |
| 10 | 蓄电池内部温差大于温差设定值 | 蓄电池温差大 |
| 11 | 高压回路异常 | 高压互锁故障 |

**4. 绝缘性能**

绝缘性能包括绝缘电阻和耐电压。

（1）绝缘电阻。对电池管理系统进行绝缘电阻试验，当电池管理系统不工作时，与动力蓄电池连接的带电部件及供电电源的端子之间的绝缘电阻不小于 $10M\Omega$；当电池管理系统工作时，与动力蓄电池连接的带电部件及供电电源的端子之间的绝缘电阻应满足以下要求：在动力蓄电池最大工作电压下，直流电路绝缘电阻应不小于 $100\Omega/V$，交流电路绝缘电阻应不小于 $500\Omega/V$。

（2）耐电压。对电池管理系统进行耐电压试验，漏电流限值由整车厂和蓄电池制造商协商确定。在试验过程中，不应出现击穿、闪络等破坏性放电现象。

**5. 电气适应性能**

电气适应性能包括直流供电电压、过电压、叠加交流电压、供电电压缓降和缓升、供电电压瞬态变化、反向电压和短路保护。

（1）直流供电电压。按相关标准对电池管理系统进行直流供电电压试验，功能状态应达到 A 级，即试验中和试验后，装置/系统的基本功能满足设计要求。

（2）过电压。按相关标准对电池管理系统进行过电压试验，功能状态应达到 C 级，即试验中，装置/系统的一个或多个功能不满足设计要求，但试验后自动恢复。

（3）叠加交流电压。按相关标准对电池管理系统进行叠加交流电压试验，标称电压为 12V 的系统测试严酷等级为 2，标称电压为 24V 的系统测试严酷等级为 3，功能状态应达到 A 级。

（4）供电电压缓降和缓升。按相关标准对电池管理系统进行供电电压缓降和缓升试验，在供电电压范围内，功能状态应达到 A 级；在供电电压范围外，功能状态至少应达到 C 级。

（5）供电电压瞬态变化。按相关标准对电池管理系统进行供电电压瞬态变化试验，功能状态应达到 C 级。

（6）反向电压。按相关标准对电池管理系统进行反向电压试验，功能状态应达到 C 级。

（7）短路保护。按相关标准对电池管理系统进行短路保护试验，功能状态应达到 C 级。

**6. 环境适应性能**

环境适应性能包括正弦振动、随机振动、机械冲击、低温性能、高温性能、温度梯度、温度循环、耐盐雾和湿热循环。

（1）正弦振动。电池管理系统应能经受相关标准规定的正弦振动试验，试验后应能正常工作，且满足状态参数测量精度的要求，通过目检不应有零部件脱落。

（2）随机振动。电池管理系统应能经受相关标准规定的随机振动试验，试验后应能正常工作，且满足状态参数测量精度的要求，通过目检不应有零部件脱落。

（3）机械冲击。电池管理系统应能经受相关标准规定的机械冲击试验，试验后应能正常工作，且满足状态参数测量精度的要求，通过目检不应有零部件脱落。

（4）低温性能。按相关标准对电池管理系统进行低温储存试验，功能状态应达到 C 级；按相关标准对电池管理系统进行低温运行试验，功能状态应达到 A 级。

（5）高温性能。按相关标准对电池管理系统进行高温储存试验，功能状态应达到 C 级；按相关标准对电池管理系统进行高温运行试验，功能状态应达到 A 级。

（6）温度梯度。按相关标准对电池管理系统进行温度梯度试验，首先以 5℃ 温度梯度从 20℃ 降到 -20℃，然后以 5℃ 温度梯度从 -20℃ 升到 65℃，在 -20~65℃ 每个温度点，功能状态都应达到 A 级。

（7）温度循环。按相关标准对电池管理系统进行规定变化率的温度循环试验，功能状态应达到 A 级。

（8）耐盐雾。按相关标准对电池管理系统进行耐盐雾试验，不得有盐水进入壳体，功能状态应达到 A 级。

（9）湿热循环。按相关标准对电池管理系统进行湿热循环试验，功能状态应达到 A 级。

### 7. 电磁兼容性能

电磁兼容性能包括传导骚扰、辐射骚扰、电源线瞬态传导抗扰度、信号线/控制线瞬态传导抗扰度、电快速瞬态脉冲群抗扰度、辐射抗扰度和静电放电。

（1）传导骚扰。按相关标准对电池管理系统进行传导骚扰试验，如整车厂和蓄电池制造商无特殊规定，传导骚扰限值应符合 GB/T 18655—2018《车辆、船和内燃机 无线电骚扰特性 用于保护车载接收机的限值和测量方法》规定的等级 3 要求。

（2）辐射骚扰。按相关标准对电池管理系统进行辐射骚扰试验，如整车厂和蓄电池制造商无特殊规定，辐射骚扰限值应符合 GB/T 18655—2018《车辆、船和内燃机 无线电骚扰特性 用于保护车载接收机的限值和测量方法》规定的等级 3 要求。

（3）电源线瞬态传导抗扰度。按相关标准对电池管理系统进行电源线瞬态传导抗扰度试验，如整车厂和蓄电池制造商无特殊规定，试验结果功能状态应符合表 3-3 的要求。B 级是指试验中装置/系统基本功能能满足设计要求，但允许有一个或多个超出规定允差，试验后基本功能应自动恢复到规定限值；存储器功能应达到 A 级。

表 3-3 电池管理系统电源线瞬态传导抗扰度性能要求

| 试验脉冲 | 1 | 2a | 2b | 3a | 3b | 4 |
| --- | --- | --- | --- | --- | --- | --- |
| 功能状态 | C | B | C | A | A | B |

（4）信号线/控制线瞬态传导抗扰度。按相关标准对电池管理系统进行信号线/控制线瞬态传导抗扰度试验，试验严酷等级为Ⅲ级。

（5）电快速瞬态脉冲群抗扰度。按相关标准对电池管理系统进行电快速瞬态脉冲群抗扰度试验，试验严酷等级为Ⅲ级，脉冲重复频率为5kHz。

（6）辐射抗扰度。按相关标准对电池管理系统进行辐射抗扰度试验，测试频率为400MHz～2GHz，测试场强等级为30V/m；按相关标准对电源线及与外部连接的信号线进行大电流注入试验，测试频率为1～400MHz，注入电流等级为60mA；按相关标准进行磁场抗扰度试验，测试频率为15Hz～150kHz，试验严酷等级为Ⅲ级。

（7）静电放电。按相关标准对电池管理系统进行静电放电试验，静电放电电压试验等级见表3-4。

表3-4 静电放电电压试验等级

| 放电模式 | 直接接触放电 | 空气放电 |
|---|---|---|
| 放电电压（不通电）/kV | ±6 | ±15 |
| 放电电压（通电）/kV | ±7 | ±14 |

## 3.3 电池管理系统的参数检测

电池管理系统的参数检测包括电压检测、电流检测和温度检测。

### 3.3.1 电压检测

电压检测方式有单体蓄电池A/D转换器方式、共模检测方式、差模检测方式和专用芯片检测方式。

1. 单体蓄电池A/D转换器方式

单体蓄电池A/D转换器方式就是为每个单体蓄电池都配置一个前端芯片，对单体蓄电池的电压进行A/D转换，并把转换后的数据信息通过总线发送给主芯片，如图3.9所示。这种方式存在如下两个缺点：一是为每个单体蓄电池都配置专用电路板的成本高；二是检测过于分散，难以保证数据的同步性。

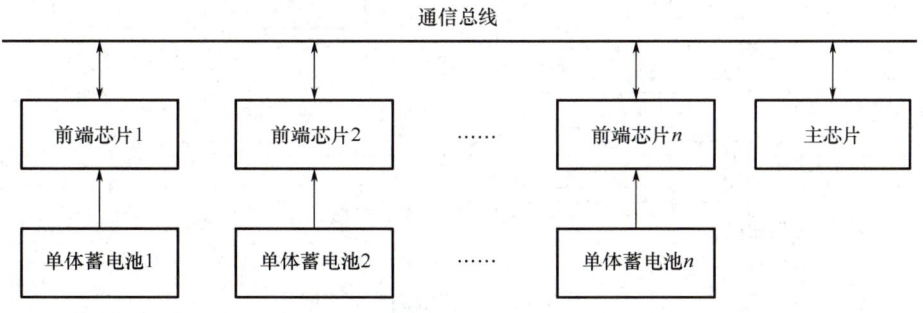

图3.9 单体蓄电池A/D转换器方式

## 2. 共模检测方式

共模检测方式的原理是相对同一参考点,利用精密电阻分压衰减测量各点电压并依次相减,得到各单体蓄电池电压。由于随着串联的单体蓄电池的增加,共模电压成倍增大,因此这种方式常应用在单体蓄电池不多的场合。为保证分压后的采样值均为 0~3V,需要为不同的分压回路选择不同的电阻值。共模检测方式如图 3.10 所示,图中有四个被检测的单体蓄电池,$R_1 \sim R_8$ 为不同电阻值的电阻,$AD_1 \sim AD_4$ 为四个 A/D 转换器。

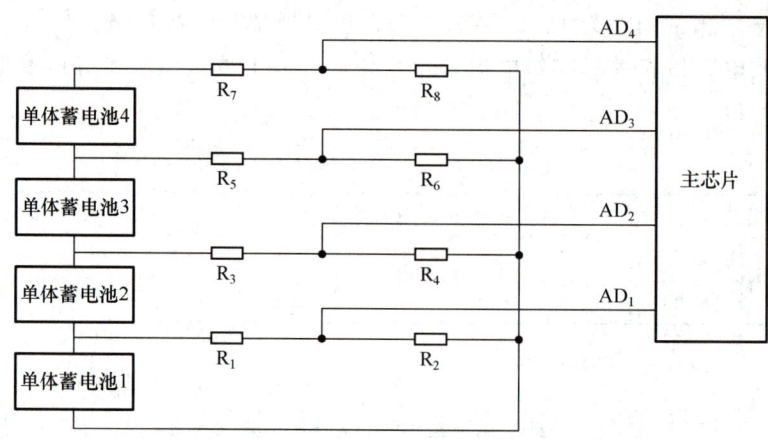

图 3.10　共模检测方式

共模检测方式实现起来成本较低,并且同步性可控;但测量精度较低,而且由于分压回路的电阻值不一致,因此每个单体蓄电池的电压检测精度不一致。同时,分压回路在不同程度上不断消耗动力蓄电池的电量,将在一定程度上导致单体蓄电池的不均衡。

## 3. 差模检测方式

差模检测方式的原理是采用电子元件或电气元件消除蓄电池两端的共模电压,完成对蓄电池电压的采样。选用差模检测方式,当串联的单体蓄电池增加时,误差不会积累,测量精度比较高。常用的差模检测方式是基于继电器及共享 A/D 转换器芯片的轮流检测方式,如图 3.11 所示。图中 $B_1$、$B_2$、$\cdots B_{N-1}$、$B_N$ 为被检测的单体蓄电池,为每个单体蓄

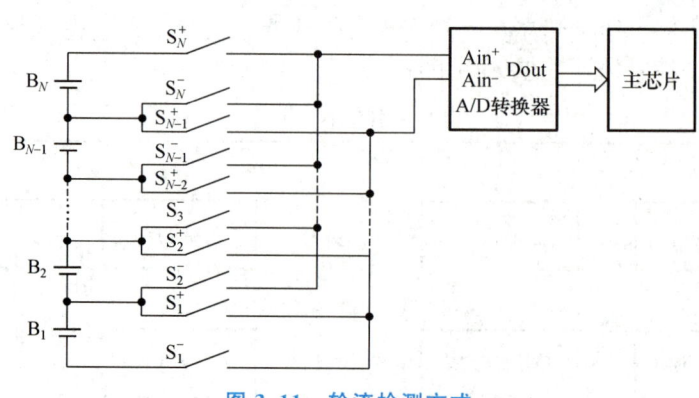

图 3.11　轮流检测方式

电池配备两个光继电器,分别连接到 A/D 转换器的两端,每个光继电器的闭合都由单片机控制。在一次电压检测周期内,单片机依次控制每个继电器的闭合,从而使动力蓄电池的电压依次通过 A/D 转换器并转换为数字信号,再传输给主芯片进行处理。

差模检测方式成本更加合理,精度较高,而且不会造成动力蓄电池的额外消耗和不一致;但需要使用大量光继电器,体积大,需要改进。

#### 4. 专用芯片检测方式

电压检测方式都是将采样得到的单体蓄电池或蓄电池模块的电压送到 A/D 转换器转换进行测量的,其测量精度和速度受 A/D 转换器芯片、采样电路的精度和速度的限制,因此,许多大型半导体器件生产企业面向电动汽车电池管理系统开发专用芯片,用于检测蓄电池的电压、电流、温度、电量等。

专用芯片检测方式省去了大量光继电器,可以减小电路板的体积;但检测成本和精度完全取决于专用芯片的能力。

### 3.3.2 电流检测

由于串联电路中各处的电流均相等,因此没有必要像测量电压一样测量串联蓄电池组中每个单体蓄电池的电流,只需测量串联后的总电流即可。

电流检测方式主要有基于串联电阻的电流检测和基于霍尔传感器的电流检测。

#### 1. 基于串联电阻的电流检测

电压是较直接的被测量,由于一般 A/D 转换器芯片都是针对电压信号的,因此电流检测时常把电流信号转换为电压信号,其中一种转换方法是在电动汽车的主回路中串联一个分流器 r,如图 3.12 所示。分流器就是一个阻值很小的电阻,其精度较高且温度漂移小,当电流流过分流器时,可以通过测量其两端的压降计算出电流。

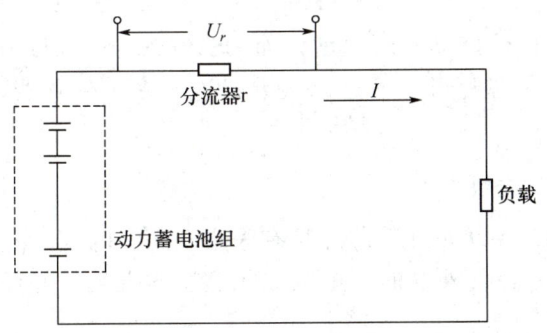

图 3.12 基于串联电阻的电流检测

分流器的优点是响应快,精度和线性度高,即使是小电流采集也能确保精度,可以与总电压有较强的同步性;缺点是不隔离,对接口电路设计要求高,需要标定校准及考虑大电流温升带来的影响。

#### 2. 基于霍尔传感器的电流检测

基于霍尔传感器的电流检测采用的是霍尔电流传感器。霍尔电流传感器是利用霍尔效应检测电流的一种电子元件,可以测量各种电流,从直流电到几万赫兹的交流电。霍尔电流传感器是利用电磁感应原理测量电流信号的,通过电磁感应得到的电压信号通常较小(只有几毫伏),而一般 A/D 转换器对输入端电压信号的要求是几伏,因此需要增加放大电路。为了方便用户使用及提高抗干扰能力,一般将放大电路嵌入霍尔电流传感器,使得霍尔电流传感器输出的信号直接可用。

需要根据电动汽车的实际工况选择霍尔电流传感器的量程。例如,某电动汽车的电流检测范围为 $-400 \sim 400A$,而 A/D 转换器芯片的输入范围为 $0 \sim 4V$,当选择霍尔电流传感器进行电流检测电路设计时,尽可能使最大工作电流对应最大输出电压,即当电流为 400A 时,输出电压为 4V,当电流为 $-400A$ 时,输出电压为 0V,此时电流检测的分辨率最高。

霍尔电流传感器的优点是器件本身隔离,结构紧凑,体积小,功率损耗小,接口电路简单,无须校准;缺点是响应慢,精度和线性度低,小电流范围内会受零点漂移影响。

### 3.3.3 温度检测

在电池管理系统中,除了针对蓄电池本身进行温度检测,还应对环境温度、蓄电池箱的温度进行检测,这对电池剩余容量评估、安全防护等有非常重要的意义。

温度检测的主要方式有热敏电阻检测、温度传感器检测和专用一体化芯片检测。

#### 1. 热敏电阻检测

热敏电阻检测是常用温度采集方式,热敏电阻的电阻值随着温度几乎呈线性变化,如果把它与另一个已知阻值的电阻串联,就可以通过检测两个电阻之间的电压差来判断温度。

#### 2. 温度传感器检测

可以采用专用的温度传感器检测温度,如 DS18B20 数字温度传感器是一种常用的芯片级温度传感器,一个主芯片可以通过总线方式连接多个传感器,从而节省主芯片的引脚,并降低连线的复杂度。

#### 3. 专用一体化芯片检测

某些专门为电池管理系统设计的芯片具有采集电压、电流、温度的功能,如 MAXIM 公司的 DS2782 专用芯片,其外壁的某个区域能够感知温度,并保存到芯片的寄存器中,待上位机主芯片读取。

## 3.4 动力蓄电池的模型

为了研究动力蓄电池的特性及 SOC 估计算法,需要经常建立蓄电池模型。常用的蓄电池模型可以分为两大类:电化学模型和等效电路模型。

### 3.4.1 电化学模型

蓄电池的电化学模型是根据蓄电池的电化学过程建立的一系列表示蓄电池特性的电化学方程。电化学模型主要由传质、导电和电化学反应三个过程构成。从复杂程度上分,电化学模型有单粒子电化学模型、准二维电化学模型、二维电化学模型、三维电化学模型。常用的是准二维电化学模型,通过该模型可以达到蓄电池设计、充放电性能和蓄电池内阻(极化)分析等目的。

准二维电化学模型描述的是蓄电池内部两相三区域的反应过程,其中,两相为固相和液相,三区域为正极、负极、隔膜。准二维电化学模型是根据锂离子蓄电池微观上负极-隔膜-正极的结构构建的电化学模型,如图 3.13 所示。正、负极分别由固相和液相混合而成,固相为电极活性材料,液相为电解液。隔膜由带有微观通道的聚合物固相和液相电解质组成,液相电解质具有传输锂离子的作用。正、负极集流体为导电金属材质,通常正极集流体为铝,负极集流体为铜。由于正、负极集流体的电导率远高于蓄电池电极材料,不参与电化学反应过程,因此不作为电化学反应的边界条件。

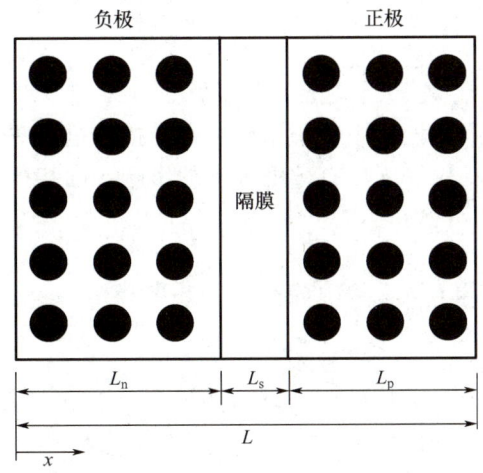

图 3.13 准二维电化学模型

为建立锂离子蓄电池的准二维电化学模型,应作以下假设。

(1) 仅考虑蓄电池内部的固相和液相,不考虑气相。

(2) 电极固相微观结构简化为多个半径相等的均匀球状粒子。

(3) 锂离子固相的扩散系数与锂离子浓度无关。

(4) 液相中的离子传输符合溶液理论,并且仅考虑扩散和迁移过程,不考虑对流和双层电容效应。

(5) 离子的传输仅考虑蓄电池厚度方向,即负极—隔膜—正极方向,不考虑离子沿电极长度和宽度方向的传输。

(6) 集流体的电导率远高于蓄电池电极材料。

(7) 不考虑 SEI 膜对蓄电池性能的影响及其他副反应。

标准的准二维电化学模型包括固相扩散方程、液相扩散方程、固相电势方程、液相电势方程、巴特勒-福尔默方程和蓄电池的端电压。

### 1. 固相扩散方程

离子传输过程满足质量守恒、电荷守恒和电化学动力学平衡三个守恒条件，采用极坐标系的菲克第二定律描述电极固相锂离子的扩散行为，其固相扩散方程为

$$\frac{\partial c_s}{\partial t} = \frac{D_s}{r^2} \frac{\partial}{\partial r}\left(r^2 \frac{\partial c_s}{\partial r}\right) \tag{3-1}$$

式中，$c_s$ 为多孔电极的固相锂离子浓度；$t$ 为时间；$D_s$ 为多孔电极的固相锂离子扩散系数；$r$ 为多孔电极活性颗粒的有效半径。

### 2. 液相扩散方程

在电极和隔膜的液相中，应用溶液理论描述锂离子的扩散过程，其液相扩散方程为

$$\varepsilon_e \frac{\partial c_e}{\partial t} = D_e^{\text{eff}} \frac{\partial^2 c_e}{\partial x^2} + \frac{1-t_+^0}{F} j^{\text{Li}} \tag{3-2}$$

式中，$\varepsilon_e$ 为多孔电极的液相体积分数；$c_e$ 为多孔电极的液相（电解液）浓度；$D_e^{\text{eff}}$ 为多孔电极的液相锂离子扩散系数；$t_+^0$ 为锂离子迁移数量；$F$ 为法拉第常数；$j^{\text{Li}}$ 为锂离子蓄电池的局部体积转移电流密度。

### 3. 固相电势方程

在电极固相、液相和隔膜液相中，采用欧姆定律描述电荷平衡。在电极固相中，电流密度与电势梯度有关，并且仅受固相有效电导率的影响。固相电势方程为

$$\sigma^{\text{eff}} \frac{\partial^2 \phi_s}{\partial x^2} = j^{\text{Li}} \tag{3-3}$$

式中，$\sigma^{\text{eff}}$ 为固相有效电导率；$\phi_s$ 为多孔电极的固相电势。

### 4. 液相电势方程

液相电势平衡不仅受锂离子扩散和迁移行为的影响，而且受电源或负载电流的影响。液相电势方程为

$$k^{\text{eff}} \frac{\partial^2 \phi_e}{\partial x^2} + \frac{k_d^{\text{eff}}}{c_{e,0}} \frac{\partial^2 c_e}{\partial x^2} + j^{\text{Li}} = 0 \tag{3-4}$$

式中，$k^{\text{eff}}$ 为电解液的有效电导率；$\phi_e$ 为多孔电极的液相电势；$k_d^{\text{eff}}$ 为锂离子的有效扩散传导系数；$c_{e,0}$ 为液相锂离子初始浓度。

锂离子有效扩散传导系数为

$$k_d^{\text{eff}} = \frac{2RTk^{\text{eff}}}{F}(t_+^0 - 1)\left(1 + \frac{\text{dln}f_\pm}{\text{dln}c_e}\right) \tag{3-5}$$

式中，$R$ 为普适气体常数；$T$ 为温度；$f_\pm$ 为液相平均活度系数。

### 5. 巴特勒-福尔默方程

在固相活性粒子表面与电解液溶液的临界面发生电化学反应，采用巴特勒-福尔默方程描述电化学过程，锂离子蓄电池的局部体积转移电流密度为

$$j^{\text{Li}} = a_s i_0 \left[\exp\left(\frac{\alpha_a F \eta}{RT}\right) - \exp\left(-\frac{\alpha_c F \eta}{RT}\right)\right] \tag{3-6}$$

式中，$a_s$ 为多孔电极球形粒子的比表面积；$i_0$ 为多孔电极的交换电流密度；$\alpha_a$ 为电极氧化反应的电荷传递系数；$\alpha_c$ 为电极还原反应的电荷传递系数；$\eta$ 为电极过电势。

电极过电势等于电极固相电势、电极液相电势、电极平衡电势与 SEI 膜电压降之差，即

$$\eta = \phi_s - \phi_e - U - \frac{R_{SEI}}{a_s} j^{Li} \qquad (3-7)$$

式中，$U$ 为电极平衡电势；$R_{SEI}$ 为 SEI 膜电阻。

多孔电极的交换电流密度取决于固体颗粒表面的锂离子浓度和电解质浓度，即

$$i_0 = k c_e^\alpha (c_{s,max} - c_{s,e})^{\alpha_a} c_{s,e}^{\alpha_c} \qquad (3-8)$$

式中，$k$ 为电极反应常数；$c_{s,max}$ 为固体颗粒表面的锂离子最大浓度；$c_{s,e}$ 为固体颗粒表面的锂离子浓度。

#### 6. 蓄电池的端电压

蓄电池的端电压等于正极集流体处的正极固相电势与负极集流体处的负极固相电势之差，即

$$U(t) = \phi_s(L,t) - \phi_s(0,t) \qquad (3-9)$$

式中，$U(t)$ 为蓄电池的端电压；$\phi_s(L,t)$ 为正极集流体处的正极固相电势；$\phi_s(0,t)$ 为负极集流体处的负极固相电势。

电化学模型通常从蓄电池内部微观层面考虑蓄电池的各种特性和反应机理，具有物理意义明确的优点，能够从电化学的角度很好地描述蓄电池的特性。但是，电化学模型的缺点也十分明显，由于其由很多偏微分方程组成，因此很难求出解析解，模型复杂度高，通常需要采用简化和划定边界条件的方法，而且电化学模型中的模型参数较多，不易测量和辨识，一些参数只能采用经验值，影响了电化学模型的准确性。因此，电化学模型不适用于开发电池管理系统，一般适用于蓄电池产品的研发与改进。

### 3.4.2 等效电路模型

等效电路模型采用等效电源、电阻和电容等部件等效地模拟蓄电池的动态特性。等效电路模型的优点是结构简单，容易写出描述蓄电池特性的状态空间方程，并且模型参数容易通过实验测试获得，利于基于等效电路模型设计蓄电池状态估计算法。但等效电路模型的缺点也很明显，其主要拟合了蓄电池的动态特性，而不关心蓄电池内部的电化学反应。研究表明，虽然等效电路模型结构简单，但是其具有很高的精度，可以满足蓄电池状态估计算法对蓄电池模型的精度要求。所以，大部分蓄电池状态估计算法采用等效电路模型。

蓄电池等效电路模型有 Rint 模型、Thevenin 模型、PNGV 模型、二阶等效电路模型等。

#### 1. Rint 模型

Rint 模型是较简单的等效电路模型，仅由蓄电池的开路电压 $U_{oc}$、电阻 $R$ 和端电压 $U_b$ 组成，如图 3.14 所示。该模型简

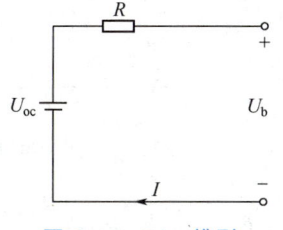

图 3.14 Rint 模型

单、易懂，在蓄电池充满电的状态下，可通过开路电压和电流计算出电阻 $R$。由于该模型没有考虑蓄电池的极化特性，忽略了很多因素（如电池 SOC 值、温度等）的影响，因此精度较低。

Rint 模型的开路电压

$$U_{oc} = U_b + RI \tag{3-10}$$

### 2. Thevenin 模型

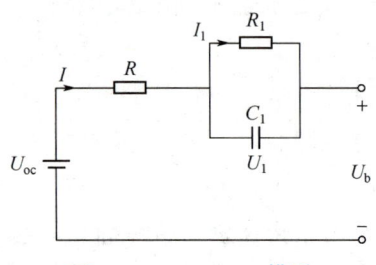

图 3.15　Thevenin 模型

Thevenin 模型是在 Rint 模型的基础上加入一阶 RC 网络描述电池的极化特性，如图 3.15 所示。若温度一定，则蓄电池的开路电压 $U_{oc}$ 与电池 SOC 值有固定的映射关系；$R_1$（极化内阻）与 $C_1$（极化电容）组成一阶 RC 网络描述蓄电池的极化效应。该模型可近似表示蓄电池在有无负载时端电压的变化情况，在恒流充放电的情况下精度较高。但由于该模型中的参数受蓄电池 SOC 值、充放电速率及循环寿命等的影响，不是恒定值，因此精度有待提高。

Thevenin 模型的状态方程式为

$$\dot{U}_1 = -\frac{U_1}{R_1 C_1} + \frac{I}{C_1}$$
$$U_0 = U_{oc} - RI - U_1 \tag{3-11}$$

Thevenin 模型的开路电压

$$U_{oc} = U_b + R_1 I_1 + RI$$
$$\frac{\mathrm{d}I_1}{\mathrm{d}t} = \frac{I - I_1}{\tau}$$
$$\tau = R_1 C_1 \tag{3-12}$$

式中，$\tau$ 为极化时间常数。

### 3. PNGV 模型

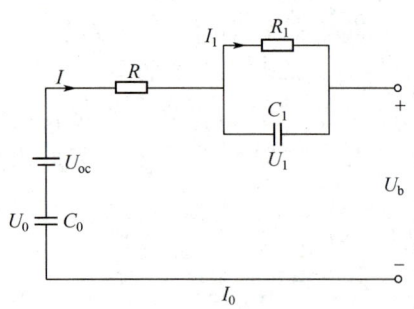

图 3.16　PNGV 模型

PNGV 模型是《FreedomCAR 功率辅助型电池试验手册》中提出的标准电池性能模型，如图 3.16 所示。PNGV 模型在 Thevenin 模型的基础上加入一个电容 $C_0$，$C_0$ 是由开路电压随负载电流的时间累积产生变化的量。由于 PNGV 模型加入了电容 $C_0$，其两端的电压由长时间对电流进行积分导致模型的误差越来越大，但在交变电流的情况下，可大致抵消累积误差，因此较适用于纯电动汽车。PNGV 模型和 Thevenin 模型均为一阶 RC 网络，由于蓄电池内部的化学反应过程复杂，因此很难只用一阶 RC 网络进行精确的描述。

PNGV 模型的状态方程为

$$\dot{U}_0 = \frac{I}{C_0}$$

$$\dot{U}_1 = -\frac{U_1}{R_1 C_1} + \frac{I_1}{C_1}$$

$$U_b = U_{oc} - RI - U_0 - U_1 \tag{3-13}$$

#### 4. 二阶等效电路模型

二阶等效电路模型在 Thevenin 模型的基础上加入二阶 RC 网络，能更准确地描述蓄电池的极化特性。二阶等效电路模型如图 3.17 所示，其中，$U_{oc}$ 为蓄电池的开路电压，在一定温度下与电池 SOC 值有固定的映射关系；$R_0$ 为蓄电池的欧姆内阻；$R_1$ 和 $R_2$ 为蓄电池的极化内阻；$C_1$ 和 $C_2$ 为蓄电池的极化电容；$U_b$ 为蓄电池的端电压；$I$ 为等效电路的电流；$U_1$ 和 $U_2$ 分别为两个 RC 网络两端的电压；$R_1$ 和 $C_1$ 组成的回路时间常数较大，用来描述电流突变时端电压缓慢变化的阶段；$R_2$ 和 $C_2$ 组成的回路时间常数较小，用来描述电流突变时端电压较快变化的阶段。

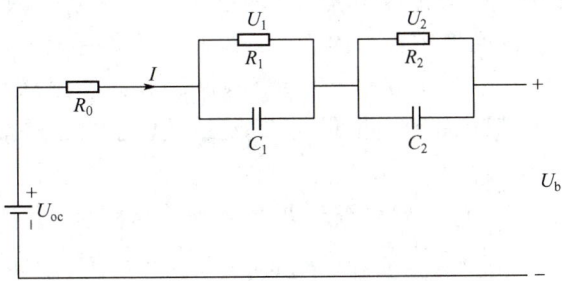

图 3.17 二阶等效电路模型

根据二阶等效电路模型，由基尔霍夫电压定律得

$$U_{oc} - U_b = IR_0 + U_1 + U_2 \tag{3-14}$$

$$SOC = SOC_0 - \frac{1}{C_n} \int_{t_0}^{t_1} I \, dt$$

$$\dot{U}_1 = -\frac{U_1}{C_1 R_1} + \frac{I}{C_1} \tag{3-15}$$

$$\dot{U}_2 = -\frac{U_2}{C_2 R_2} + \frac{I}{C_2}$$

式中，$SOC_0$ 为 $t_0$ 时刻的电池 SOC 值；SOC 为 $t_1$ 时刻的电池 SOC 值；$c_n$ 为蓄电池的额定容量；$I$ 为蓄电池当前放电电流。

为计算方便，改写状态方程为

$$\begin{bmatrix} SOC \\ \dot{U}_1 \\ \dot{U}_2 \end{bmatrix} = \begin{bmatrix} 1 & 0 & 0 \\ 0 & -\frac{1}{R_1 C_1} & 0 \\ 0 & 0 & -\frac{1}{R_2 C_2} \end{bmatrix} \begin{bmatrix} SOC_0 \\ U_1 \\ U_2 \end{bmatrix} + \begin{bmatrix} -\frac{\eta T}{C_n} \\ \frac{1}{C_1} \\ \frac{1}{C_2} \end{bmatrix} I \tag{3-16}$$

式中，$\eta$ 为库仑效率，在充电状态下，$\eta=1$，在放电状态下，$\eta<1$；$T$ 为采样时间。

建立蓄电池等效仿真模型，输入参数 $R_0$、$R_1$、$R_1$、$C_1$、$C_2$、$C_n$、$SOC_0$，为该模型施加激励电流，可以得到蓄电池的工作电压 $U_b$，还需要对 $R_0$、$R_1$、$R_1$、$C_1$、$C_2$ 进行参数辨识。

### 3.4.3　参数辨识数学模型

蓄电池充放电时，内部的化学反应较复杂，此过程是时变且非线性的，很难通过理论分析得到蓄电池的参数。由于蓄电池具有时变性，随着电池 SOC 值、温度、SOH（电池健康状态）等的变化，模型参数也会不断变化，因此参数离线辨识的精度有限且工作量大。为了提高电池 SOC 估计的精度，提高估计模型的适应能力，有必要对模型参数进行在线辨识。

递推最小二乘法的原理是当被辨识的系统运行时，每得到一组新的数据，都将它们代入递推公式，修正前次估计的结果，得到新的估计值，即当前时刻的估计值＝上一时刻的估计值＋修正项。

在递推最小二乘法中，协方差矩阵 $\boldsymbol{P}_k$ 在递推过程中不断递减，修正能力越来越弱，递推后期可能出现"滤波饱和"现象，因为递推最小二乘算法对新、旧数据等同对待。为解决这个问题，引入一个遗忘因子 $\lambda$（$\lambda=0.95\sim0.99$），以增强新数据的影响，减弱旧数据的影响，这种方法称为遗忘因子递推最小二乘法。遗忘因子递推最小二乘法的递推公式为

$$K_k=\boldsymbol{P}_{k-1}\boldsymbol{\Psi}_k(\boldsymbol{\Psi}_k^{\mathrm{T}}\boldsymbol{P}_{k-1}\boldsymbol{\Psi}_k+\lambda)^{-1}$$
$$\hat{\theta}_k=\hat{\theta}_{k-1}+K_k(y_k-\boldsymbol{\Psi}_k^{\mathrm{T}}\hat{\theta}_{k-1})$$
$$\boldsymbol{P}_k=\frac{1}{\lambda}(\boldsymbol{I}-K_k\boldsymbol{\Psi}_k^{\mathrm{T}})\boldsymbol{P}_{k-1} \tag{3-17}$$

式中，$K_k$ 为第 $k$ 时刻的增益因子；$\hat{\theta}_k$、$\hat{\theta}_{k-1}$ 分别为第 $k$ 时刻、第 $k-1$ 时刻的状态估计值；$y_k$ 为第 $k$ 时刻的实际观测值；$\boldsymbol{\Psi}_k^{\mathrm{T}}\hat{\theta}_{k-1}$ 为第 $k$ 时刻对观测值的预测；$\boldsymbol{P}_k$、$\boldsymbol{P}_{k-1}$ 分别为第 $k$ 时刻、第 $k-1$ 时刻的协方差矩阵；$\lambda$ 为遗忘因子；$\boldsymbol{I}$ 为单位矩阵。

遗忘因子递推最小二乘法的递推过程如下。

(1) 初始化，设定初始状态估计值 $\hat{\theta}_0$、初始协方差矩阵 $\boldsymbol{P}_0$。

(2) 增益因子更新，根据式(3-17)中的第一个公式计算当前时刻的增益因子 $K_k$。

(3) 状态估计值更新，根据式(3-17)中的第 2 个公式计算当前时刻的状态估计值 $\hat{\theta}_k$。

(4) 协方差矩阵更新，根据式(3-17)中的第 3 个公式计算当前时刻的协方差矩阵 $\boldsymbol{P}_k$。

由于整个递推过程中不涉及矩阵的求逆运算，因此遗忘因子递推最小二乘法具有简单、实用、递推过程可靠的优点。

为了对电池 SOC 值进行估计，需要对图 3.17 所示二阶等效电路模型中的 $R_0$、$R_1$、$R_2$、$C_1$、$C_2$ 五个参数进行辨识。为了用遗忘因子递推最小二乘法对蓄电池等效电路模型

参数进行在线辨识,需要建立与图 3.17 所示二阶等效电路模型对应的最小二乘形式的数学模型。

对式(3-14)进行拉普拉斯变换,得

$$Y(s)=\left(\frac{R_1}{1+R_1C_1s}+\frac{R_2}{1+R_2C_2s}+R_0\right)I(s) \qquad (3-18)$$

式中,$Y(s)=U_{oc}(s)-U_b(s)$。

蓄电池开路电压与端电压的差对电流的传递函数为

$$G(s)=\frac{Y(s)}{I(s)}\left(\frac{R_1}{1+R_1C_1s}+\frac{R_2}{1+R_2C_2s}+R_0\right) \qquad (3-19)$$

令 $\tau_1=R_1C_1$,$\tau_2=R_2C_2$,得

$$G(s)=\frac{R_0s^2+\dfrac{R_0\tau_1+R_0\tau_2+R_1\tau_1+R_2\tau_2}{\tau_1\tau_2}s+\dfrac{R_0+R_1+R_2}{\tau_1\tau_2}}{s^2+\dfrac{\tau_1+\tau_2}{\tau_1\tau_2}s+\dfrac{1}{\tau_1\tau_2}} \qquad (3-20)$$

采用双线性变换进行离散化,即将 $s$ 域转换成 $z$ 域,令

$$s=\frac{2}{T}\times\frac{1-z^{-1}}{1+z^{-1}} \qquad (3-21)$$

式中,$T$ 为采样周期。

蓄电池开路电压与端电压的差对电流的传递函数的离散化形式为

$$G(z^{-1})=\frac{k_3+k_4z^{-1}+k_5z^{-2}}{1-k_1z^{-1}-k_2z^{-2}} \qquad (3-22)$$

式中,$k_1=\dfrac{8-2n_5}{4+2n_4+n_5}$;$k_2=\dfrac{2n_4-n_5-4}{4+2n_4+n_5}$;$k_3=\dfrac{4n_1+2n_2+n_3}{4+2n_4+n_5}$;$k_4=\dfrac{2n_3-8n_1}{4+2n_4+n_5}$;$k_5=\dfrac{4n_1-2n_2+n_3}{4+2n_4+n_5}$;$n_1=R_0$;$n_2=\dfrac{R_0\tau_1+R_0\tau_2+R_1\tau_2+R_2\tau_1}{\tau_1\tau_2}$;$n_3=\dfrac{R_0+R_1+R_2}{\tau_1\tau_2}$;$n_4=\dfrac{\tau_1+\tau_2}{\tau_1\tau_2}$;$n_5=\dfrac{1}{\tau_1\tau_2}$。

由式(3-22)得频域表达式离散化后的差分方程

$$y_k=k_1y_{k-1}+k_2y_{k-2}+k_3I_k+k_4I_{k-1}+k_5I_{k-2} \qquad (3-23)$$

令 $\boldsymbol{\theta}=[k_1,k_2,k_3,k_4,k_5]^T$,$\boldsymbol{\Psi}_k=[y_{k-1},y_{k-2},I_k,I_{k-1},I_{k-2}]^T$,并假设第 $k$ 时刻检测蓄电池的传感器的采样误差为 $e_k$,则最小二乘形式为 $y_k=\boldsymbol{\Psi}_k^T\boldsymbol{\theta}+e_k$,用遗忘因子递推最小二乘法的递推公式(3-17)得到 $k_1\sim k_5$。

将式(3-22)与由遗忘因子递推最小二乘法得到的 $k_1\sim k_5$ 结合,得

$$\begin{aligned} R_0&=\frac{k_3+k_5-k_4}{1+k_1-k_2} \\ a&=\tau_1\tau_2=\frac{1+k_1-k_2}{4(1-k_1-k_2)} \\ b&=\tau_1+\tau_2=\frac{1+k_1}{1-k_1-k_2} \\ c&=R_0+R_1+R_2=\frac{k_3+k_4+k_5}{1-k_1-k_2} \end{aligned} \qquad (3-24)$$

$$d = R_0\tau_1 + R_0\tau_2 + R_1\tau_2 + R_2\tau_1 = \frac{k_3 - k_5}{1 - k_1 - k_2}$$

由式（3-24）解得

$$\tau_1 = \frac{b + \sqrt{b^2 - 4a}}{2}$$

$$\tau_2 = \frac{b - \sqrt{b^2 - 4a}}{2}$$

$$R_1 = \frac{c\tau_1 + R_0\tau_2 - d}{\tau_1 - \tau_2} \tag{3-25}$$

$$R_2 = c - R_0 - R_1$$

$$C_1 = \frac{\tau_1}{R_1}$$

$$C_2 = \frac{\tau_2}{R_2}$$

最终得到五个参数：$R_0$、$R_1$、$R_2$、$C_1$、$C_2$。

综上所述，首先根据式（3-17）搭建遗忘因子递推最小二乘法递推仿真模型，得到 $k_1 \sim k_5$；其次搭建式（3-24）和式（3-25）的仿真模型，用得到的 $k_1 \sim k_5$ 计算出中间参数 $a$、$b$、$c$、$d$；最后得到五个参数：$R_0$、$R_1$、$R_2$、$C_1$、$C_2$。

## 3.5  动力蓄电池的 SOC 估计与 SOH 估计

整个蓄电池参数辨识仿真模型的输入是在电动汽车行驶状态下，从真实蓄电池中测量的端电压和电流，这两个参数都是蓄电池工作时容易实时观测的量。

当电池管理系统工作时，经常要进行动力蓄电池的 SOC 估计与 SOH 估计。

### 3.5.1  动力蓄电池的 SOC 估计

动力蓄电池的 SOC 值不是一个可以直接测量的值，而是需要运用设计的算法，通过电压、电流、温度等状态量的实时测量值间接估计。

**1. 动力蓄电池的 SOC 估计方法**

动力蓄电池的 SOC 估计方法有开路电压法、内阻法、安时积分法、负载电压法、卡尔曼滤波法、神经网络法、模糊推理法等。

（1）开路电压法。开路电压法是指在动力蓄电池既不充电又不放电的状态（工作电流为零的情况）下，通过测量蓄电池的开路电压估计动力蓄电池 SOC。

使用开路电压法一般基于以下三个条件：认为动力蓄电池 SOC 与蓄电池的电动势有对应关系，即给出 0～100% 的任一 SOC 值，都存在唯一电动势与之对应；在工作电流为零的情况下，开路电压与电动势相等；不考虑温度及蓄电池老化等因素，即认为在不同的温度条件下，不同老化程度的蓄电池具有相同的动力蓄电池 SOC-开路电压曲线。图 3.18 所示为动力蓄电池 SOC 值-开路电压曲线。

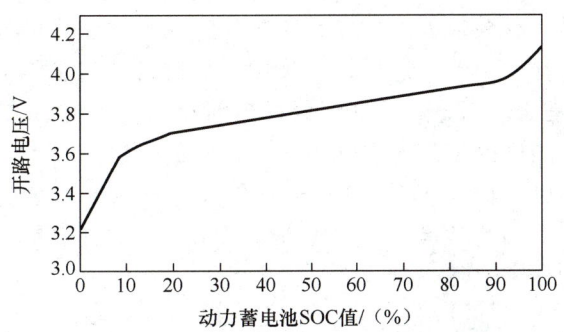

图 3.18　动力蓄电池 SOC 值-开路电压曲线

开路电压法对动力蓄电池 SOC 值的估计精度高，且简单易行，但是只能准确估计蓄电池静置 0.5～1.5h 后的动力蓄电池 SOC 值，一般不在电池管理系统中单独应用，而是用于补充其他算法。

（2）内阻法。蓄电池的内阻和剩余电量之间存在一定的数学关系，在充电过程中，随着蓄电池电量的增大，蓄电池内阻增大；在放电过程中，蓄电池内阻随着电量的减小而减小。通过观测蓄电池内阻值估计当前动力蓄电池 SOC 值的方法就是内阻法。虽然内阻法没有蓄电池只有静置一段时间后才能准确估计动力蓄电池 SOC 值的限制，但是蓄电池内部结构十分复杂，很难准确测量，所以内阻法的应用受到限制，比如，在一些外界工作环境复杂的情况下无法应用。

（3）安时积分法。安时积分法是指将电流对时间进行积分，对动力蓄电池容量的改变进行检测，继而估计动力蓄电池 SOC 值的方法。电流在时间上的积分实际上是充入或放出的电量，如果把动力蓄电池看作一个封闭的系统，只需累积计算进出动力蓄电池的电量，将计算结果与动力蓄电池满电状态电量进行比较，即可获得动力蓄电池的剩余电量。因为大部分外界条件都不会对安时积分法造成影响，所以其易实现。

（4）负载电压法。当动力蓄电池从静置状态转为放电状态时，测量的动力蓄电池端电压会变为负载电压。当动力蓄电池的放电电流恒定时，动力蓄电池 SOC 值与动力蓄电池负载电压之间的数学关系在很大程度上类似于动力蓄电池 SOC 值与动力蓄电池开路电压之间的数学关系。负载电压法的优点很多，如恒流放电时估计精度高，克服了开路电压法只能静置测量的缺点，可以实时估计动力蓄电池组的 SOC 值。但是由于电动汽车行驶时工况复杂，动力蓄电池不可能长期处于恒流放电的工况，因此，一般不会在电动汽车上把负载电压法作为主要算法，而是用其判断是否结束对动力蓄电池的充放电。

（5）卡尔曼滤波法。卡尔曼滤波法解决了一个古老的问题——从不准确的数据中得到准确的信息，更确切地说，就是当输入的数据不准确时，选取最好的数据作为输入系统的最新状态量来更新系统数据。这种方法非常适合应用于电动汽车，动力蓄电池 SOC 值受多种因素的影响，并且会随着用户驾驶模式的改变而不断发生变化。卡尔曼滤波法用于从数据流中去除噪声干扰，通过预测新的状态及其不确定性，采用新的测量值校准预测值实现 SOC 估计。理论上，卡尔曼滤波法能够在估计过程中保持非常高的精度，而且可以有效修正误差；但是需要进行大量运算和具备准确的动力蓄电池数学模型来确保 SOC 估计的精确性。

（6）神经网络法、模糊推理法。神经网络法和模糊推理法是人工智能领域发展而来的两种方法。神经网络是一种模拟人脑神经元系统的互联模式建模的计算机体系结构，它能模仿人脑信息处理、记忆和学习的过程，产生一个具有自动识别能力的系统。使用神经网络法进行 SOC 估计就是通过大量数据训练分析当前动力蓄电池 SOC 值。模糊推理法是从含糊、模棱两可或者不精确的信息中提炼出确切结论的方法，与神经网络法结合可以较准确地估计动力蓄电池 SOC 值。由于很多因素都会对蓄电池的剩余电量产生影响，导致对估计蓄电池剩余电量建立的数学模型非常庞大、复杂，因此神经网络法和模糊推理法越来越受到重视，已经成为研究热点。

#### 2. 安时-开路电压补偿法

安时-开路电压补偿法以安时积分法为主，以开路电压法为辅。因为安时积分法简单、稳定，不易受到蓄电池本身的影响，所以适用于大多数蓄电池，并且实时测量时可达到较高的精度，只需观测系统的外部特性，而不需要分析蓄电池内部复杂反应。开路电压法的优点是对蓄电池静置状态下的动力蓄电池 SOC 值估计非常精确，很好地弥补了安时积分法对估计初值要求高的缺点，因此安时-开路电压法是优于两者单独估计的一种方法，只要对影响安时积分法估计的各项因素提出补偿方法，就可以保证较高的估计精度。

（1）对动力蓄电池 SOC 初值的估计。动力蓄电池 SOC 初值估计的精度在很大程度上影响了实时动力蓄电池 SOC 值估计的准确程度，由于安时积分法无法消除初值误差，因此使用开路电压法估计动力蓄电池 SOC 初值。因为动力蓄电池两端电动势等于动力蓄电池的开路电压，所以每次电动汽车起动时都对动力蓄电池两端的电动势进行测量，通过实验得出的开路电压与蓄电池电量的数学关系式可估计出动力蓄电池 SOC 初值。因为电动汽车起动前动力蓄电池处于静置状态，所以通过这种方法估计出的动力蓄电池剩余电量的精度很高，有效解决了安时积分法无法准确估计动力蓄电池 SOC 初值的问题。

（2）对充放电倍率的补偿方法。1898 年，普克特找到了放电电量与放电电流之间的经验公式，如今已经推广使用，利用经验公式补偿蓄电池运行时电流剧烈波动导致的实际容量变化。普克特提出的经验公式为

$$I^n t = K \tag{3-26}$$

式中，$I$ 为放电电流；$n$ 为电池类型常数；$t$ 为放电时间；$K$ 为活性物质常数。

只要实验测出动力蓄电池在两种放电电流 $I_1$ 和 $I_2$ 的放电时间 $t_1$ 和 $t_2$，就可以用解联立方程的方法求出 $n$ 和 $K$ 的值。求解 $n$ 和 $K$ 的方程分别为

$$n = \frac{\lg t_2 - \lg t_1}{\lg I_1 - \lg I_2} \tag{3-27}$$

$$\lg K = n \lg I_1 + \lg t_1 \tag{3-28}$$

对式（3-26）两边进行变换，得到动力蓄电池容量

$$C_t = It = I^{1-n} K \tag{3-29}$$

式中，$C_t$ 为动力蓄电池容量。

设最佳放电电流为 $I_0$，以电流 $I$ 放电的动力蓄电池容量为 $C_I$，则

$$C_N = I_0^{1-n} K$$
$$C_I = I^{1-n} K \tag{3-30}$$

式中，$C_N$ 为以电流 $I_0$ 放电的动力蓄电池容量。

用式（3-30）中的 $C_I$ 除以 $C_N$，得到充放电倍率补充系数

$$\eta_1 = \frac{C_I}{C_N} = \left(\frac{I}{I_0}\right)^{1-n} \tag{3-31}$$

充放电倍率对动力蓄电池 SOC 值补偿的估计公式为

$$\text{SOC} = \text{SOC}_0 - \frac{1}{C_N}\int_{t_0}^{t_1} \eta_1 I \mathrm{d}t \tag{3-32}$$

式中，$\text{SOC}_0$ 为动力蓄电池 SOC 初值。

（3）对温度的补充方法。温度补偿系数的常用公式为

$$\eta_2 = 1 - 0.008|T_B - T| \tag{3-33}$$

式中，$\eta_2$ 为温度补偿系数；$T_B$ 为标准温度（20℃）；$T$ 为设定温度。

温度因素对动力蓄电池 SOC 值的补偿公式为

$$C_T = \eta_2 C_B \tag{3-34}$$

式中，$C_T$ 为温度 $T$ 时的动力蓄电池容量；$C_B$ 为 20℃ 时的动力蓄电池容量。

（4）对动力蓄电池老化的补偿方法。利用线性方法表述电池老化的过程，设动力蓄电池老化的容量修正系数为 $\eta_3$，则动力蓄电池老化对动力蓄电池 SOC 值的补偿公式为

$$C_2 = \eta_3 C_N \tag{3-35}$$

式中，$C_2$ 为循环充放电后动力蓄电池容量衰减的总容量。

考虑各种影响动力蓄电池 SOC 值估计精度的因素补偿后，安时-开路电压法估计的动力蓄电池 SOC 值为

$$\text{SOC} = \text{SOC}_0 - \frac{1}{C_N}\int_{t_0}^{t_1} \eta_1 \eta_2 \eta_3 I \mathrm{d}t \tag{3-36}$$

### 3. 卡尔曼滤波法

卡尔曼滤波理论是对动力传动系统的状态作出最小方差意义上的最优估计。整个算法由滤波递推计算和滤波增益递推计算两部分组成，应用于动力蓄电池 SOC 值估计时，蓄电池可看作动力传动系统，动力蓄电池 SOC 值可看作系统的一个内部状态，运用算法从数据流中去除噪声干扰，通过预测新的状态及其不确定性，用新的测量值校准预测值来估计动力蓄电池 SOC 值。带有卡尔曼滤波的动力蓄电池 SOC 预测模型的精度可以得到明显改善。

卡尔曼滤波法适用于各种蓄电池，与其他方法相比，尤其适用于电流波动比较剧烈的电动汽车动力蓄电池的 SOC 值估计，它不仅给出动力蓄电池 SOC 估计值，而且给出动力蓄电池 SOC 估计误差。由于该方法在估计过程中能保持很好的精度，并且对初始值的误差有很强的修正作用，因此使用起来更加方便。应用该方法进行动力蓄电池 SOC 值估计有以下优点。

（1）任何时刻均适用。

（2）有助于修正初始值。

（3）有助于解决传感器精度不足的问题。

（4）有助于消除电磁干扰的影响。

经典卡尔曼滤波器需要满足的线性模型为

$$\begin{aligned} x_k &= \boldsymbol{A} x_{k-1} + B u_{k-1} + \boldsymbol{\omega}_{k-1} \\ z_k &= \boldsymbol{H} x_k + \nu_k \end{aligned} \tag{3-37}$$

式中，$x_k$、$x_{k-1}$ 为第 $k$ 时刻、第 $k-1$ 时刻系统特征的状态变量；$A$ 为第 $k-1$ 时刻到第 $k$ 时刻的转移矩阵；$B$ 为第 $k-1$ 时刻到第 $k$ 时刻的增益矩阵；$u_{k-1}$ 为第 $k-1$ 时刻的激励变量；$\omega_{k-1}$ 为第 $k-1$ 时刻到第 $k$ 时刻的随机噪声向量；$z_k$ 为观测变量；$H$ 为状态向量对观测向量的增益；$v_k$ 为观测噪声向量。

式(3-37)中，第一个方程称为状态方程，第二个方程称为量测方程。可以看出，在经典卡尔曼滤波器中，状态变量、激励变量、观测变量之间的关系是线性的。由于动力蓄电池开路电压与动力蓄电池 SOC 值之间存在明显的非线性关系，因此，经典卡尔曼滤波器不再适用，需要使用扩展卡尔曼滤波器。

扩展卡尔曼滤波法的状态方程和量测方程分别为

$$x_k = f(x_{k-1}, u_{k-1}, \omega_{k-1})$$
$$z_k = h(x_k, v_k) \tag{3-38}$$

若要利用扩展卡尔曼滤波法进行动力蓄电池 SOC 值估计，则需要确定动力蓄电池模型的状态方程和量测方程。

令 $\dfrac{\mathrm{d}u}{\mathrm{d}t} = \dfrac{u_k - u_{k-1}}{T}$，且采样周期 $T=1\mathrm{s}$，将式(3-37)近似离散化后，得到离散方程

$$\mathrm{SOC}_k = \mathrm{SOC}_{k-1} - i_{k-1}\frac{1}{C_n}$$

$$u_k^1 = i_{k-1}\frac{R_1}{1+R_1 C_1} + \frac{R_1 C_1}{1+R_1 C_1} u_{k-1}^1$$

$$u_k^2 = i_{k-1}\frac{R_2}{1+R_2 C_2} + \frac{R_2 C_2}{1+R_2 C_2} u_{k-1}^2$$

$$u_k^0 = i_{k-1} R_0 \tag{3-39}$$

式中，$\mathrm{SOC}_k$、$\mathrm{SOC}_{k-1}$ 分别为第 $k$ 时刻、第 $k-1$ 时刻的电池 SOC 值；$i_{k-1}$ 为第 $k-1$ 时刻的电流；$C_n$ 为蓄电池的额定容量；$u_k^1$、$u_{k-1}^1$ 分别为第 $k$ 时刻、第 $k-1$ 时刻 $R_1$、$C_1$ 两端的电压；$u_k^2$、$u_{k-1}^2$ 分别为第 $k$ 时刻、第 $k-1$ 时刻 $R_2$、$C_2$ 两端的电压；$u_k^0$ 为第 $k$ 时刻 $R_0$ 两端的电压。

动力蓄电池模型的状态方程为

$$x_k = A x_{k-1} + B i_{k-1} + \omega_{k-1} \tag{3-40}$$

式中，$x_k = \begin{bmatrix} \mathrm{SOC}_k \\ u_k^1 \\ u_k^2 \\ u_k^0 \end{bmatrix}$；$A = \begin{bmatrix} 1 & 0 & 0 & 0 \\ 0 & \dfrac{R_1 C_1}{1+R_1 C_1} & 0 & 0 \\ 0 & 0 & \dfrac{R_2 C_2}{1+R_2 C_2} & 0 \\ 0 & 0 & 0 & 0 \end{bmatrix}$；$B = \begin{bmatrix} -\dfrac{1}{C_n} \\ \dfrac{R_1}{1+R_1 C_1} \\ \dfrac{R_2}{1+R_2 C_2} \\ R_0 \end{bmatrix}$；$\omega_{k-1}$ 为随机噪声向量。

当动力蓄电池充放电时，动力蓄电池的端电压和动力蓄电池的平衡电动势、两个 RC 网络的电压及欧姆内阻两端的电压有关，存在如下电路关系式

$$U_b = U_{oc} - U_1 - U_2 - U_0 \tag{3-41}$$

其中，$U_{oc}$ 与动力蓄电池 SOC 值存在非线性的函数关系，即

$$U_{oc} = g(SOC_k) \tag{3-42}$$

式(3-42)反映了动力蓄电池 SOC 值与开路电压之间的关系,如图 3.19 所示,这是一个非线性函数,可以用一个高阶多项式近似表示,先选择阶数(一般为 7~9),再通过拟合确定系数。

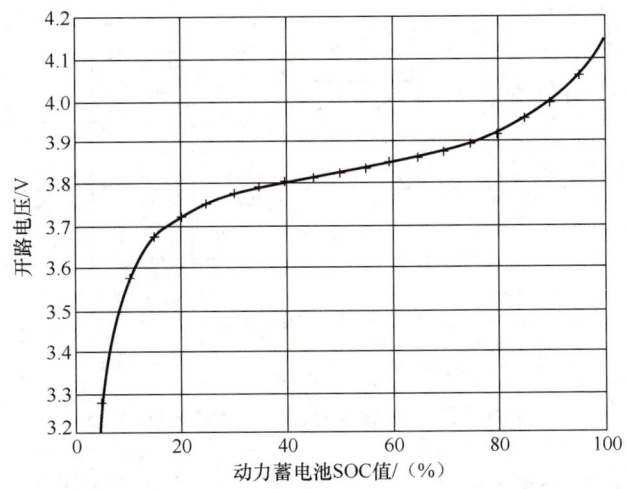

图 3.19　动力蓄电池 SOC 值-开路电压曲线

利用扩展卡尔曼滤波法对动力蓄电池 SOC 值进行估计,递推过程如下。

(1) 初始化。设置状态变量初值 $x_0$,协方差矩阵初值 $\boldsymbol{P}_0$。

(2) 计算第 $k$ 时刻状态变量的估计值

$$\hat{x}_k = \boldsymbol{A} x_{k-1} + \boldsymbol{B} i_{k-1} + \boldsymbol{\omega}_{k-1} \tag{3-43}$$

(3) 计算协方差矩阵的先验值

$$\hat{\boldsymbol{P}}_k = \boldsymbol{A} \boldsymbol{P}_{k-1} \boldsymbol{A}^T + \boldsymbol{Q}_{k-1} \tag{3-44}$$

式中,$\boldsymbol{Q}_{k-1}$ 为过程噪声协方差矩阵。

(4) 计算卡尔曼增益

$$K_k = \hat{\boldsymbol{P}}_k \boldsymbol{H}_k^T (\boldsymbol{H}_k \hat{\boldsymbol{P}}_{k-1} \boldsymbol{H}_k^T + R_k)^{-1}$$

$$H_{k[i,j]} = \frac{\partial h_{[i]}}{\partial x_{[j]}} [\hat{x}_k, 0] \tag{3-45}$$

(5) 根据卡尔曼增益修正状态变量的估计值

$$x_k = \hat{x}_k + K_k (u_k + H_k \hat{x}_k) \tag{3-46}$$

(6) 更新协方差矩阵

$$\boldsymbol{P}_k = (I - K_k H_k) \hat{\boldsymbol{P}}_k \tag{3-47}$$

执行完第(6)步后,时间指标 $k$ 加 1,然后回到第(1)步,继续计算。至此,一种基于动力蓄电池模型及扩展卡尔曼滤波器的动力蓄电池 SOC 值估计的递推法得以实现。

根据扩展卡尔曼滤波递推过程,在 MATLAB/Simulink 中建立动力蓄电池 SOC 值估计仿真模型,可以对动力蓄电池 SOC 值进行仿真。

图 3.20 所示为磷酸铁锂电池 SOC 值估计仿真曲线,图中实线为真实动力蓄电池 SOC 值,虚线为估计动力蓄电池 SOC 值。估计方法采用卡尔曼滤波法,可以看出,二者具有

较好的一致性。

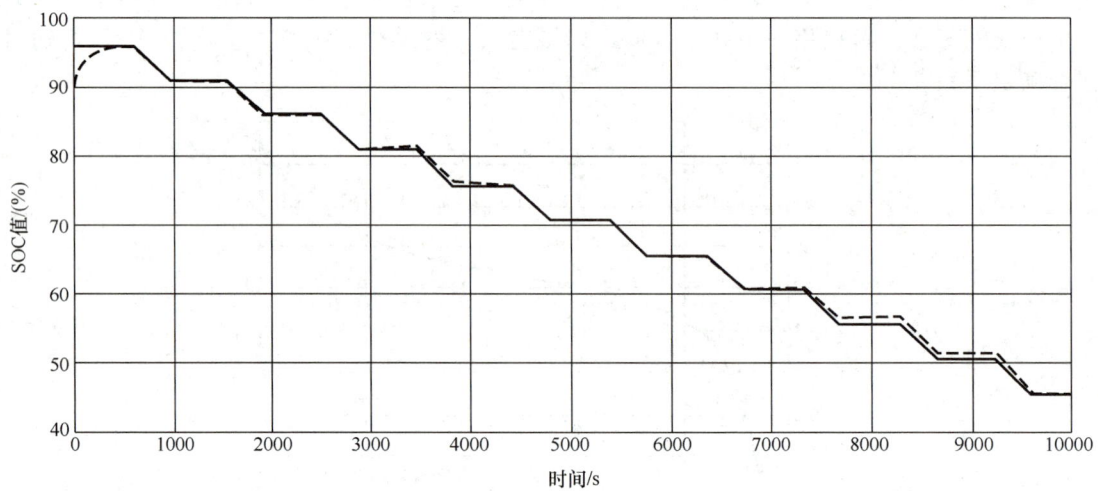

图 3.20　磷酸铁锂电池 SOC 值估计仿真曲线

## 3.5.2　动力蓄电池的 SOH 估计

动力蓄电池 SOH 是动力蓄电池的重要特性，实时、准确地估计动力蓄电池 SOH 是对电动汽车电池管理系统的基本要求。动力蓄电池 SOH 不能通过工具或者仪器直接测量，只能通过其他参数间接获得。

### 1. 动力蓄电池 SOH 的定义

动力蓄电池 SOH 在不同的研究中有不同的描述，经常使用的名称有蓄电池健康状态、蓄电池老化程度、蓄电池寿命状态、蓄电池劣化程度等。对于新能源汽车，动力蓄电池 SOH 有如下标准定义：在规定的标准条件下，按照一定的电流倍率将动力蓄电池从 100% 荷电状态放电至截止电压时释放的容量与额定容量的比值。也有从蓄电池特征量的角度给出动力蓄电池 SOH 的描述，包括从容量、剩余电量、内阻、起动功率、剩余充电次数等方面定义动力蓄电池 SOH。

通过容量定义的动力蓄电池 SOH 为

$$\mathrm{SOH}=\frac{C_\mathrm{N}}{C_\mathrm{M}}\times 100\% \tag{3-48}$$

式中，$C_\mathrm{N}$ 为动力蓄电池当前状态下的测试容量；$C_\mathrm{M}$ 为动力蓄电池的额定容量。

通过剩余电量定义的动力蓄电池 SOH 为

$$\mathrm{SOH}=\frac{Q_\mathrm{now}}{Q_\mathrm{new}}\times 100\% \tag{3-49}$$

式中，$Q_\mathrm{now}$ 为动力蓄电池当前状态下的最大可用电量；$Q_\mathrm{new}$ 为全新状态下的动力蓄电池可用最大电量。

通过内阻定义的动力蓄电池 SOH 为

$$\mathrm{SOH}=\frac{R_\mathrm{end}-R_\mathrm{now}}{R_\mathrm{end}-R_\mathrm{new}}\times 100\% \tag{3-50}$$

式中，$R_{end}$ 为动力蓄电池老化至无法使用时的欧姆内阻，SOH＝80％；$R_{now}$ 为动力蓄电池在使用过程中当前时刻的欧姆内阻；$R_{new}$ 为动力蓄电池出厂时标定的欧姆内阻。

通过起动功率定义的动力蓄电池 SOH 为

$$\text{SOH} = \frac{W_{now} - W_{min}}{W_{new} - W_{min}} \times 100\% \tag{3-51}$$

式中，$W_{min}$ 为电动汽车起动时动力蓄电池输出的最小功率；$W_{now}$ 为电动汽车起动时动力蓄电池实时输出的启动功率；$W_{new}$ 为动力蓄电池 SOH 值为 100％ 时输出的起动功率。

通过剩余充电次数定义的动力蓄电池 SOH 为

$$\text{SOH} = \frac{N_{age}}{N_{max}} \times 100\% \tag{3-52}$$

式中，$N_{age}$ 为动力蓄电池当前状态下的剩余充电次数；$N_{max}$ 为动力蓄电池出厂时的额定最大充电次数。

### 2. 影响动力蓄电池 SOH 的外部因素

影响动力蓄电池 SOH 的外部因素主要有环境温度、充放电倍率、动力蓄电池过充电/过放电和放电深度等。

（1）环境温度对动力蓄电池 SOH 的影响。锂离子蓄电池的工作温度为 $-20 \sim 60℃$，温度过高或过低都会对动力蓄电池性能产生影响，在室温 25℃ 时性能最好。一般在低压 0℃ 时，电解液活性降低或者完全冻结，动力蓄电池内部电化学反应缓慢，性能降低。虽然温度升高会增大动力蓄电池内部电化学反应的速率，从而增大动力蓄电池的容量，但是会分解活性材料，导致动力蓄电池材料结构变形，从而使动力蓄电池的健康状态恶化，使用寿命缩短。

（2）充放电倍率对动力蓄电池 SOH 的影响。动力蓄电池充放电电流过大会使动力蓄电池温度过高，动力蓄电池的极化效应加剧，同时会使动力蓄电池内部 SEI 膜的厚度增大，并加速动力蓄电池正、负极材料老化，使动力蓄电池系统偏离平衡状态，严重影响动力蓄电池的健康状态。尤其是在低温时，大电流充电会使动力蓄电池内部析出锂枝晶，严重影响动力蓄电池的安全性。大电流充放电致使动力蓄电池的健康状态恶化，使用寿命缩短，因此应避免大电流充放电。

（3）动力蓄电池过充电/过放电对动力蓄电池 SOH 的影响。过充电、过放电都会使动力蓄电池内部发生不可逆的电化学反应，长时间过充电会使动力蓄电池内部产生大量气体、动力蓄电池膨胀及发生热失控；过放电使动力蓄电池内部活性材料减少。这些问题都会使动力蓄电池健康状态恶化，使用寿命缩短，因此必须避免动力蓄电池过充电、过放电。

（4）放电深度对动力蓄电池 SOH 的影响。放电深度是指动力蓄电池放出的容量占动力蓄电池额定容量的百分比，放电深度越大，放出的电量越多，对动力蓄电池 SOH 的影响越大，使动力蓄电池的使用寿命缩短。因此，浅充电、浅放电，使动力蓄电池 SOC 值为 20％～80％ 的高效工作区间，更有助于动力蓄电池的高效利用。

### 3. 动力蓄电池 SOH 的估计方法

动力蓄电池 SOH 的估计方法有实验法、模型法、数据驱动法和融合法。

（1）实验法。实验法是指利用特定的测试设备，直接对动力蓄电池进行性能测试或分析，获得与动力蓄电池老化状态相关的参数，分析动力蓄电池的衰减老化机制及衰减程度，估计当前动力蓄电池 SOH 值。实验法可以分为有损检测法和无损检测法。有损检测法主要是对动力蓄电池进行拆解分析，分别对正极、负极、隔膜、电解液或产生的气体进行必要的测试，获得动力蓄电池的老化情况或 SOH 值。有损检测手段主要有扫描电子显微镜、透射电子显微镜、X 射线光电子能谱、红外光谱和气相色谱分析等。无损检测法是在不破坏动力蓄电池的前提下，采用一定的测试手段，分析动力蓄电池的衰减程度，进行动力蓄电池 SOH 值估计。无损检测手段主要有全充放电法、微分电压分析、微分容量分析、差热分析、脉冲阻抗法、电化学阻抗谱和混合脉冲功率测试等。

采用实验法估计动力蓄电池 SOH 值可以对动力蓄电池老化的具体机制进行分析，估计精度较高，估计结果比较可靠；但也有一些弊端，如有损实验法会破坏动力蓄电池的结构，使动力蓄电池无法继续使用；无损实验法需要测试数据具备较高的精度，对测试环境有很高的要求。同时，有损实验法和无损实验法都需要特定的高精尖测试设备，研究过程耗时间，成本高。因此，实验法更适合实验室研究及动力蓄电池产品开发。

（2）模型法。模型法是根据动力蓄电池内部性能衰退机理，建立表示动力蓄电池性能退化特性的物理模型，通过模型参数的辨识估计动力蓄电池 SOH 值。动力蓄电池内部微观作用机制极其复杂，而动力蓄电池 SOH 值作为内部性质的特征参数，无法直接测得。通过建立模型，仿真动力蓄电池的充放电过程或衰减趋势，分析动力蓄电池模型与外特性参数之间的构效关系，结合参数辨识算法，建立动力蓄电池模型特征参数与动力蓄电池 SOH 值之间的映射关系，是实现动力蓄电池 SOH 估计的可行路线。

动力蓄电池模型主要有电化学模型、等效电路模型和经验模型等。电化学模型研究动力蓄电池内部微观反应机制，从机理层面描述动力蓄电池的充放电行为；等效电路模型利用电学器件的不同组合模拟动力蓄电池的充放电行为，属于半经验模型；经验模型通过拟合大量动力蓄电池实验数据，获得能够用于估计动力蓄电池 SOH 值的经验模型。由于采用模型法估计动力蓄电池 SOH 值具有可数值化、便于嵌入电池管理系统、实现动力蓄电池 SOH 在线估计等优点，因此，模型法具有很好的应用前景。

（3）数据驱动法。数据驱动法不需要考虑动力蓄电池的内部机理，将动力蓄电池实验数据看成一组时间序列，通过智能学习算法挖掘数据序列的规律，实现动力蓄电池 SOH 估计。该方法以蓄电池在运行过程中表现出的电压、电流、温度及动力蓄电池 SOC 值、容量、阻抗等数据为基础，结合智能学习算法（如粒子滤波、卡尔曼滤波、扩展卡尔曼滤波、无迹卡尔曼滤波、神经网络、贝叶斯估计、支持向量机、相关向量机等），实现动力蓄电池 SOH 估计。

数据驱动法能充分发挥动力蓄电池数据的应用价值及智能学习算法的高效、实用等优点。动力蓄电池大规模的应用将形成动力蓄电池大数据库，因此，数据驱动法是实现动力蓄电池 SOH 估计及优化管理的重要方法。

（4）融合法。融合法的核心思想是将多类数据、模型或算法进行联合、相关及融合，充分发挥各自优势，实现更精确可靠的动力蓄电池 SOH 协同估计。融合法能够弥补单一方法容易出现估计精度低、可靠性差或误判的缺点。

总之，大数据分析是动力蓄电池储能领域发展的必然趋势，数据驱动法对大样本学习训练数据库的需求容易满足，同时，融合法能够充分利用各种方法在不同方面具备的优势。数据驱动法和融合法是未来动力蓄电池 SOH 估计的主要发展方向。

**4. 基于数据驱动法的锂离子蓄电池 SOH 估计**

随着大数据及机器学习、深度学习技术的快速发展，数据驱动技术成为当前动力蓄电池 SOH 估计的主要发展方向。数据驱动技术的一般流程如图 3.21 所示。

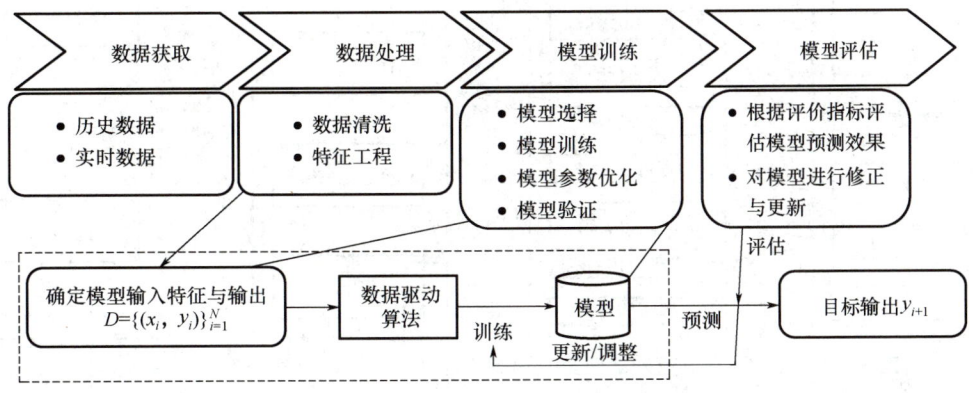

图 3.21 数据驱动技术的一般流程

先采集大量动力蓄电池使用数据，利用特征工程方法提取动力蓄电池退化相关特征，再借助数据驱动算法，训练出与动力蓄电池老化特性一致的模型，对动力蓄电池进行离线或在线的 SOH 估计。与模型法相比，数据驱动法不需要对动力蓄电池内部的复杂电化学机理进行精确建模，无须进行动力蓄电池自身参数辨识，具有较高的可迁移性、鲁棒性与自适应性。基于数据驱动的锂离子蓄电池 SOH 估计过程如图 3.22 所示。

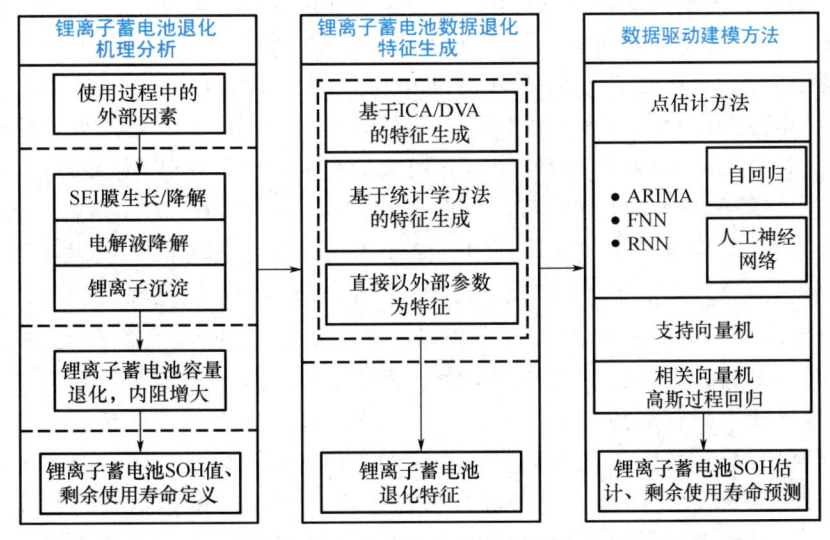

图 3.22 基于数据驱动的锂离子蓄电池 SOH 估计过程

（1）动力蓄电池退化机理分析。SEI 膜生长/降解、电解液降解和锂离子沉淀等是导致动力蓄电池老化和容量衰减的主要原因。在锂离子蓄电池的使用过程中，其使用时间、电压、充放电电流强度、温度、充放电深度等是影响锂离子蓄电池使用寿命的主要外部因素。图 3.23 所示为锂离子蓄电池外部因素、内部衰减机制及衰减模式与效应之间的关系。

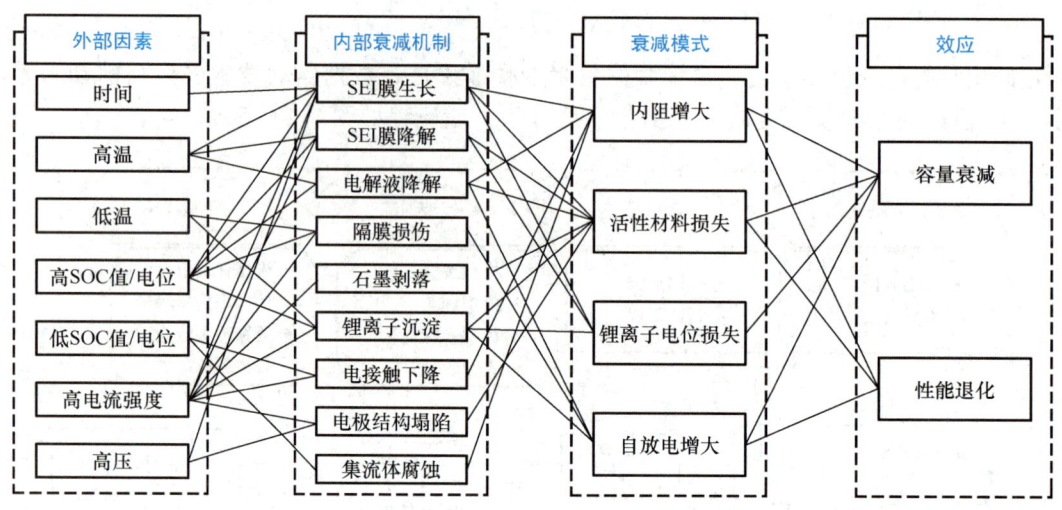

图 3.23　锂离子蓄电池外部因素、内部衰减机制及衰减模式与效应之间的关系

（2）蓄电池数据的退化特征生成。特征生成是蓄电池 SOH 数据驱动建模过程中的重要一环，以从蓄电池数据中提取反映蓄电池 SOH 值信息的特征参数为模型训练的输入，参与模型训练。根据蓄电池 SOH 值的定义，蓄电池的容量、内阻等参数可直接作为表征蓄电池 SOH 值的特征参与模型训练，但这些参数在蓄电池使用过程中无法直接测得，需要采用退化特征生成方法。常用的退化特征生成方法有基于 ICA/DVA 的特征生成、基于统计学方法的特征生成和直接以外部参数为特征。

① 基于 ICA/DVA 的特征生成。ICA（incremental capacity analysis，容量增量分析）和 DVA（differential voltage analysis，电压差分分析）是常用的两种蓄电池退化特征生成方法。ICA 通过分析蓄电池在不同循环周期中电压与蓄电池容量增量之间的关系变化趋势，提取出蓄电池的退化特征参数。DVA 通过电压对容量的导数与蓄电池循环退化过程中的峰谷变化，分析蓄电池容量随使用时间增大的衰减趋势。基于 ICA/DVA 的特征生成能够反映蓄电池内部的物理状态，而且数据容易获得，具有较强的实用性。但 ICA/DVA 仅限在较低充放电倍率条件下进行，同时，基于 ICA/DVA 的特征生成对噪声及测量误差较敏感，只有借助合理的滤波手段对曲线进行平滑处理，才能提取稳定的退化特征。

② 基于统计学方法的特征生成。采用各种统计学方法对采集的蓄电池电压、电流、温度等数据进行分析计算可作为一种蓄电池退化特征的生成手段，其优点在于可利用有限的蓄电池数据生成大量蓄电池退化相关特征；缺点是过于依赖先验经验，并且提取的部分特征可能与预测目标相关性很低，甚至无明显相关性，导致模型训练后的预测效果变差。

③ 直接以外部参数为特征。对于部分机器学习模型，其模型本身具有从输入数据中提取隐含退化信息的能力，可直接以蓄电池的电压、电流、温度等外部参数为特征进行模型训练。直接以外部参数为特征的优点是无须额外进行蓄电池退化特征生成，不遗漏数据中的有效退化特征信息；缺点是过分依赖模型的分析能力，模型计算复杂度提高。

（3）数据驱动建模方法。数据驱动的蓄电池 SOH 估计一般通过回归分析方法或机器学习的算法，建立与蓄电池 SOH 关联的模型。以蓄电池数据中提取的退化状态特征为模型输入，以蓄电池的最大容量或内阻为模型输出，得到关联二者耦合关系及演变规律的模型，从而实现对蓄电池 SOH 的估计。通过判断蓄电池容量循环曲线到达容量退化阈值的循环次数，预测蓄电池剩余寿命。

数据驱动建模方法不需要考虑蓄电池内部的复杂电化学反应与非线性退化机理，避免了不同锂离子蓄电池内部结构、化学成分、制造工艺、使用条件、个体差异等参数的辨识过程，只需蓄电池在线检测或离线积累的数据即可建立蓄电池的数学模型，并对蓄电池 SOH 进行估计，具有极强的鲁棒性和自适应性。数据驱动建模方法主要有自回归、人工神经网络、支持向量机、相关向量机、高斯过程回归等。

① 自回归。自回归（auto regression，AR）是一种对时间序列预测问题建模的方法，以过去系统状态为输入进行回归分析，得到模型参数与系统阶数，建立含多个蓄电池 SOH 特征的时间序列模型，并对当前时刻系统状态进行预测。常用的自回归模型有自回归滑动平均（auto regressive moving average，ARMA）模型和差分整合移动平均自回归（auto regressive integrated moving average，ARIMA）模型等。自回归模型具有模型参数少、计算复杂度低、训练时间短等优点，一般用于蓄电池样本数据量较小的应用场景。但自回归模型无法分析多个输入特征间的隐含关系，结果的置信度与预测精度较低，甚至可能出现预测结果违背实际物理规律的问题。

② 人工神经网络。人工神经网络是以数学形式模拟人类大脑思考过程，将神经元以一定方式连接形成的网络，通过大量数据对神经元间的阈值及权重进行训练，得到预测模型。人工神经网络的基本结构如图 3.24 所示，包含输入层、输出层和隐含层。人工神经网络适用于多相关特征复杂非线性建模问题，具有自主学习能力，预测精度高。在蓄电池 SOH 估计中，人工神经网络已经成为一种主流的数据驱动技术，并且具有优异的预测性能。常见的人工神经网络模型有前馈神经网络（feedforward neural network，FNN）模型、循环神经网络（recurrent neural network，RNN）模型、卷积神经网络（convolutional neural network，CNN）模型及其他改进的神经网络模型。

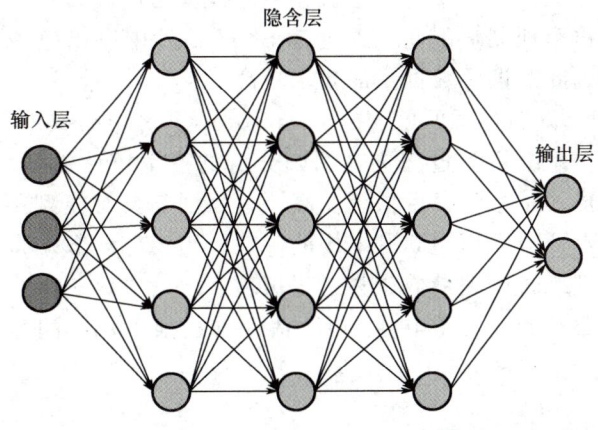

图 3.24 人工神经网络的基本结构

人工神经网络在蓄电池 SOH 估计中有出色的表现，但仍存在以下不足：由于人工神经网络参数复杂，所需训练时间与计算资源随数据量增长而急剧增加，因此对小样本数据的预测能力差；在人工神经网络的训练过程中，容易造成参数局部最优而过拟合；同时，人工神经的表现效果与选取的模型网络结构高度相关，但缺乏选取网络结构的明确方法，通常需借助一定的先验经验或多模型比较确定最终网络结构。

③ 支持向量机。支持向量机（support vector machine，SVM）是常用的一种数据分析算法，通过核函数将低维空间的非线性问题映射为高维空间中的线性问题，从而对复杂的非线性系统建模。支持向量机原理示意如图3.25所示。

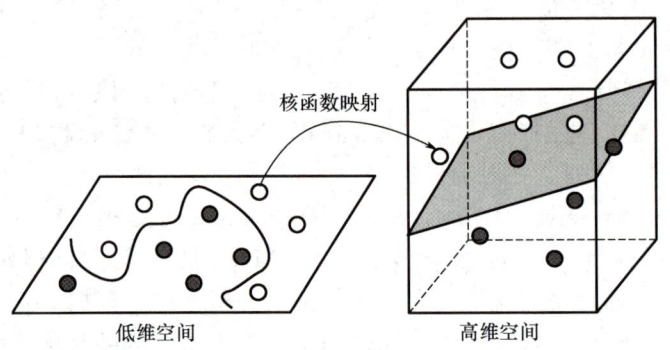

图 3.25 支持向量机原理示意

与人工神经网络相比，支持向量机具有更严格的数学证明，计算复杂度较低，收敛较快。同时，支持向量机克服了人工神经网络易陷入局部参数最优的问题，对小样本数据的训练能力强，预测精度高，因此在蓄电池 SOH 估计领域受到广泛关注。支持向量机存在很多不足，如核参数复杂、难以选取，对交叉训练及正则化方法的依赖度高；对训练过程中的缺失数据敏感，在实际应用中，对原始蓄电池数据质量及数据预处理方法的要求较高。

④ 相关向量机。相关向量机（relevance vector machine，RVM）与支持向量机的基本原理相同，但通过稀疏贝叶斯理论框架得到网络权重，因此其输出形式为概率密度估计而非点估计。相关向量机具有与支持向量机相似的计算精度高、运算复杂度低等优点，并且由于其输出形式为概率预测，因此在蓄电池 SOH 估计中有出色表现。由于相关向量机模型矩阵过于稀疏，因此对训练数据量的要求较高。

⑤ 高斯过程回归。高斯过程回归（gaussian process regression，GPR）是一种基于贝叶斯框架与先验知识对系统行为过程进行回归分析的概率估计模型。与相关向量机相似，高斯过程回归的输出形式是概率密度估计。高斯过程回归具有模型预测精度高、预测结果为概率密度形式等优点；但受模型固有结构的影响，当蓄电池数据量较大时，计算复杂度提高，超参数较多，训练时，超参数调整过程烦琐。

总之，基于数据驱动的动力蓄电池 SOH 估计方法很多，不同数据驱动方法具有不同的优点与适用场景。

## 3.6 动力蓄电池的均衡控制

电动汽车的动力都是由成百上千个单体蓄电池组成的蓄电池组提供的，同时蓄电池组的最大可用容量取决于剩余容量最小的蓄电池。动力蓄电池的生产制造工艺比较复杂，不可避免地个体间存在差异，使得蓄电池存在不一致性。同时，在使用过程中，蓄电池间的不一致性会加剧，导致单体蓄电池可用容量不同程度地衰减，降低蓄电池组的整体能量利用率，缩短续驶里程，且极易引起蓄电池的过充电、过放电，损坏蓄电池。因此，必须对蓄电池组进行能量均衡控制，改善不一致性，提高蓄电池组的可用容量。

电动汽车蓄电池均衡模块效果测试

### 3.6.1　动力蓄电池的不一致性

当动力蓄电池作为电动汽车的动力电源时，由于有高功率、大容量的要求，单体锂离子蓄电池不能满足要求，因此需要进行串联、并联组合使用。然而，单体蓄电池之间的不一致性常造成蓄电池组在循环过程中出现容量衰减过快、使用寿命较短等问题。选择性能尽可能一致的单体蓄电池组成蓄电池组，对锂离子蓄电池在动力蓄电池中的推广与应用有重要意义。

**1. 不一致性的定义**

锂离子蓄电池组的不一致性是指同一规格型号的单体蓄电池组成蓄电池组后，其电压、电量、容量及其衰退率、内阻及其变化率、寿命、温度、自放电率等参数存在一定的差别。

单体蓄电池的初始性能存在一定差异。随着蓄电池的使用，这些性能差异不断累积，同时由于各单体蓄电池在蓄电池组内的使用环境不完全相同，因此单体蓄电池的不一致性逐步增大，从而加速蓄电池性能衰减，并引发蓄电池组过早失效。

**2. 不一致性的分类**

蓄电池的不一致性主要分为容量不一致性、电压不一致性和内阻不一致性。

（1）容量不一致性。容量不一致性主要包括初始容量不一致性和实际容量不一致性。

初始容量不一致性是指蓄电池组经出厂前的分选试验后，单体蓄电池的初始容量不一致。蓄电池初始容量与蓄电池衰减特性有关，受蓄电池储存温度、荷电状态等因素的影响。尽管出厂前的分选试验可以较好地保证单体蓄电池初始容量的一致性，但是初始容量不一致性并不是电动汽车蓄电池成组应用的主要矛盾，因为在使用过程中，可以通过单独充放电调整单体蓄电池的初始容量。

实际容量不一致性是指蓄电池放电过程中的剩余电量不相等。蓄电池的实际容量主要与蓄电池的初始容量、放电电流和单体蓄电池内阻等有关。蓄电池的实际容量还显著受到蓄电池循环次数的影响，越接近蓄电池寿命周期后期，实际容量不一致性就越明显。

（2）电压不一致性。电压不一致性的主要影响在于并联蓄电池组中单体蓄电池的互充电，当并联蓄电池组中一个单体蓄电池电压低时，其他单体蓄电池将给电压低的单体蓄电池充电。在这种连接方式下，较低电压单体蓄电池的容量小幅度增大的同时，较高电压单体蓄电池的容量急剧减小，能量将损耗在互充电过程中，达不到预期的对外输出。若低电压单体蓄电池和正常单体蓄电池一起使用，则成为蓄电池组的负载，影响其他单体蓄电池的工作，进而影响整个蓄电池组的使用寿命。因此，在蓄电池组不一致性明显增大的深放电阶段，不能继续使用低压单体蓄电池，否则会造成低容量单体蓄电池过放电，影响蓄电池组的使用寿命。

(3) 内阻不一致性。蓄电池内阻不一致使蓄电池组中每个单体蓄电池在放电过程中热损失的能量不同，最终影响单体蓄电池的能量状态。

### 3. 不一致性产生的原因

蓄电池不一致性主要发生在蓄电池的生产过程中，储存环境也会影响蓄电池的性能，尤其在后期的使用过程中加剧了不一致性。

(1) 生产过程中的不一致性产生。锂离子蓄电池的主要生产工艺流程包括极片制造、电芯制作、电池装配、注液、化成、分选等工序。与其他蓄电池相比，锂离子蓄电池的制造过程对环境湿度的要求较高。锂离子蓄电池制造过程中的水分控制与蓄电池质量息息相关。水分控制不好，锂离子蓄电池的性能下降，鼓胀率大大提高。为了控制水分，制造过程要经多次干燥，如极片压光之前的干燥、成芯后入壳前的电芯干燥、入壳后注液前半成品的干燥。另外，制造过程中的粉尘控制也不能忽视。一般来讲，粉尘是造成蓄电池内部微短路的重要因素。车间的灰尘颗粒、极片上脱落的粉尘颗粒都要处理。车间内、制造过程中必要的除尘工序是工艺控制的一部分。因此，生产过程中的每个小步骤、小细节都可能引起蓄电池间的性能差异，这些性能差异在蓄电池的后期使用过程中逐步增大。

(2) 储存过程中的不一致性产生。蓄电池的储存十分常见，蓄电池产销周期中也可能出现长期搁置存放，实际使用中有时也长期处于储存状态。锂离子蓄电池的储存性能主要与蓄电池的荷电状态及储存环境温度有关。在储存过程中，蓄电池会出现自放电和其他不可逆容量损失。其中，由自放电引起的损失是主要的。蓄电池间自放电率的不同是储存过程产生不一致性的重要因素。自放电程度受正极材料、蓄电池的制作工艺、电解液的性质、温度和时间等因素的影响。如果负极处于充足电的状态而正极发生自放电，则蓄电池正、负极容量平衡破坏，将导致永久性容量损失。自放电的氧化产物堵塞电极材料上的微孔，使锂的嵌入和脱出困难，并且使内阻增大、放电效率降低，也会导致不可逆容量损失。由于自放电会引起容量衰减，蓄电池间自放电率的不同会导致各单体蓄电池的容量衰减产生差异，因此会加剧引起蓄电池组间容量的不一致性。

(3) 使用过程中的不一致性产生。锂离子蓄电池的不一致性在使用过程中会表现得越来越明显，因为汽车在使用过程中，不同的路况、环境、状态等会使蓄电池工况复杂，也会引起蓄电池组内部温度的变化。在使用过程中，蓄电池组内外环境的不稳定性会导致蓄电池组性能的不一致性，并随着行驶时间的增加而越来越大。在锂离子蓄电池的使用过程中，加剧性能差异的因素主要有温度、过充电/过放电、充放电倍率及循环寿命等。

① 温度。蓄电池的性能和老化与温度密切相关。在极端温度下，副反应会占据主导地位。在低温条件下，离子扩散和迁移会被抑制，从而产生有害的副反应。高温条件会引起腐蚀、气体产生等副反应，特别是作为高能量密度的装置，蓄电池含有特定的化学物质，会由于温度快速升高而发生热失控，整个蓄电池会发生燃烧或爆炸。蓄电池的工作温度范围应该比充电低温低，比充电高温高。同时，为保证蓄电池在不同环境下的正常使用，可以对锂离子蓄电池进行环境温度的适应性检验，首先将蓄电池充电后置于不同的温

度环境中一段时间,然后取出来进行放电,并检查蓄电池状态。如检测蓄电池长时间在恒定湿热的环境中是否出现腐蚀、冒烟、爆炸等现象,以及在极高、极低温度环境中是否出现变形、漏液、爆裂等现象。

② 过充电/过放电。在电动汽车的使用过程中,常会出现锂离子蓄电池的过充电和过放电现象。不正确的充电条件或充电方法非常容易损害蓄电池,加剧蓄电池的不一致性并缩短蓄电池的使用寿命。锂离子蓄电池要求的充电方式是恒流恒压充电。为有效利用蓄电池容量,需将锂离子蓄电池充电至最大电压,但是过充电会造成蓄电池损坏,如会使蓄电池中的电解物质加快反应,从而蓄电池的使用寿命缩短。作为高能量密度蓄电池,锂离子蓄电池过充电还可能导致膨胀漏液甚至发生爆炸。因此,当充电结束时,必须完全关闭或断开充电机。在实际应用中,为了提高蓄电池的一致性,常会在充电的过程中加入均衡充电策略,作为蓄电池组充电技术的有效补充,以维护蓄电池组性能。需要对电压过低的蓄电池进行预充电,并且充电器最好具有热保护和时间保护功能,以为蓄电池提供附加保护。锂离子蓄电池的放电方式主要采用固定负荷放电。虽然负荷不变,但蓄电池的内阻会发生变化,随着放电的进行,蓄电池电压下降。当电压降至一定值时,会发生过放电,导致集电极溶解,发生不可逆反应。因此,一般会规定放电截止电压。大电流放电时,因为电极极化较大,导致蓄电池电压下降较快,所以放电截止电压通常定得较低,否则活性物质利用不充分。小电流放电时,电极极化较小,蓄电池电压在放电过程中下降较慢,活性物质利用充分,所以放电截止电压一般定得较高。在进行容量检验时,常采用恒电流放电方式。

③ 充放电倍率。充放电倍率用于表示蓄电池充放电速度。充放电倍率是充放电电流与额定容量之比。如用 200mA 电流为额定容量为 1000mA·h 的蓄电池放电,则放电倍率为 0.2C;用 1000mA 电流放电,则放电倍率为 1C。大电流充放电时,电极极化较严重,SEI 膜在大倍率放电时容易破碎并连续生长,导致容量衰减较大。大倍率充放电时,锂离子没有充分脱嵌,容易在电极表面形成锂枝晶。锂枝晶会消耗电解液并导致蓄电池内部出现锂沉积,并且这种沉积是不可逆的,会降低库仑效率;锂枝晶还会破坏隔膜,使得锂离子蓄电池内部短路,引起热失控甚至蓄电池爆炸。如果充放电时间足够,则应优先选择小倍率充放电,避免由大倍率充放电导致容量衰减,加剧蓄电池组的不一致性。

④ 循环寿命。锂离子蓄电池随着充放电次数的增加,容量越来越小,直接表现就是锂离子蓄电池的性能越来越差。蓄电池满充电、满放电一次的过程称为蓄电池的一个使用循环。蓄电池的循环寿命与化学体系、充放电循环温度、前期使用(如储存)和生产商有关。通常锂离子蓄电池的循环寿命最长,单体锂离子蓄电池在低倍率和室温下循环寿命超过 2000 次,甚至可达到 3000 次。由于单体蓄电池间存在差异,在使用过程中,不一致性的累积会导致蓄电池间循环寿命的差异增大,进而大大降低蓄电池组整体的可循环次数。

综上所述,引起蓄电池不一致性的因素很多,从蓄电池的生产、储存到使用都会引起并加剧蓄电池的不一致性,导致蓄电池组可用容量衰减,影响电动汽车的性能。

**4. 提高蓄电池一致性的途径**

蓄电池组的一致性是相对的,不一致性是绝对的。提高蓄电池一致性的途径有生产过程的控制、配组过程的控制、使用和维护过程的控制。

（1）生产过程的控制。生产过程的控制主要从原材料和生产工艺两方面进行。在原材料方面，尽量选取同一批次的原材料，保证原材料颗粒尺寸、性能的一致性。在生产工艺方面，要严格调控整个生产过程，如保证浆料搅拌均匀、不长时间放置，控制涂布机的走速以保证涂布的厚度和均匀度，极片外观检查、称重分档，控制注液量及化成、分容、储存条件等。

（2）配组过程的控制。配组过程的控制主要是指对蓄电池进行分选，蓄电池组采用统一类型、统一规格、统一型号的蓄电池，并且测定蓄电池的电压、容量、内阻等，保证蓄电池初始性能的一致性。

（3）使用和维护过程的控制。

① 对蓄电池进行实时监控。在使用过程中对蓄电池进行配组时，对蓄电池进行一致性筛选，可保证在蓄电池组使用初期的一致性。实时监控蓄电池的使用过程，可实时观察其中的一致性问题；也可以通过实时监控对极端参数蓄电池进行及时调整或者更换，保证蓄电池组的不一致性不随时间增大。

② 引入均衡管理系统。采用适当的均衡策略和均衡电路对蓄电池进行智能管理。常见的均衡策略包括基于外电压的均衡策略、基于SOC的均衡策略和基于容量的均衡策略。均衡电路按能量消耗方式可以分为被动均衡和主动均衡。主动均衡能够实现蓄电池间的无损能量流动，是国内外的研究热点。主动均衡中的常用方法有蓄电池旁路法、开关电容法、开关电感法、DC/DC变换法等。

③ 对蓄电池进行热管理。对蓄电池进行热管理除了尽量将蓄电池组的工作温度保持在最佳范围之内，还要尽量保证单体蓄电池之间的温度条件一致，从而有效地保证各单体蓄电池性能的一致性。

④ 采用合理的控制策略。在输出功率允许的情况下，尽量减小蓄电池的放电深度，同时，避免蓄电池过充电，可延长蓄电池组的使用寿命。加强对蓄电池组的维护，每间隔一定时间对蓄电池组进行小电流维护性充电；还要注意蓄电池的清洁。

总之，提高蓄电池的一致性是一项系统、全面的工程，需要综合考虑蓄电池的设计、生产、质量控制、应用、维护等因素。

**5. 锂离子蓄电池配组方法**

锂离子蓄电池配组方法有电压配组法、静态容量配组法、内阻配组法、多参数配组法和动态特性配组法。

（1）电压配组法。电压配组法可分为静态电压配组法和动态电压配组法。静态电压配组法又称空载配组法，不带负载，只考虑蓄电池本身，测量被筛选单体蓄电池静置数十天后满电荷状态储存的自放电率及满荷电状态下不同储存期的开路电压，此方法操作非常简单，但不准确。动态电压配组法考察蓄电池带负载时的电压情况，但没有考虑负载变化等因素，也不准确。

（2）静态容量配组法。静态容量配组法是在设定的条件下对蓄电池进行充放电，由放电电流和放电时间计算容量，按容量对蓄电池进行配组。这种方法简便、易行，但只能反映蓄电池在特定条件下容量相同，不能说明蓄电池的完整工作特性，有一定的局限性。

（3）内阻配组法。内阻配组法主要考虑单体蓄电池的内阻，能够实现快速测量，但是因为蓄电池的内阻会随放电过程的进行而改变，所以准确测定内阻有一定的难度。

（4）多参数配组法。多参数配组法是同时考虑容量、内阻、电压、自放电率等外部条件对蓄电池进行综合评定，分选出一致性较好的蓄电池组。但使用这种方法的前提是单参数分选时准确，而且使用这种方法耗时过长。

（5）动态特性配组法。动态特性配组法是利用蓄电池的充放电特性曲线分选蓄电池进行配组的方法。充放电特性曲线能够体现蓄电池的大部分特性，采用动态特性配组法能够保证蓄电池各种性能指标的一致性；但使用蓄电池的配组利用率较低，不利于蓄电池组成本的降低。标准曲线或基准曲线的确定是动态特性配组法实施过程中的难点。

## 3.6.2 动力蓄电池均衡控制的目的

假设动力蓄电池组由 $n$ 个单体蓄电池串联而成，如图 3.26 所示。

图 3.26　由 $n$ 个单体蓄电池串联而成的动力蓄电池组

设动力蓄电池组中蓄电池的容量为 $C_1$，$C_2$，…，$C_n$，剩余电量为 $S_1$，$S_2$，…，$S_n$，则动力蓄电池组可用图形化的方式表示，如图 3.27 所示。可以把单体蓄电池看成一个水桶，水桶的容量为 $C_1$，$C_2$，…，$C_n$，水桶中当前水量为 $S_1$，$S_2$，…，$S_n$。在某个时刻，动力蓄电池组内每个单体蓄电池的容量及剩余电量有可能不一致，动力蓄电池组的最大可用容量由剩余容量最小的单体蓄电池决定，整个动力蓄电池组的容量利用率降低，这就是动力蓄电池组的"木桶效应"。因此，需要对动力蓄电池组进行均衡管理。

由于动力蓄电池组中的各单体蓄电池之间客观存在不一致性，因此加入均衡控制的动力蓄电池组的整体性能将得到提高。

### 1. 均衡控制有助于提高动力蓄电池组的整体容量

如果不对动力蓄电池组进行均衡控制，电池管理系统的保护机制就会在动力蓄电池组中的某个单体蓄电池充满电时对整个串联蓄电池组截止充电；同样，在剩余电量最小的电池放电完时对整个串联蓄电池组截止放电，使动力蓄电池组的容量不能有效发挥。

假设动力蓄电池组是由四个单体蓄电池组成的，各单体蓄电池的容量一致，即 $C_1=C_2=C_3=C_4=C_{\max}$，但因为单体蓄电池自放电系数不一致等，所以某次充电前单体蓄电池的初始容量（剩余电量）不一致，假设单体蓄电池 $B_2$ 的初始容量最大，单体蓄电池 $B_3$ 的初始容量最小，如图 3.28 所示。

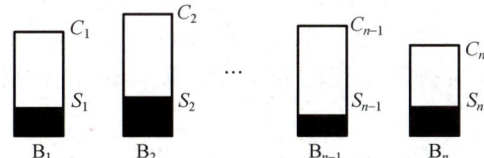

图 3.27　动力蓄电池组的容量与剩余电量模型

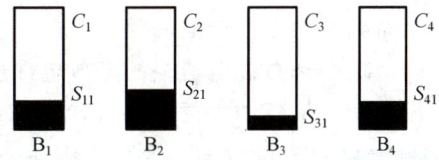

图 3.28　充电前蓄电池的初始容量（剩余电量）不一致

对动力蓄电池组进行充电，由于动力蓄电池组通常采用串联方法进行充电，因此四个单体蓄电池的剩余电量同时均匀增大。经过一段时间，单体蓄电池 $B_2$ 的电压先达到保护上限，而其他三个单体蓄电池没有达到保护上限，如图 3.29 所示。如果不采用均衡控制，在安全管理机制的作用下，不允许继续对蓄电池充电，否则单体蓄电池 $B_2$ 过充电，导致不必要的安全事故。

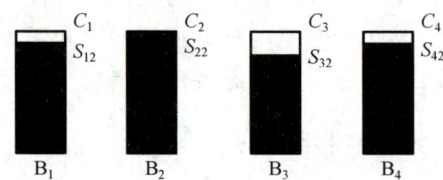

图 3.29　动力蓄电池组的充电状态

虽然单体蓄电池 $B_1$、$B_3$、$B_4$ 未充满，但由于不能继续充电，因此只能认为动力蓄电池组充电结束。然后动力蓄电池组开始工作，进入放电状态。由于动力蓄电池组是串联的，因此动力蓄电池组的剩余电量均匀减小，经过一段时间，单体蓄电池 $B_3$ 先完成放电，如图 3.30 所示。

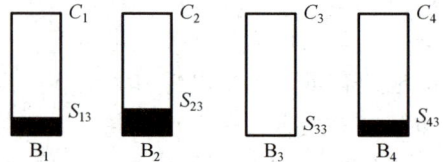

图 3.30　动力蓄电池组的放电状态

虽然动力蓄电池组中的其他单体蓄电池还有剩余电量，但整个动力蓄电池组不能继续放电，否则将因单体蓄电池 $B_3$ 过放电而发生安全事故或损坏动力蓄电池组。由此可见，动力蓄电池组有效释放的容量为 $C_2 - S_{23} = C_{max} - S_{23}$，或等于 $S_{32}$。

如果为动力蓄电池组加入均衡控制，图 3.29 所示的各单体蓄电池都可以充满，则在动力蓄电池组的工作过程中，各单体蓄电池能够同时放完电，动力蓄电池组有效释放的容量为 $C_{max}$，动力蓄电池组的整体容量提高。

**2. 均衡控制有助于控制动力蓄电池的充放电深度**

如果把动力蓄电池从完全放空到完全充满的整个过程中 SOC 的变化记为 0～100%，则在实际应用中，最好让每个动力蓄电池都工作在 5%～95%SOC。如果 SOC>95% 或者 SOC<5%，则动力蓄电池容易形成过充电或过放电，同时容易发生一些不可逆的化学反应，从而影响动力蓄电池的使用寿命。理论分析和实验数据表明，对动力蓄电池组进行均衡控制，减小动力蓄电池组的充放电深度，对提高动力蓄电池的安全性、延长动力蓄电池的使用寿命、提高动力蓄电池衰老的一致性有重要意义。

### 3.6.3　动力蓄电池均衡控制的方法

动力蓄电池均衡控制的方法很多，而且新方法层出不穷，没有统一的分类方法，常用的方法大致可分为能量损耗型均衡控制和非能量损耗型均衡控制，也可称为被动式均衡控制和主动式均衡控制。

1. 能量损耗型均衡控制

能量损耗型均衡控制是指利用并联电阻等方式释放动力蓄电池组中荷电状态较高的单体蓄电池的能量，直到与组内其他单体蓄电池能量均衡。能量损耗型均衡控制电路如图 3.31 所示，通过控制各单体蓄电池开关 $S_i$ 的状态，将能量较高单体蓄电池的能量以电阻放热消耗的形式释放，实现各单体蓄电池趋于相对均衡状态。该均衡控制方式的优点是均衡控制结构相对简单且容易实现，成本较低；缺点是蓄电池放电过程中会消耗许多能量并产生大量热量，且均衡效率较低。

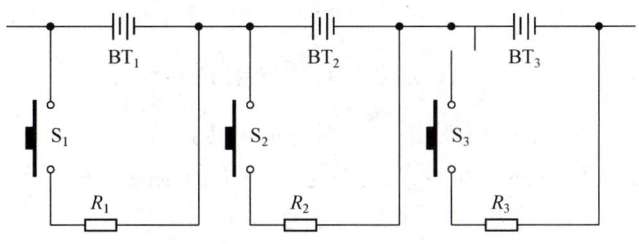

图 3.31　能量损耗型均衡控制电路

2. 非能量损耗型均衡控制

非能量损耗型均衡控制是指利用中间储能元件和一系列开关元件，将动力蓄电池组中荷电状态较高的单体蓄电池的能量转移到荷电状态较低的单体蓄电池中，以达到均衡的目的。中间储能元件主要有电容、电感、变压器等。

（1）电容均衡。电容具有储存能量的特性，电容均衡正是利用了该特性，使各蓄电池之间的能量可以交换传输，可以将电容看成一个能量转换枢纽器。电容均衡基本电路如图 3.32 所示。该均衡方式通过切换不同蓄电池的电容开关状态保证不同蓄电池之间的能量转换，电容先将电压高的蓄电池中的能量储存起来，再将其能量转移到电压低的蓄电池中，从而保证单体蓄电池的电压趋于一致的效果。

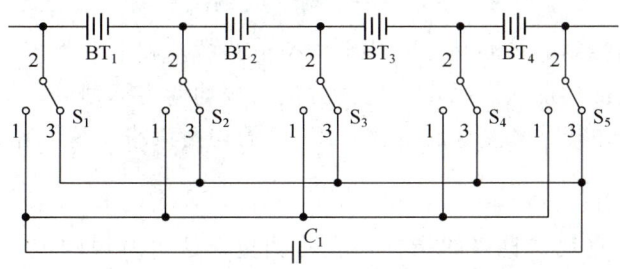

图 3.32　电容均衡基本电路

（2）电感均衡。电感均衡原理与电容均衡原理相似，不同的是将储能元件换成电感。电感均衡主要是以 Buck、Boost、Buck - Boost 等变换器电路为基础构建均衡电路，以电感为能量传递或转移的媒介。电感均衡具有结构简单、控制方便、使用成本低等优点；但是对蓄电池较多的蓄电池组进行均衡时,均衡效率较低。图 3.33 所示为 Buck – Boost 电感均衡电路,在相邻两个蓄电池之间跨接一个电感,控制各蓄电池模块 MOSFET 的导通与关断,实现将能量高的蓄电池的能量传输到能量低的蓄电池中,保证各蓄电池的能量趋于相对平衡状态。

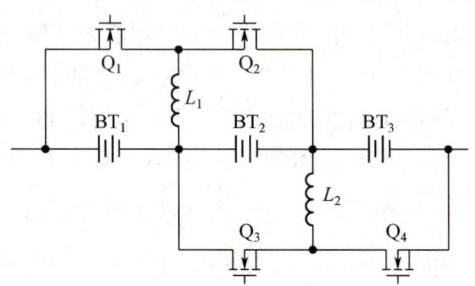

图 3.33 Buck – Boost 电感均衡电路

(3)变压器均衡。变压器均衡是以变压器为能量传递或转移的媒介,在蓄电池间交换与利用能量,其均衡效率较高,比较适合蓄电池串联的场合。变压器内部由许多线圈绕成,变压器的体积比电容、电感大,搭建均衡电路时需要综合考虑体积及用料成本等问题。根据变压器结构种类的不同,可将变压器均衡方式分为正激式、反激式等。图 3.34 所示为单磁芯型反激式变压器均衡电路。

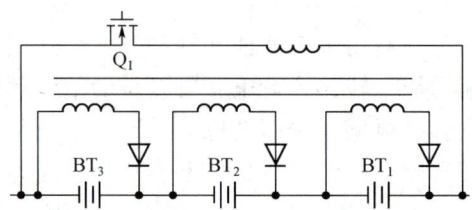

图 3.34 单磁芯型反激式变压器均衡电路

实际应用中的动力蓄电池均衡控制都是以上述基本控制为基础,进行各种改进。

### 3.6.4　动力蓄电池均衡控制的策略

动力蓄电池均衡控制的策略是指在特定均衡电路的基础上,由电池管理系统均衡算法控制,对动力蓄电池的均衡状态采用的均衡方法。按均衡指标划分,动力蓄电池均衡控制的策略可以分为基于电压的均衡策略、基于 SOC 的均衡策略、基于容量的均衡策略。

**1. 基于电压的均衡策略**

电压是蓄电池较直观、直接的指标,容易测量,这里所说的电压是指蓄电池的端电压。蓄电池的端电压和开路电压的关系为

$$U = U_{OC} + RI \tag{3-53}$$

式中,$U$ 为蓄电池的端电压;$U_{OC}$ 为蓄电池的开路电压;$R$ 为蓄电池内阻;$I$ 为充放电电流,放电为正,充电为负。

针对某种特定蓄电池,蓄电池 SOC 可以通过静置后蓄电池的开路电压体现,两者具

有单调的相关关系。因而，可以利用蓄电池开路电压估计 SOC。电池管理系统直接测量的是蓄电池的端电压，在蓄电池长期静置的情况下，蓄电池的端电压和开路电压具有一致性，能够较好地反映蓄电池的能量状态。但在蓄电池充放电情况下，由于蓄电池内阻存在差异，因此端电压一致不能代表开路电压一致。此外，由于蓄电池存在静置效应，因此单纯的电压指标对蓄电池能量状态的反应有较大误差，易造成过均衡问题。过均衡问题是指由蓄电池内阻差异及蓄电池静置效应导致实际均衡的蓄电池能量超过所需能量的现象。因而，单纯的电压均衡效果仍有一定的缺陷。

#### 2. 基于 SOC 的均衡策略

基于 SOC 的均衡策略以蓄电池 SOC 一致为动力蓄蓄电池的均衡指标。SOC 作为均衡变量，能够实时判断蓄电池的不一致情况，较好地反映蓄电池容量状态，实现在线均衡。蓄电池均衡的目标是保证单体蓄电池的可用容量一致，通过分析比较，选择 SOC 作为均衡变量。蓄电池 SOC 是蓄电池电压、内阻、温度等参数的综合表征，以 SOC 为均衡变量可以减小各蓄电池在使用过程中由放电深度不同引起老化速度不同，因此基于 SOC 的均衡能够从本质上改善蓄电池不一致性，实现蓄电池能量的优化配置，提高蓄电池组的安全性。

#### 3. 基于容量的均衡策略

基于容量的均衡策略是以蓄电池容量为动力蓄蓄电池的均衡指标。在蓄电池的使用过程中，由于老化等原因，蓄电池的能量会逐渐衰减，最终会小于初始的额定容量。由于各蓄电池具有特性差异及所处环境温度差异，各蓄电池容量衰减的速度有所不同，会出现某些较弱的蓄电池。在蓄电池组的充放电末端时期执行基于容量的均衡策略，以实现蓄电池组同时充满、同时放空的目标，从而实现蓄电池组能量利用效率最大化。以容量为均衡变量，可以满足对容量进行判断和均衡的要求，但容量不能直接在线测量，只适用于离线状态的均衡。

#### 一、名词解释
1. 电池管理系统
2. 电化学模型
3. 等效电路模型
4. 动力蓄电池的 SOC 估计
5. 动力蓄电池的 SOH 估计

#### 二、填空题
1. 电池管理系统主要由_____、_____和_____三部分组成。
2. 电池管理系统的工作模式主要有_____、_____、_____、_____和_____。
3. 电池管理系统的技术要求包括状态_____、_____、_____、_____

_____、_____。

4. 动力蓄电池的 SOC 估计方法有 _____、_____、_____、_____、_____、_____、_____等。

5. 蓄电池不一致性主要分为_____、_____和_____。

### 三、选择题

1. 下列不属于动力电池管理系统的是（    ）。
   A. 检测模块　　　B. 均衡电源模块　　　C. 冷却模块　　　D. 控制模块

2. 下列不属于电池管理系统功能的是（    ）。
   A. 蓄电池参数检测　　　　　　　　B. 充电控制
   C. 续驶里程检测　　　　　　　　　D. 蓄电池安全控制与报警

3. 动力蓄电池的热管理非常重要，如果温度过高，则会影响动力蓄电池的循环寿命和安全性，希望动力蓄电池的温度保持在（    ）。
   A. 20～30℃　　　B. 20～35℃　　　C. 25～35℃　　　D. 25～30℃

4. 对于纯电动汽车和插电式混合动力电动汽车，电池管理系统电池 SOC 估计的累积误差应不大于（    ）。
   A. 5%　　　B. 10%　　　C. 15%　　　D. 20%

5. 电池管理系统的参数检测不包括（    ）。
   A. 电压检测　　　B. 电流检测　　　C. 电阻检测　　　D. 温度检测

### 四、判断题

1. 电池管理系统应具有故障诊断、故障信息记录、故障处理的功能，如故障码上报、实时警示和故障保护等。（    ）

2. 电池管理系统的电压检测方式主要有单体蓄电池 A/D 转换器方式、共模检测方式和差模检测方式。（    ）

3. 三元锂电池能量密度高，但安全性较差，循环寿命短，成本高；磷酸铁锂电池能量密度低，但安全性好，循环寿命长，成本低。（    ）

4. 动力蓄电池 SOC 不是一个可以直接测量的值，而是需要运用设计的算法，通过电压、电流、温度等状态量的实时测量值间接估计。（    ）

5. 动力蓄电池均衡控制的策略有基于电压的均衡策略、基于电流的均衡策略、基于温度的均衡策略、基于 SOC 的均衡策略和基于容量的均衡策略。（    ）

### 五、问答题

1. 电池管理系统的主要功能有哪些？
2. 蓄电池等效电路模型主要有哪些？
3. 动力蓄电池 SOH 估计方法主要有哪些？
4. 锂离子蓄电池配组方法主要有哪些？
5. 动力蓄电池均衡控制策略主要有哪些？

### 六、拓展题

1. 查找三款量产电动汽车的电池管理系统，并进行总结分析。
2. 利用卡尔曼滤波法对动力蓄电池 SOC 估计进行仿真。

# 第4章　动力蓄电池的充电技术

通过本章的学习，读者能够掌握动力蓄电池的充电方法、充电方式和充电设备，了解充电基础设施的发展目标。

| 教学内容 | 能力要求 | 参考学时 |
| --- | --- | --- |
| 动力蓄电池的充电方法 | 掌握动力蓄电池常规充电方法（恒流充电法、恒压充电法和恒流恒压充电法）及快速充电方法（脉冲快速充电法、变电流快速充电法和变电压快速充电法） | 2 |
| 动力蓄电池的充电方式 | 掌握动力蓄电池的交流慢充方式、直流快充方式、电池更换充电方式、无线充电方式、移动充电方式 | |
| 动力蓄电池的充电设备 | 掌握电动汽车对充电设备的要求，以及车载充电机、非车载充电机、充电桩的基本知识和使用方法 | |
| 充电基础设施的发展目标 | 了解到2025年、2030年、2035年充电基础设施的发展目标 | |

电动汽车的充电技术

新能源汽车动力电池技术

> **导入案例**
>
> 影响电动汽车快速发展的因素很多,其中主要因素是续驶里程和充电。如果从电动汽车本身来看,则主要因素是动力蓄电池的储能技术和充电技术。电动汽车的充电时间比燃油汽车加油的时间长,同时基础设施(充电桩)的建设速度跟不上电动汽车快速发展的速度,在一定程度上影响了电动汽车的使用体验。图4.1所示为电动汽车充电站。
>
>
>
> 图4.1 电动汽车充电站
>
> 如何为电动汽车动力蓄电池充电?有哪些充电设备和充电方式?通过本章的学习,读者可以得到答案。

## 4.1 动力蓄电池的充电方法

动力蓄电池的充电方法分为常规充电方法和快速充电方法。

### 4.1.1 常规充电方法

动力蓄电池的常规充电方法有恒流充电法、恒压充电法和恒流恒压充电法等。

**1. 恒流充电法**

恒流充电法是指充电过程中保持充电电流不变的充电方法,其充电曲线如图4.2所示。

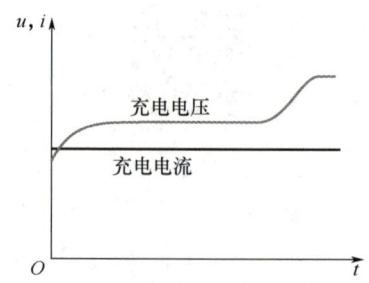

图4.2 恒流充电法的充电曲线

恒流充电法的优点是适应性较强，容易将动力蓄电池充满电，有益于延长动力蓄电池的使用寿命；缺点是在充电过程中，需要根据逐渐升高的动力蓄电池电动势调节充电电压，以保持充电电流不变，充电时间也较长。

#### 2. 恒压充电法

恒压充电法是指充电过程中保持充电电压不变的充电方法，其充电曲线如图 4.3 所示。恒压充电时，充电电流随动力蓄电池电动势的升高而减小。合理的充电电压，应在动力蓄电池即将充满电时，使充电电流趋于零。如果电压过高，则造成充电初期充电电流过大和过充电；如果电压过低，则会使动力蓄电池充电不足。若充电初期充电电流过大，则应适当调低充电电压，待动力蓄电池电动势升高后，将充电电压调整到规定值。恒压充电法的优点是充电时间短，在充电过程中无须调整电压，较适合补充充电；缺点是不容易将动力蓄电池充满电，充电初期大电流对极板有不利影响。

#### 3. 恒流恒压充电法

恒流恒压充电法是先以恒流方式充电，当动力蓄电池端电压上升到限值时，充电机自动转换为以恒压方式充电，直到充电完毕。恒流恒压充电法的充电曲线如图 4.4 所示。

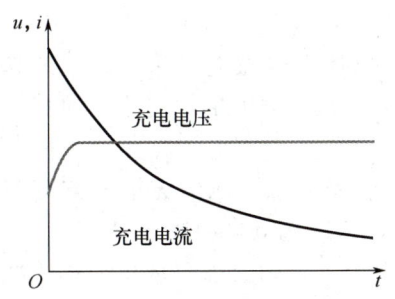

图 4.3　恒压充电法的充电曲线

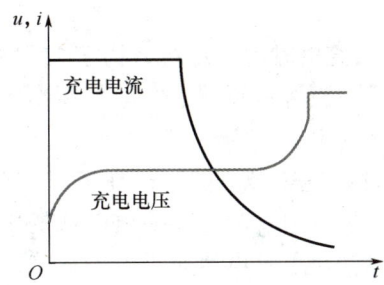

图 4.4　恒流恒压充电法的充电曲线

锂离子蓄电池通常采用恒流恒压充电法充电，其充电过程可分为预充电、恒流充电、恒压充电三个阶段，如图 4.5 所示。

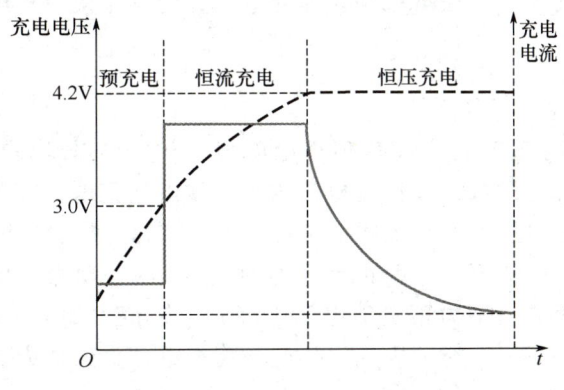

图 4.5　锂离子蓄电池的充电曲线

（1）预充电阶段。在预充电阶段，首先检测单体锂离子蓄电池的电压是否较低（低于

3.0V），如果是，则采用涓流充电，即以较小的恒定电流充电，直至蓄电池电压上升到一个安全值，否则可省略该阶段。预充电阶段主要用于修复过放电的锂离子蓄电池。

（2）恒流充电阶段。涓流充电后，锂离子蓄电池转入恒流充电阶段。在该阶段，充电电流保持较大值不变，蓄电池的最大充电电流取决于蓄电池的容量。在预充电阶段和恒流充电阶段，连续监控蓄电池的电压和温度，可以采用蓄电池最高电压终止法和蓄电池最高温度终止法终止恒流充电。蓄电池最高电压终止法是指当单体锂离子蓄电池的电压达到4.2V时，恒流充电自动终止；蓄电池最高温度终止法是指当锂离子蓄电池的温度达到60℃时，恒流充电自动终止。

（3）恒压充电阶段。恒流充电结束后，锂离子蓄电池转入恒压充电阶段。在该阶段，充电电压保持恒定。因为锂离子蓄电池对充电电压精度的要求较高，单体锂离子蓄电池恒压充电电压应在规定值的±1%内变化，所以要严格控制锂离子蓄电池的充电电压。在恒压充电阶段，充电机连续监控蓄电池的电压、温度、充电电流和充电时间。

常用的恒压充电终止方法有以下四种。

① 蓄电池最高电压终止法。当单体锂离子蓄电池的电压达到4.25V时，恒压充电自动终止。

② 蓄电池最高温度终止法。当锂离子蓄电池的最高温度达到60℃时，恒压充电自动终止。

③ 最长充电时间终止法。为了确保锂离子蓄电池安全充电，除了设置最高电压和最高温度，还应设置最长充电时间。在温度检测和电压检测失败的情况下，可以保证锂离子蓄电池安全充电。

④ 最小充电电流终止法。在恒压充电阶段，锂离子蓄电池的充电电流逐渐减小，当减小到一定值（通常为恒流充电电流的1/10）时，恒压充电自动终止。

此外，锂离子蓄电池充足电后，若仍插在充电机上，则会因自放电而损失电量。充电机应以非常小的电流为锂离子蓄电池充电或检测锂离子蓄电池电位，以备对锂离子蓄电池再充电，这种状态称为维护充电状态。

### 4.1.2 快速充电方法

动力蓄电池的快速充电方法有脉冲快速充电法、变电流快速充电法和变电压快速充电法等。

#### 1. 脉冲快速充电法

脉冲快速充电法的充电曲线包括预充电阶段、恒流充电阶段和脉冲充电阶段，如图4.6所示。在恒流充电阶段，以恒定电流为动力蓄电池充电，部分能量转移到动力蓄电池内部。当动力蓄电池电压上升到上限值（如4.2V）时，进入脉冲充电阶段，用1C的脉冲电流间歇地为动力蓄电池充电。在恒定充电时间$T_c$内，动力蓄电池电压不断升高，充电停止时电压缓慢下降。当动力蓄电池电压下降到上限值（如4.2V）时，以相等电流为动力蓄电池充电，开始下一个充电周期。如此循环充电，直到动力蓄电池充满电。

#### 2. 变电流快速充电法

变电流快速充电法是建立在恒流充电和脉冲快速充电基础上的，其充电曲线如图4.7所

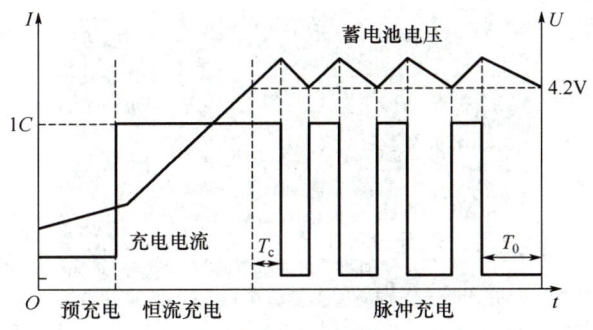

图 4.6　脉冲快速充电法的充电曲线

示。在充电前期采用变电流间歇充电，各段电流逐渐减小，并且设置充电间歇来消除极化现象。此时充电电流较大，动力蓄电池在较短时间内获得大部分充电量。在充电后期采用恒压充电，以小电流充电方式将动力蓄电池充满电。

3. 变电压快速充电法

变电压快速充电法的充电曲线如图 4.8 所示。在充电初期，采用电压逐渐减小的变电压间歇充电，在充电脉冲之间设置充电间歇。与变电流快速充电法相比，在变电压快速充电法的每个恒压充电阶段，充电电流都是按指数规律下降的，更符合动力蓄电池的可充电电流随充电的进行逐渐减小的特点。如果各段充电电压设置得当，则整个充电过程的充电电流接近动力蓄电池的可接受充电电流，充电加快。

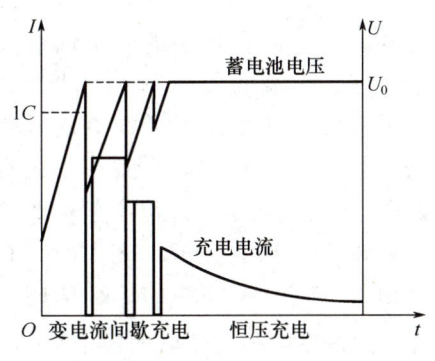

图 4.7　变电流快速充电法的充电曲线

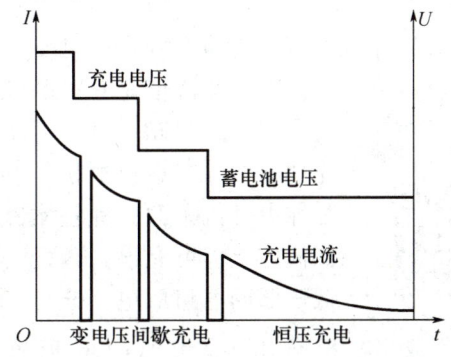

图 4.8　变电压快速充电法的充电曲线

## 4.2　动力蓄电池的充电方式

电动汽车的充电方式有交流慢充方式、直流快充方式、电池更换充电方式、无线充电方式、移动充电方式等，其中交流慢充方式和直流快充方式为主流充电方式，一般纯电动汽车都有交流慢充接口和直流快充接口，如图 4.9 所示。两个充电接口的结构不同，不能互换。插电式混合动力电动汽车的带电量小，只配备交流慢充接口。充电是电动汽车使用过程中的重要环节，充电的体验很大程度上决定了消费者的购买决策和用车体验。

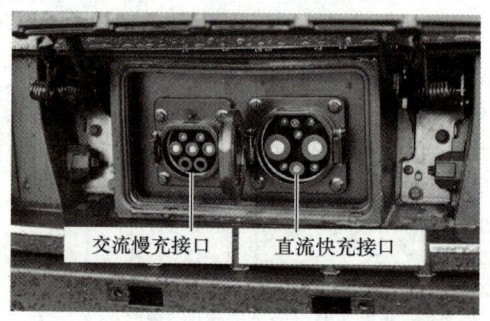

图 4.9 交流慢充接口和直流快充接口

## 4.2.1 交流慢充方式

交流慢充方式是指采用交流充电桩的充电接口,把电网的交流电输入纯电动汽车的交流慢充接口,经汽车内部的车载充电机把交流电转换为直流电后输入动力蓄电池的充电方式,如图 4.10 所示。交流充电桩没有功率转换模块,不做交直流转换。交流慢充的充电功率取决于车载充电机功率。

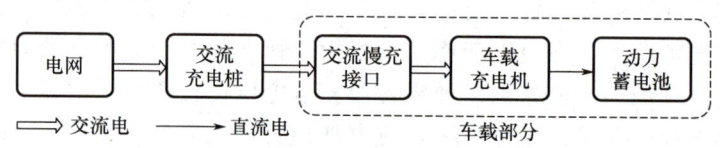

图 4.10 交流慢充方式

电动汽车快速充电和慢速充电

交流慢充方式可以使用标准家用电源插座或者预装的充电墙盒及充电桩。由于交流慢充方式的原理是采用恒压、恒流的传统充电方式为纯电动汽车充电,因此车载充电机的工作成本和安装成本较低。纯电动汽车家用充电设施(车载充电机)和小型充电站多采用这种充电方式。车载充电机是纯电动汽车的一种基本充电设备,由于只需将插头插到停车场或家用电源插座上即可充电,因此充电过程一般由用户独立完成。充电时,直接从低压照明电路取电,充电功率较小,由 220V/16A 规格的标准电网电源供电,一般充电 8~10h(蓄电池 SOC 值超过 95%)。这种充电方式对电网没有特殊要求,只要满足照明要求的供电质量就能使用。由于在家中通常利用晚上的用电低谷期充电,有利于电能的有效利用,因此电力部门会给予纯电动汽车用户一些优惠,如用电低谷期充电打折。

交流慢充方式具有以下优点。

(1) 充电技术成熟,技术门槛低,使用方便,容易推广和普及。

(2) 充电设施配置简单,占地面积较小,投资少;蓄电池充电过程缓和,蓄电池能够深度充满电。

(3) 充电时,蓄电池发热温和,不易发生高温短路或爆炸危险,安全性较强。

(4) 接口标准要求较低。

(5) 充电功率较低,对配电网要求较低,基础设施配套需求小。

(6) 一般晚上充电，可避开用电高峰期，享受用电低谷期充电打折优惠，节能效果较好。

交流慢充方式具有以下缺点。

(1) 充电时间长，电动汽车的续驶里程有限。

(2) 适用于有慢速充电需求的停车场所（如住宅停车场、社会公共停车场等），使用受到限制。

## 4.2.2 直流快充方式

直流快充方式是指采用直流充电桩充电接口，把电网的交流电转换为直流电，并输送到纯电动汽车直流快充接口的充电方式，如图 4.11 所示。直流充电桩内置功率转换模块，能将电网的交流电转换为直流电，无须经过车载充电机转换。直流快充的充电功率取决于电池管理系统和直流充电桩的输出功率，取两者中的较小值。

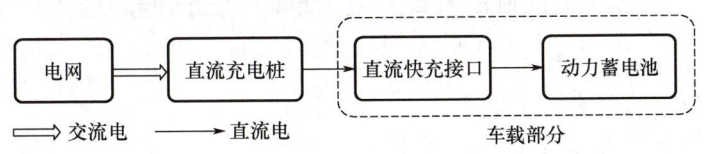

图 4.11 直流快充方式

直流快充方式以 150～400A 的充电电流在短时间内为动力蓄电池充电，与交流慢充方式相比，安装成本较高。直流快充也称迅速充电或应急充电，可在短时间内为纯电动汽车充满电，充电时间与燃油汽车的加油时间接近。大型充电站（机）多采用这种充电方式。

直流快充方式主要针对需要快速充电的情况，充电机功率很大，一般大于 30kW，采用三相四线制 380V 供电，充电 10～30min 即可将动力蓄电池充满电。这种充电方式对动力蓄电池的使用寿命有一定的影响，特别是普通动力蓄电池不能进行快速充电，因为在短时间内接受大量电能会使动力蓄电池过热。快速充电站的关键部件是非车载快速充电组件，它能够输出 35kW 甚至更高的功率。由于功率和电流的额定值都很高，因此直流快充方式对电网的要求较高。

直流快充方式具有以下优点。

(1) 技术较成熟，接口标准要求较低。

(2) 充电快，可提高纯电动汽车的长途续驶能力，是一种有效的补充电能方式。

直流快充方式具有以下缺点。

(1) 充电功率较大，对接口和用电安全要求较高，动力蓄电池散热成为重要因素。

(2) 动力蓄电池不能深度充满电，一般为动力蓄电池容量的 80%，容易损害动力蓄电池的使用寿命，需要承担更高的折旧成本。

(3) 短时用电消耗大，对配电网要求较高，基础设施配套需求巨大。

(4) 一般在城市用电高峰期充电，对城市电网的安全性存在威胁，而且不享受充电打折优惠。

## 4.2.3 电池更换充电方式

电池更换充电方式是指更换动力蓄电池，迅速为汽车补充电能的充电方式，可在

10min 内完成更换，理论上无限延长了电动汽车的续驶里程。

图 4.12 所示的电池更换充电方式是利用换电机器人为电动汽车更换动力蓄电池。

图 4.12　电池更换充电方式

电池更换充电方式具有以下优点。

（1）更换时间接近燃油汽车的加油时间。

（2）用户只需购买裸车，采用租赁动力蓄电池的方式即可，可大幅度降低汽车价格。

（3）保证了动力蓄电池的健康及效能的发挥，动力蓄电池集中管理便于集中回收和维护，减少环境污染。

（4）在用电低谷期慢速充电，降低了服务机构的运营成本，对电网起到错峰填谷的作用。

电池更换充电方式具有以下缺点。

（1）基础设施建设成本较高，占地面积大，对电网配套要求高。

（2）需解决电动汽车电池更换的方便性，如动力蓄电池设计安装位置、动力蓄电池拆卸难易程度等。

（3）需要电动汽车行业众多标准严格统一，实现动力蓄电池外形和各项参数标准化、动力蓄电池和电动汽车接口标准化、动力蓄电池和外置充电设备接口标准化等。

（4）电池更换容易导致动力蓄电池接口接触不良等问题，对动力蓄电池接口及汽车接口的安全性和可靠性的要求提高。

（5）租赁动力蓄电池带来了资产管理、物流配送、计价收费等问题，运作更复杂，成本提高。

### 4.2.4　无线充电方式

电动汽车无线充电

无线充电方式是指利用无线电能传输技术为动力蓄电池充电的方式，主要有电磁感应充电方式［图 4.13（a）］和磁共振充电方式［图 4.13（b）］。电磁感应充电方式是将受电线圈安装在汽车底盘上，将供电线圈安装在地面上，当电动汽车行驶到供电线圈正上方时，供电线圈中通过交变电流，通过电磁感应在受电线圈中产生一定的电流。磁共振充电方式与电磁感应充电方式的工作原理大致相同，区别在于磁共振充电方式中的供电线圈和受电线圈使用相同的共振周波,即谐振,使两者频率相同,进行能量交换。

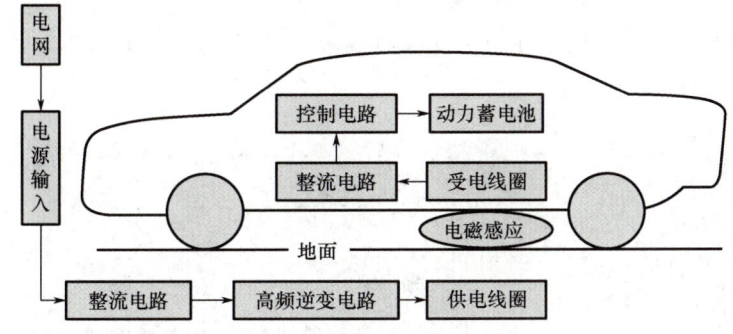

(a)电磁感应充电方式

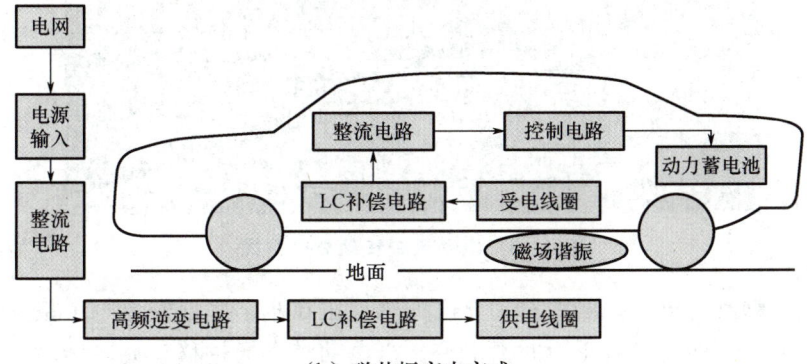

(b)磁共振充电方式

图 4.13 无线充电方式

与有线充电方式相比,无线充电方式具有以下优点。

(1)充电设备占地面积小,充电便利。

(2)可无人值守充电设施,后期维护成本低。

(3)占地面积相同的情况下,可为更多电动汽车充电,提高了空间利用率。

无线充电方式具有以下缺点。

(1)充电效率不高。

(2)传递功率不大,一般小于10kW。

(3)主要采用电磁感应充电方式,存在辐射泄漏的安全问题。

利用无线充电技术,电动汽车可通过安装在电线杆或其他高层建筑上的发射器快速充电,电费将从安装在汽车上的预付卡中扣除。

电动汽车无线充电如图 4.14 所示。

图 4.14 电动汽车无线充电

### 4.2.5 移动充电方式

移动充电方式是指电动汽车在行驶过程中充电,如图4.15所示,有接触式移动充电和感应式移动充电两种。

图 4.15 电动汽车移动充电方式

(1) 接触式移动充电。接触式移动充电的原理是在汽车底部安装一个接触拱,与嵌在路面上的充电元件接触时可获得瞬时大电流。当电动汽车通过移动充电区时,接触拱可为电动汽车充电。

(2) 感应式移动充电。用感应线圈取代接触拱,用可产生强磁场的大电流绕组取代嵌在路面上的充电元件,接触式移动充电系统便成为感应式移动充电系统。

## 4.3 动力蓄电池的充电设备

电动汽车的充电设备是指与电动汽车或动力蓄电池连接,并为其提供电能的设备,是电动汽车充电站的主要设备。

### 4.3.1 电动汽车对充电设备的要求

电动汽车对充电设备有以下要求。

(1) 安全性。电动汽车充电时,要保证人员的人身安全和动力蓄电池的安全。

(2) 使用方便。充电设备应具有较强的智能性,不需要操作人员过多干预充电过程。

(3) 成本较低。成本较低、价格低廉的充电设备有助于降低电动汽车的成本,促进电动汽车的商业化推广。

(4) 效率高。效率高是对现代充电设备的重要要求,效率对电动汽车的能量效率有重大影响。

(5) 对供电电源污染小。采用电力电子技术的充电设备是高度非线性的设备，会对供电网及其他用电设备产生有害的谐波污染；而且充电设备的功率因数小，当充电系统负载增大时，其对供电网的影响不容忽视。

充电设备主要有车载充电机、非车载充电机及充电桩。

## 4.3.2 车载充电机

车载充电机是指固定安装在电动汽车上的充电机，具有为电动汽车动力蓄电池安全、自动充满电的作用。根据电池管理系统提供的数据，车载充电机能动态调节充电电流或电压参数，执行相应的动作，完成充电过程。

车载充电机以交流电源为输入，输出直流电，直接为动力蓄电池充电。

### 1. 车载充电机的组成

车载充电机由交流输入端口、功率单元、控制单元、低压辅助单元、直流输出端口等组成，如图4.16所示。

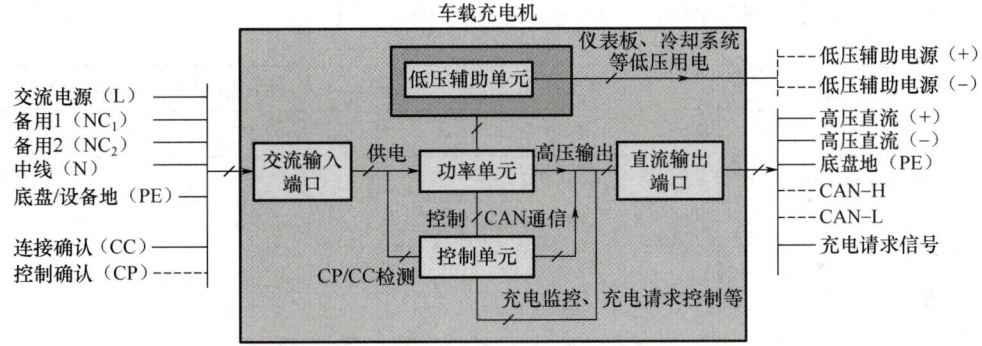

图4.16 车载充电机的组成

(1) 交流输入端口。交流输入端口是车载充电机与地面供电设备的连接装置。

(2) 功率单元。功率单元作为充电能量的传递通道，主要包括电磁干扰抑制模块、整流模块、功率因数校正模块、滤波模块、全桥变换模块、直流输出模块，其作用是在控制单元的配合下，把电网的交流电转换为蓄电池需要的高压直流电。

(3) 控制单元。控制单元主要包括原边检测及保护模块、过电流检测及保护模块、过电压/欠电压检测及保护模块、DSP主控模块，其作用是通过电力电子器件控制功率单元的转换过程，采用闭环控制方式精确完成转换功能，并提供保护功能。

(4) 低压辅助单元。低压辅助单元主要包括CAN通信模块、辅助电源模块、人机交互模块，其作用是为控制单元的电力电子器件提供低压供电及实现系统与外界的联系。

(5) 直流输出端口。直流输出端口是车载充电机与蓄电池之间的连接装置。

车载充电机的优点是电动汽车在任何时间、任何地方需要充电时，只要有与其充电机额定电压相同的交流插座，就可以为动力蓄电池充电；缺点是受电动汽车的空间限制，功率较小，输出充电电流小，蓄电池充电时间较长。

车载充电机的输入端以标准充电接口的形式固定在汽车上,用于连接外部电源;车载充电机的输出端直接连接动力蓄电池的交流慢充接口。

**2. 车载充电机技术参数**

车载充电机输入技术参数的推荐值见表4-1。车载充电机输出技术参数的推荐值见表4-2。

表4-1 车载充电机输入技术参数的推荐值

| 序号 | 额定输入电压/V | 额定输入电流/A | 额定输入功率/kW | 额定频率/Hz |
|---|---|---|---|---|
| 1 | 单相220 | 10.0 | 2.2 | 50.0 |
| 2 | 单相220 | 16.0 | 3.5 | |
| 3 | 单相220 | 32.0 | 7.0 | |
| 4 | 三相380 | 16.0 | 10.5 | |
| 5 | 三相380 | 32.0 | 21.0 | |
| 6 | 三相380 | 63.0 | 41.0 | |

表4-2 车载充电机输出技术参数的推荐值

| 输出电压等级 | 输出电压范围/V | 标称输出电压推荐值/V |
|---|---|---|
| 1 | 24~65 | 48 |
| 2 | 55~120 | 72 |
| 3 | 100~250 | 144 |
| 4 | 200~420 | 336 |
| 5 | 300~570 | 384,480 |
| 6 | 400~750 | 640 |

输出电流可根据各制造厂商蓄电池组的电压情况设定。车载充电机在额定输入电压、额定负载的状态下,效率应不低于90%,功率因数应不小于0.92。

车载充电机的技术参数误差要求如下:输入电压波动范围为额定输入电压±15%;输入电压频率波动范围为额定输入电压频率±2%;在恒压输出状态下运行时,车载充电机的输出电压与设定电压的误差应为±1%;在恒流输出状态下运行时,车载充电机的输出电流与设定电流的误差应为±5%;在允许的输出电流的范围内时,车载充电机的输出电流周期和随机偏差不能大于设定电流值的10%;在稳流区间工作时,车载充电机的稳流精度应小于1%,在稳压区间工作时,稳压精度应小于0.5%。

**3. 电动汽车车载充电机的充电接口**

电动汽车车载充电机采用交流充电,其接口应满足交流充电接口的要求。

车载充电机汽车供电插头的触头布置方式如图4.17所示,车载充电机汽车充电插座的触头布置方式如图4.18所示。交流充电接口(慢充接口)有七个孔,中间三个大圆孔分别接中线(火线)、地线、交流电源(零线),用来传导交流电。

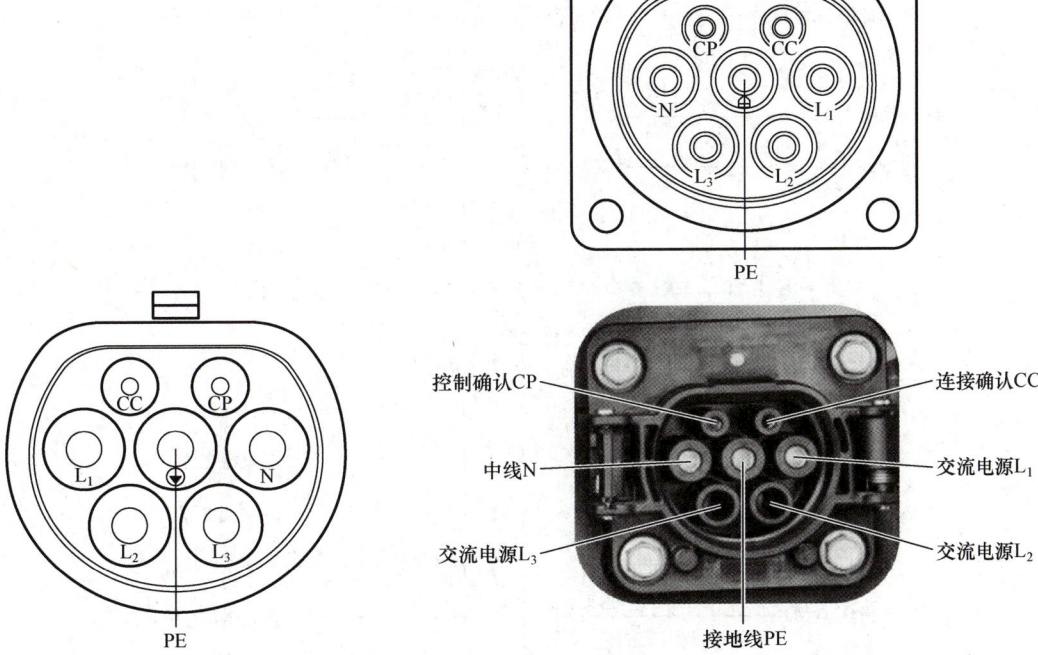

图 4.17 车载充电机汽车供电插头的触头布置方式

图 4.18 车载充电机汽车充电插座的触头布置方式

车载充电机汽车供电插头和充电插座如图 4.19 所示。

图 4.19 车载充电机汽车供电插头和充电插座

在充电连接过程中,先接通底盘接地触头,后接通控制确认触头与连接确认触头;断开连接过程相反。车载充电机汽车充电接口的电气连接界面如图 4.20 所示。车载充电机汽车供电接口的电气连接界面如图 4.21 所示。

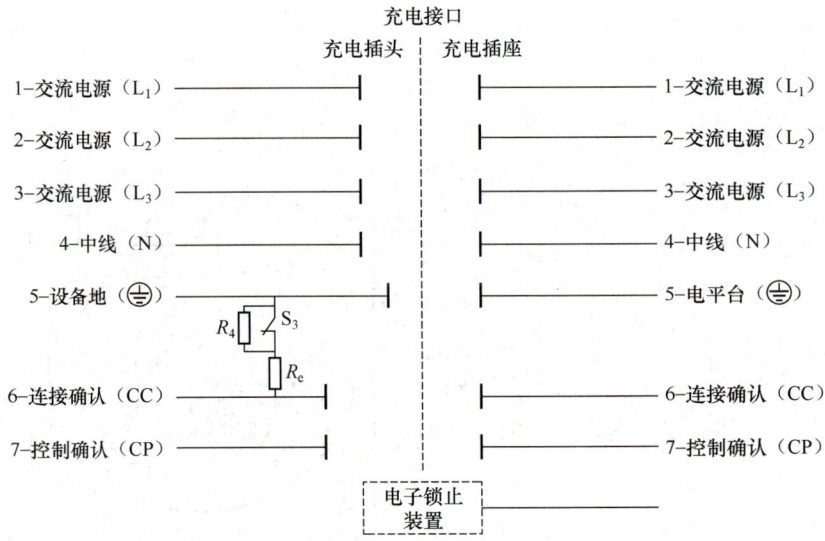

图 4.20　车载充电机汽车充电接口的电气连接界面

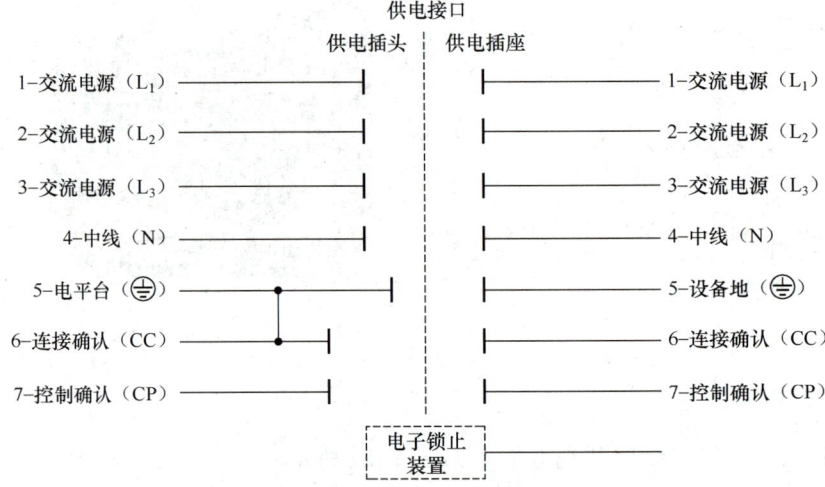

图 4.21　车载充电机汽车供电接口的电气连接界面

## 4.3.3　非车载充电机

作为推动电动汽车发展的重要因素,电动汽车充电站的建设尤为重要,而非车载充电机是充电站的核心。

**1. 非车载充电机的组成**

非车载充电机主要由充电机主体和充电终端组成,如图 4.22 所示。充电机主体包括三相输入接触器、功率模块和管理模块,其中三相输入接触器与电网连接,将交流电转换为电压、电流可调的直流电。充电机主体的输出经过充电终端的充电线缆接口与电动汽车的动力蓄电池连接。充电终端主要包括终端 MCU 主控制器、整流柜控制系统、IC 卡计费系统、信息打印系统、电能测量系统、电池管理系统、充电站监控系统、人机交互界面等,如图 4.23 所示。

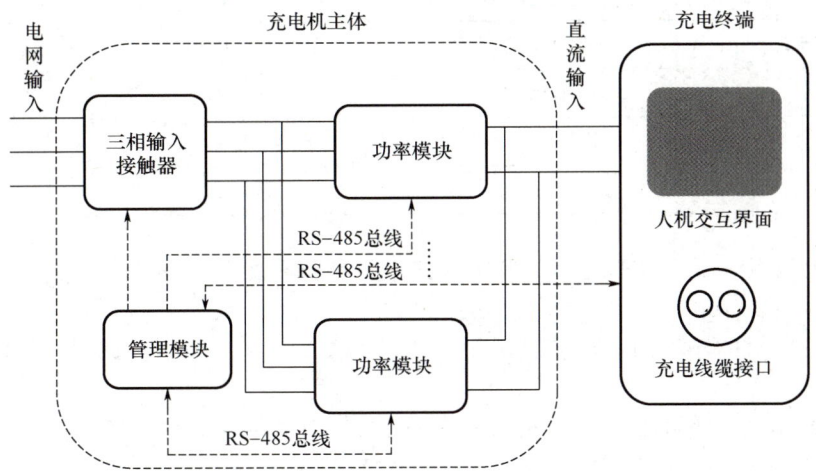

图 4.22 非车载充电机的组成

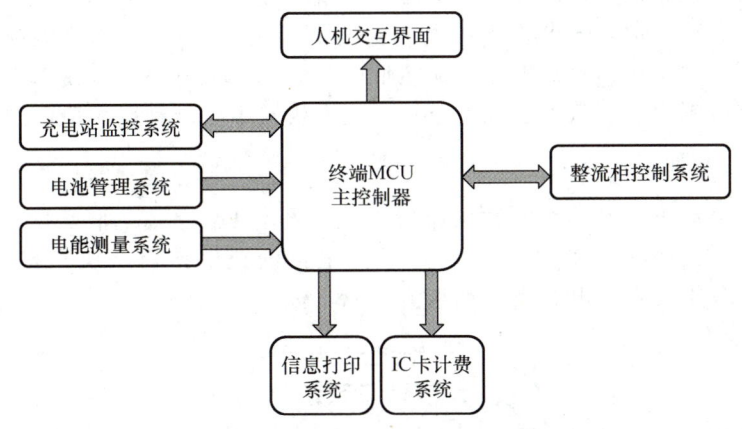

图 4.23 非车载充电机充电终端的结构

功率模块是非车载充电机中传递能量的主体，是关键部件，单个功率模块难以实现充电机的大功率输出，必须采用分布式系统实现，即将多个相同功率模块并联。

人机交互界面不但要为用户提供充电时的一些信息，而且要为充电站维护人员提供一些必要信息，主要有电池类型、充电电压、充电电流、电能量计量信息；单体蓄电池最高/最低电压；故障及报警信息等。充电完成后，充电机打印输出交易信息，如用电度数、交易金额及充电时间等。

管理模块和充电终端与各功率模块进行数据交互，通过 RS-485 总线向各功率模块下发正确的充电控制命令和参数设置命令。功率模块作为充电的具体执行模块，按照管理模块下发的命令上传自身参数，或者接收管理模块的命令并设置相关参数，完成充电。管理模块和功率模块协同工作，实现充电功能。

2. 非车载充电机的技术参数

非车载充电机的输入技术参数见表 4-3。

表 4-3 非车载充电机的输入技术参数

| 输入方式 | 额定输入电压/V | 额定输入电流值 $I_N$/A | 额定频率/Hz |
| --- | --- | --- | --- |
| 1 | 单相 220 | $I_N \leq 16$ | 50 |
| 2 | 单相 220/三相 380 | $16 < I_N \leq 32$ | |
| 3 | 三相 380 | $I_N > 32$ | |

根据蓄电池组电压等级的范围，非车载充电机的输出电压一般分为三级：150～350V、300～500V、450～700V。

非车载充电机的输出额定电流宜采用 10A、20A、50A、100A、160A、200A、315A、400A、500A。

当非车载充电机的输出功率为额定功率的 50%～100% 时，效率不应低于 90%，功率因数不应小于 0.9。

非车载充电机的技术参数误差要求如下：当交流电源电压在标称值的 ±15% 范围内变化，输出直流电压在规定的相应调节范围内变化时，输出直流电流应在额定值的 20%～100% 范围任意数值上保持稳定，充电机输出电流精度不应超过 ±1%；当交流电源电压在标称值的 ±15% 范围变化，输出直流电流在额定值的 0～100% 范围变化时，输出直流电压应在规定的相应调节范围内任意数值上保持稳定，充电机输出电压精度不应超过 ±0.5%。

**3. 非车载充电机充电接口**

非车载充电机汽车供电插头的触头布置方式如图 4.24 所示，非车载充电机汽车充电插座的触头布置方式如图 4.25 所示。非车载充电机的充电接口（快充接口）有九个孔，中间两个大圆孔分别接直流电源正极和直流电源负极。

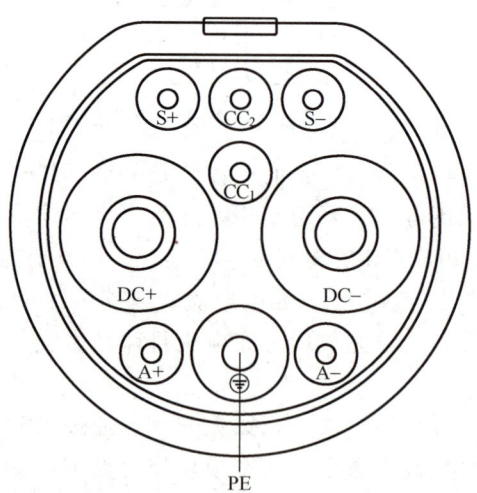

图 4.24 非车载充电机汽车供电插头的触头布置方式

非车载充电机汽车供电插头和汽车充电插座如图 4.26 所示。

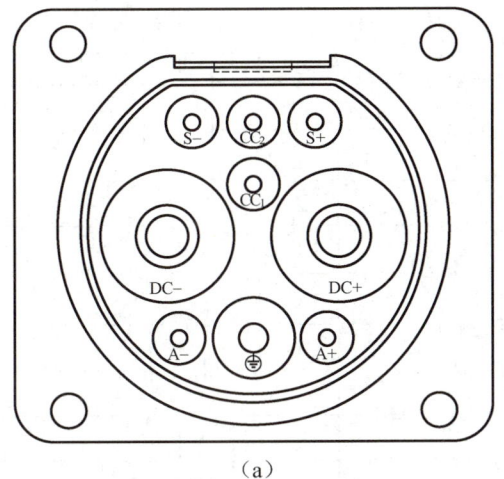

(a)

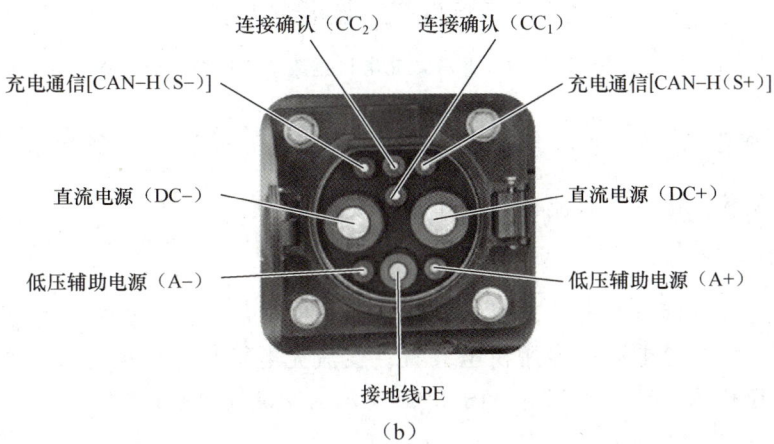

(b)

图 4.25 非车载充电机汽车充电插座的触头布置方式

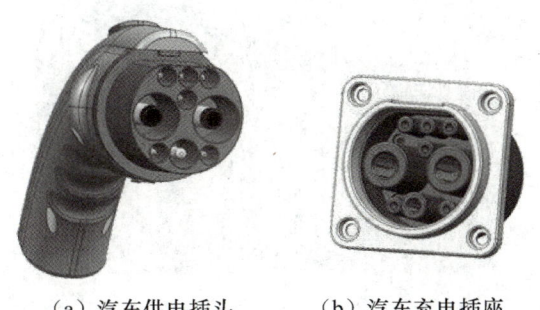

（a）汽车供电插头　　（b）汽车充电插座

图 4.26 非车载充电机汽车供电插头和汽车充电插座

　　汽车供电插头和汽车充电插座在连接过程中触头耦合的顺序如下：保护接地，直流电源正、直流电源负、汽车端连接确认，低压辅助电源正与低压辅助电源负，充电通信与供电端连接确认；脱开过程中的顺序相反。非车载充电机直流充电接口的连接界面如图 4.27 所示。

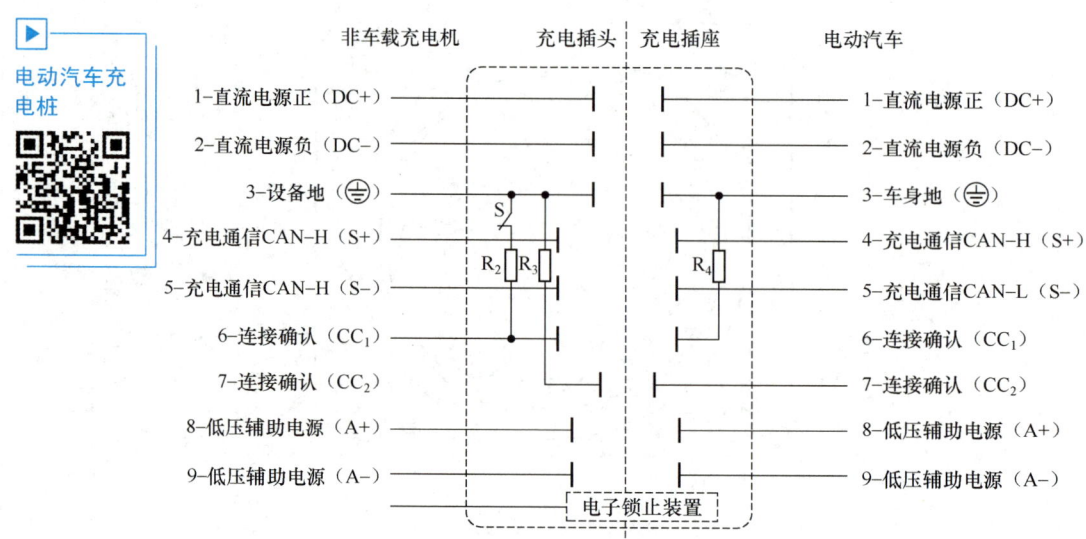

图 4.27 非车载充电机直流充电接口的连接界面

### 4.3.4 充电桩

充电桩有交流充电桩、直流充电桩和交直流充电桩。

#### 1. 交流充电桩

交流充电桩是指固定在电动汽车外、与交流电网连接，采用传导方式为具有车载充电机的电动汽车提供交流电源的专用供电装置。交流充电桩只输出电力，不具有充电功能，需连接车载充电机为电动汽车充电。图 4.28 所示为交流充电桩。

图 4.28 交流充电桩

交流充电桩由桩体、电气模块和计量模块三部分组成。桩体包括外壳和人机交互界面；电气模块包括充电插座、供电电缆、电源转接端子排、安全防护装置等；计量模块包括电能表、计费管理系统、非接触式读写装置等。

交流充电桩输出单相/三相交流电，通过车载充电机转换为直流电为动力蓄电池充电，功率较小（如 7kW、22kW、40kW 等），充电较慢，一般安装在商业区停车场、办公区停车场及住宅区停车场等。

交流充电示意如图 4.29 所示。高压电通过变压器转变为低压电，低压电经低压电缆引至非车载充电机，输出交流电，通过车载充电机为动力蓄电池充电。

**2. 直流充电桩**

直流充电桩是指固定在电动汽车外、与交流电网连接，可以为非车载电动汽车动力蓄电池提供小功率直流电源的供电装置。直流充电桩直接输出直流电为动力蓄电池充电，功率较大（如 60kW、120kW、200kW 等），充电较快，一般安装在大型充电站。图 4.30 所示为直流充电桩。

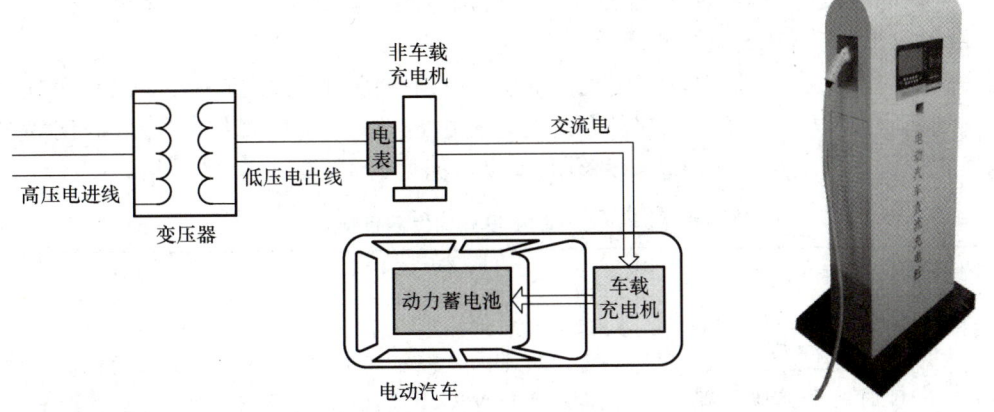

图 4.29　交流充电示意　　　　　图 4.30　直流充电桩

直流充电桩主要由监控器、刷卡区、充电指示灯、插枪接口、充电桩体等组成。

直流充电示意如图 4.31 所示。高压电通过变压器转变为低压电，低压电经低压电缆引至非车载充电机，输出直流电，不通过车载充电机，直接为动力蓄电池充电。

**3. 交直流充电桩**

交直流充电桩采用交直流一体的结构，既可以直流充电，又可以交流充电。白天充电业务多时，采用直流快充方式充电；夜间充电站使用少时，采用交流慢充方式充电。图 4.32 所示为交直流充电桩。

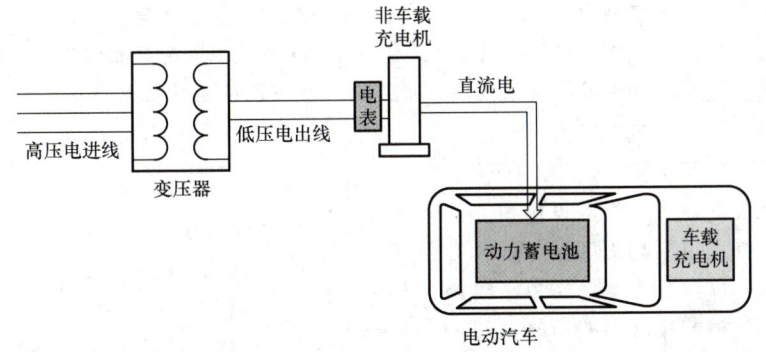 

图 4.31　直流充电示意　　　　　图 4.32　交直流充电桩

## 4.4 充电基础设施的发展目标

充电是电动汽车使用过程中的重要一环,充电体验在很大程度上决定了消费者的购买决策和用车体验。为此,国家制定了充电基础设施发展目标。

以构建慢充普遍覆盖、快充(换电)网络化部署来满足不同充电需求的立体充电体系为目标,实现充电设施网络与新能源汽车产业协调发展,建立布局合理、集约高效、绿色安全和性能优异的充电基础设施网络。

至2035年,建成1.5亿端以上慢充桩端口(含自有桩和公共桩),公共快充端口(含专用车领域)146万端,支撑1.5亿辆以上汽车充电运行,同时实现城市出租车/网约车共享换电模式的大规模应用。充电基础设施的发展目标见表4-4。

表4-4 充电基础设施的发展目标

| 项 目 | 2025年 | 2030年 | 2035年 |
|---|---|---|---|
| 总体目标 | 住宅区停车场、办公区停车场、社会停车场、推广目的地慢充应用覆盖,慢充电能输出占70%以上;公共快充以750V输出为应用主体,实现接口标准前、后向兼容;都市核心区推广智能立体停车充电集约化场站 | 慢充桩电能输出占80%以上,居住区及停车场慢充设施实现V2G电能互动市场化应用;"智能泊车+无线自动充电+机械臂辅助自动充电"及大功率充电占比逐步提高;公共领域运营车辆共享换电较大规模应用 | 车桩协同智能泊车自主充电应用普及,住宅区等停车设施V2G电能互动和园区"光储充"应用基本普及;本地光伏电能储能率达80%;"车储+储充站"对促进全社会可再生能源消纳贡献率达30%以上 |
| | 在私人领域推广直流慢充集群技术,实现停车位慢充智能接线终端基本覆盖;释放配电和充电位潜力;乡村居所以自有小功率慢充终端充电为主;公共领域提高充电设施快充网点分布密度 | 形成住宅区市场化服务生态,全面推广毗邻车位充电负荷共享模式;实现分时共享充电智能引导;电能聚合快速充电能量共济,边缘计算安全性增强;自动充电技术与消防预警联动等社区充电智能化技术应用普及;充电设施与智慧城市多网融合互联互通,实现充电设施与交通、能源等设施支付及安全保障数据融通共享;专用车领域充电配置高效化;充换电设施安全性能、服务能力及方便体验均位居国际先进行列 | |
| 应用领域 | 重点促进私人领域配建慢充设施,基本覆盖城市住宅区及周边区域,以及公共区域、社会停车场和县级以上城乡核心区域及高速公路服务区 | 充电设施覆盖住宅区及周边区域,以及办公区停车场、社会停车场和县级以上城市主要区域、乡镇重点区域、城际连线、高速公路服务区 | 全面覆盖住宅区、商业区、办公区停车场,市郊及省、市、乡、镇路网、高速公路沿线等,实现充电设施合理分布及多种充电方式便捷应用 |

续表

| 项　目 | 2025 年 | 2030 年 | 2035 年 |
|---|---|---|---|
| 产业规模 | 慢充设施充电端口 1300 万端以上；公共快充端口约 80 万端；保障年充电量接近 1000 亿千瓦·时供电需求；支撑 2000 万辆以上汽车充电运行 | 慢充设施充电端口 7000 万端以上；公共快充端口约 128 万端；保障年充电量接近 3000 亿千瓦·时供电需求；支撑 8000 万辆以上汽车充电运行 | 慢充设施充电端口达 1.5 亿端以上；公共快充端口约 146 万端；保障年充电量接近 5000 亿千瓦·时供电需求；支撑 1.5 亿辆以上汽车充电运行 |

一、名词解释

1. 电动汽车充电设备
2. 非车载充电机
3. 车载充电机
4. 交流充电桩
5. 直流充电桩

二、填空题

1. 电动汽车的充电设备是指与_____或_____连接，并提供_____的设备。
2. 交流慢充方式是用_____充电接口，把_____输入电动汽车的_____，经汽车内部的_____，把_____转换为_____后输入_____，完成充电。
3. 直流快充是用_____充电接口，把_____转换为_____并输送到电动汽车的_____，电能直接进入_____充电。
4. 车载充电机是指固定安装在电动汽车上，将_____转换为_____，采用传导方式为电动汽车动力蓄电池充电的专用装置。
5. 电动汽车的无线充电方式主要有_____、_____、_____。

三、选择题

1. 下列不具备直接为电动汽车动力蓄电池充电功能的是（　　）。
A. 非车载充电机　　B. 车载充电机　　C. 直流充电桩　　D. 交流充电桩
2. 电动汽车充电站一般为（　　）充电，可以使用 220V 或 380V 的电压。
A. 慢速　　　　　　B. 快速　　　　　C. 交流　　　　　D. 直流
3. 当电动汽车仪表板上的 SOC 值显示（　　）时，需要充电。
A. 5%　　　　　　　B. 10%　　　　　 C. 20%　　　　　 D. 30%
4. 电动汽车对充电设备的基本要求是（　　）。
A. 安全性强　　　　　　　　　　　　B. 效率高
C. 外形尺寸小　　　　　　　　　　　D. 使用方便
5. 车载充电机的主要作用有（　　）。

A. 将交流电转换成高压直流电　　B. 将交流电转换成低压直流电
C. 将低压直流电转换成高压直流电　　D. 改变交流电电流

### 四、判断题

1. 充电桩可以根据不同的电压等级为各种型号的电动汽车充电，其输入端与交流电网直接连接，输出端装有充电插头，可为电动汽车充电，一般有常规充电和快速充电两种充电方式。（　　）

2. 电动汽车动力蓄电池的充电过程由电池管理系统控制和保护。（　　）

3. 电动汽车的充电接口都是相同的。（　　）

4. 车载充电机在额定输入电压、额定负载的状态下，效率应不低于85%，功率因数应不低于0.9。（　　）

5. 车载充电机充电接口（慢充接口）有七个孔，中间三个大圆孔分别连接中线（火线）、地线、交流电源（零线），用来传导交流电。（　　）

### 五、问答题

1. 电动汽车动力蓄电池有哪些充电方式？
2. 电动汽车主要有哪些充电方式？
3. 交流慢充电有哪些优缺点？
4. 直流快充电有哪些优缺点？
5. 到2035年，充电基础设施的发展目标是什么？

### 六、拓展题

1. 分析当前国内电动汽车的充电基础设施情况。
2. 分析当前国内外电动汽车充电新技术。

# 第5章　燃料电池技术

通过本章的学习,读者能够掌握燃料电池的定义与特点、主要类型,特别是质子交换膜燃料电池的主要部件,了解燃料电池堆和燃料电池发电系统。

| 教学内容 | 能力要求 | 参考学时 |
| --- | --- | --- |
| 燃料电池的定义与特点 | 掌握燃料电池的定义与特点,以及燃料电池与蓄电池的区别 | 2 |
| 燃料电池的主要类型 | 掌握质子交换膜燃料电池、碱性燃料电池、磷酸燃料电池、熔融碳酸盐燃料电池、固体氧化物燃料电池和直接甲醇燃料电池的基本结构、工作原理及特点 | |
| 质子交换膜燃料电池的主要部件 | 掌握质子交换膜燃料电池的质子交换膜、电催化剂、气体扩散层、膜电极、双极板的类型、作用、要求和性能指标 | 2 |
| 燃料电池堆 | 了解燃料电池堆的组成、设计要求、安全要求、体积功率密度和国内常见的燃料电池堆产品 | 2 |
| 燃料电池发电系统 | 了解燃料电池发电系统的组成和常见的燃料电池发电系统产品 | |

燃料电池推动者

新能源汽车动力电池技术

导入案例

图 5.1 所示为现代 NEXO 氢燃料电池电动汽车。在动力方面，其搭载的驱动电动机的最大功率为 120kW，峰值转矩为 395N·m。该车 0～100km/h 的加速时间为 9.2s，最高车速为 179km/h；在续驶里程方面，在 NEDC 循环工况下的续驶里程超过 800km；在加氢方面，只需 5min 即可加注完成约 168L 的 70MPa 氢气。

燃料电池电动汽车的原理及前景

图 5.1　现代 NEXO 氢燃料电池电动汽车

什么是燃料电池？燃料电池有哪些类型？燃料电池的主要结构是怎样的？通过本章的学习，读者可以得到答案。

## 5.1　燃料电池的定义与特点

燃料电池被誉为继火电、水电及核电之后的第四种发电方式。燃料电池有助于氢能的移动化、轻量化和大规模普及，可广泛应用在交通、工业、建筑、军事等场景。随着数字化技术的不断深入，燃料电池将应用于无人驾驶、互联网大数据中心、军事装备等领域。

### 5.1.1　燃料电池的定义

燃料电池是一种化学电池，它直接把物质发生化学反应时释放的能量转换为电能，工作时需要连续向其供给活性物质（起反应的物质）——燃料和氧化剂。由于它把燃料通过化学反应释放的能量转换为电能输出，因此称为燃料电池。

燃料电池由阳极、阴极和电解质组成。氢燃料电池的工作原理是将氢气输送到燃料电池的阳极板（负极），经过催化剂的作用，氢分子中的一个电子分离出来，失去电子的氢离子穿过质子交换膜，到达燃料电池的阴极板（正极），与氧原子重新结合为水，如图 5.2 所示。由于供应给阴极板的氧气是从空气中获得的，因此只要不断地给阳极板供应氢气，给阴极板供应空气，并及时带走水蒸气，就可以不断地提供电能。

燃料电池是燃料电池电动汽车的主要能量来源，是影响燃料电池电动汽车大规模推广应用的主要因素。

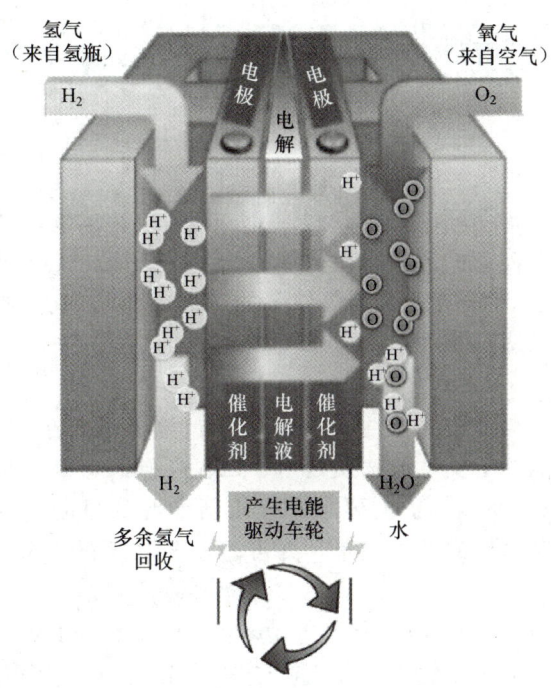

图 5.2 燃料电池的工作原理

燃料电池与蓄电池有以下区别。

（1）燃料电池是一种能量转换装置，工作时，只有输入能量（燃料）才能产生电能；蓄电池是一种能量储存装置，必须先将电能储存到蓄电池中，工作时只能输出电能，不需要输入能量，也不产生电能。这是燃料电池与蓄电池的本质区别。

（2）一旦确定燃料电池的技术性能，其产生的电能就只与燃料供应有关，只要供给燃料就可以产生电能，其放电特性是连续进行的；蓄电池只能在额定范围输出电能，而且只有重复充电才能重复使用，其放电特性是间断进行的。

（3）燃料电池本身的质量和体积不大，但燃料电池需要一套燃料储存装置（或燃料转换装置）和附属设备获得氢气，它们的质量和体积远远大于燃料电池本身，在工作过程中，燃料随着燃料电池电能的产生逐渐消耗，质量逐渐减轻（指车载有限燃料）；蓄电池没有其他辅助设备，确定技术性能后，无论是充满电还是放完电，蓄电池的质量和体积都基本不变。

（4）燃料电池是将化学能转换为电能，蓄电池也是将化学能转换为电能，这是它们的共同之处，但燃料电池产生电能时，参加反应的反应物质不断消耗，不再重复使用，因此，要求不断输入反应物质；蓄电池的活性物质随着蓄电池的充电和放电变化，反复进行可逆化学反应，不消耗活性物质，只需要添加一些电解液等。

## 5.1.2 燃料电池的特点

### 1. 燃料电池的优点

（1）发电效率高。

燃料电池发电不受卡诺循环的限制。理论上，燃料电池的发电效率为85%～90%，但工作时受各种极化的限制，它的能量转换效率为50%～70%。燃料电池在额定功率下的运转效率可以达到60%，在部分功率输出条件下的运转效率可以达到70%，在过载功率输出条件下的运转效率可以达到50%～55%。

（2）环境污染小。

以氢气为燃料的燃料电池的主要生成物质是水，该电池属于"零污染电池"；以碳氢化合物为燃料的燃料电池的主要生成物质是水、二氧化碳和一氧化碳等，该电池属于"超低污染电池"。出于对地球环境保护的要求和谋求新能源的目的，特别是碳中和及碳达峰的要求，燃料电池是比较理想的动力装置，并可能逐渐取代石油作为汽车的主要能源。

（3）功率密度高。

内燃机的比功率约为300W/kg，燃料电池本身的比功率约为700W/kg，功率密度为1000W/L。如果将重整器、净化器和附属装置计算在内，则燃料电池的比功率为300～350W/kg，功率密度为280W/L，与内燃机的比功率接近。因此，燃料电池的动力性能可以达到燃油汽车的水平，但比功率仍需要进一步提高。

（4）燃料来源范围广。

对于燃料电池而言，只要是含有氢原子的物质就可以作为燃料，如天然气、石油、煤炭、沼气、酒精、甲醇等。因此，燃料电池可以满足能源多样化的需求，减缓主流能源的消耗。

### 2. 燃料电池的缺点

（1）燃料种类单一。

无论是液态氢、气态氢、储氢金属储存的氢还是碳水化合物经过重整后转换的氢，都是燃料电池的唯一燃料，氢气的产生、储存、保管、运输和灌装或重整都比较复杂，对安全性的要求很高。

（2）要求高质量密封。

单体燃料电池产生的电压约为1V，不同种类的单体燃料电池产生的电压略有不同。通常将多个单体燃料电池按电压和电流的要求组成燃料电池发电系统。组合时，单体燃料电池间的电极连接必须有严格的密封，因为燃料电池密封不良，氢气会泄漏到燃料电池的外部，不仅会降低氢的利用率并严重影响燃料电池发电系统的效率，还会引起氢气燃烧事故。由于要求严格密封，因此燃料电池发电系统的制造工艺很复杂，且给使用和维护带来很多困难。

（3）成本较高。

质子交换膜燃料电池是较有发展前途的燃料电池，但需要用贵金属铂（Pt）做催化剂，而且铂在反应过程中受一氧化碳的作用会失效。铂的使用和失效使质子交换膜燃料电池的成本较高。

## 5.2 燃料电池的主要类型

燃料电池的主要类型有质子交换膜燃料电池、碱性燃料电池、磷酸燃料电池、熔融碳酸盐燃料电池、固体氧化物燃料电池和直接甲醇燃料电池。

### 5.2.1 质子交换膜燃料电池

质子交换膜燃料电池（proton exchange membrane fuel cell，PEMFC）采用可传导离子的聚合膜做电解质，也称聚合物电解质燃料电池、固体聚合物燃料电池或固体聚合物电解质燃料电池，是应用广泛的燃料电池。

#### 1. 质子交换膜燃料电池的基本结构

质子交换膜燃料电池由质子交换膜、催化层、气体扩散层和双极板组成，如图 5.3 所示。其中，催化层与气体扩散层分别在质子交换膜两侧构成阳极和阴极，阳极为氢电极，为燃料发生氧化反应所在电极；阴极为氧电极，为氧化剂发生还原反应所在电极；阳极和阴极上都需要有一定量的催化剂，用来加速电极上发生的电化学反应；两电极之间是电解质，即质子交换膜；通过热压将阴极、阳极与质子交换膜复合在一起，形成膜电极。

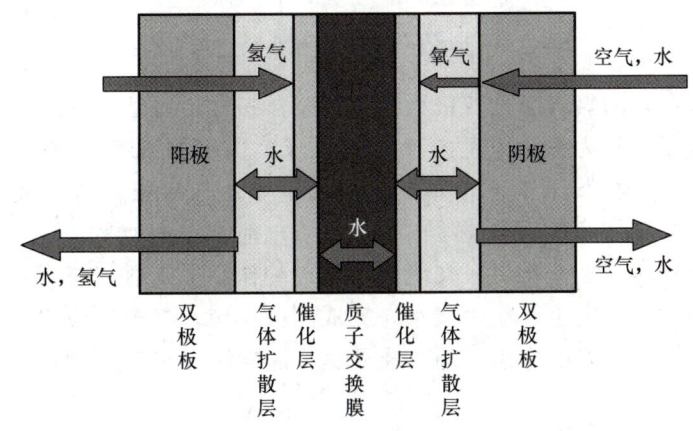

图 5.3 质子交换膜燃料电池的基本结构示意

（1）质子交换膜。质子交换膜作为电解质，起到传导质子、隔离反应气体的作用。在燃料电池内部，质子交换膜为质子的迁移和输送提供通道，使得质子从阳极到达阴极，与外电路的电子转移构成回路，向外界提供电流。质子交换膜的性能对燃料电池的性能有非常重要的影响，也直接影响燃料电池的使用寿命。

（2）催化层。催化层是由催化剂和催化剂载体形成的薄层组成的。催化剂主要是铂碳（Pt/C）、铂合金碳；载体材料主要是纳米颗粒碳、碳纳米管等，要求导电性好、载体耐腐蚀、催化活性强。

（3）气体扩散层。气体扩散层是由导电材料制成的多孔合成物，起支撑催化层、收集电流，并为电化学反应提供电子通道、气体通道和排水通道的作用。

（4）双极板。双极板又称集流板，位于膜电极的两侧，其作用是阻隔燃料和氧化剂，收集和传导电流，导热，将单体燃料电池串联起来，并通过流场为反应气体进入电极及水的排出提供通道。

燃料电池的基本构成单元是单体燃料电池，电压约为1V，不能直接应用。在实际应用中，先将若干单体燃料电池组成燃料电池堆，再由燃料电池堆组成燃料电池系统并安装在燃料电池电动汽车上，为其提供能量。

**2. 质子交换膜燃料电池的工作原理**

质子交换膜燃料电池相当于水电解的"逆"装置，其工作原理如图5.4所示。

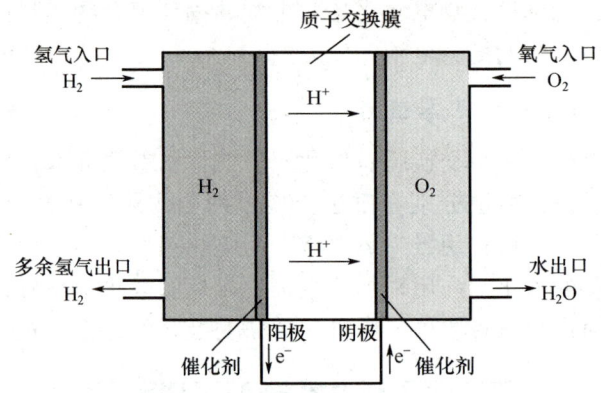

图5.4 质子交换膜燃料电池的工作原理

在电池一端，导入的氢气通过双极板经阳极气体扩散层到达阳极催化层，在阳极催化剂的作用下，氢分子分解为带正电的氢离子（质子）并释放带负电的电子，完成阳极反应；氢离子穿过质子交换膜到达阴极催化层，而电子由双极板收集，通过外电路到达阴极，在外电路形成电流，通过适当连接向负载输出电能。在电池另一端，氧气通过双极板经阴极气体扩散层到达阴极催化层，在阴极催化剂的作用下，氧气与通过质子交换膜的氢离子及来自外电路的电子发生反应生成水，完成阴极反应；电极反应生成的大部分水由尾气排出，小部分水在压力差的作用下通过质子交换膜向阳极扩散。阳极和阴极发生的电化学反应分别为

$$H_2 \longrightarrow 2H^+ + 2e^-$$

$$4e^- + 4H^+ + O_2 \longrightarrow 2H_2O$$

燃料电池的总电化学反应为

$$2H_2 + O_2 \longrightarrow 2H_2O$$

上述过程是理想的工作过程，实际上，在整个反应过程中会有很多中间步骤和中间产物。

**3. 质子交换膜燃料电池的特点**

质子交换膜燃料电池具有以下优点。

（1）能量转化效率高。通过氢氧化合作用，化学能转换为电能，不通过热机过程，不受卡诺循环的限制。

(2) 可实现零排放。唯一排放物是纯净水，不排放污染物，是环保能源。

(3) 运行噪声小，可靠性强。质子交换膜燃料电池无机械运动部件，工作时只有气体和水的流动。

(4) 维护方便。质子交换膜燃料电池内部构造简单，电池模块呈现自然的积木式结构，使得电池组的组装和维护都非常方便，也很容易实现免维护设计。

(5) 发电效率平稳。发电效率受负荷变化的影响很小，适合用作分散型发电装置（主机组），也适合用作电网的"调峰"发电装置（辅助机组）。

(6) 氢来源广泛。氢元素是地球上最多的元素。氢气来源极其广泛，是一种可再生能源资源，可通过石油、天然气、甲醇、甲烷等进行重整制氢，也可通过电解水制氢、光解水制氢、生物制氢等方法获取氢气。

(7) 技术成熟。氢气的生产、储存、运输和使用等技术均非常成熟、安全、可靠。

质子交换膜燃料电池具有以下缺点。

(1) 成本高。因为膜材料和催化剂均十分昂贵，但成本不断降低，所以一旦能够大规模生产，经济效益就会充分显示出来。

(2) 对氢气的纯度要求高。质子交换膜燃料电池需要使用纯净的氢气，因为它们极易受到一氧化碳和其他杂质的污染。

因为质子交换膜燃料电池的工作温度低、启动速度较快、功率密度较高（体积较小），所以很适合用作新一代交通工具的动力。从发展情况看，质子交换膜燃料电池是技术较成熟的燃料电池电动汽车的动力源，质子交换膜燃料电池电动汽车是未来电动汽车的发展方向。

## 5.2.2 碱性燃料电池

碱性燃料电池（alkaline fuel cell，AFC）以强碱（如氢氧化钾、氢氧化钠）为电解质，以氢气为燃料，以纯氧或脱除微量二氧化碳的空气为氧化剂，以对氧电化学还原有良好催化活性的 Pt/C、Ag、Ag-Au、Ni 等为催化剂制备的多孔气体扩散电极为氧电极，以对氢电化学氧化有良好催化活性的 Pt-Pd/C、Pt/C、Ni、NiB 等为催化剂制备的多孔气体电极为氢电极。以无孔炭板、镍板或镀镍板甚至镀银、镀金的金属（如铝、镁、铁等）板为双极板。

### 1. 碱性燃料电池的结构

碱性燃料电池的结构如图 5.5 所示。先将电极以电解液保持室隔板的形式黏接在用塑料制成的电池框架上，再加上隔板，构成单体碱性燃料电池。

### 2. 碱性燃料电池的工作原理

图 5.6 所示为碱性石棉膜型氢氧燃料电池的工作原理。

在阳极，在催化剂的作用下，氢气与碱中的 $OH^-$ 发生氧化反应生成水和电子；电子通过外电路达到阴极，在阴极催化剂的作用下，参与氧的还原反应，生成的 $OH^-$ 通过饱浸碱液的石棉膜迁移到氢电极。阳极和阴极发生的电化学反应分别为

$$H_2 + 2OH^- \longrightarrow 2H_2O + 2e^-$$

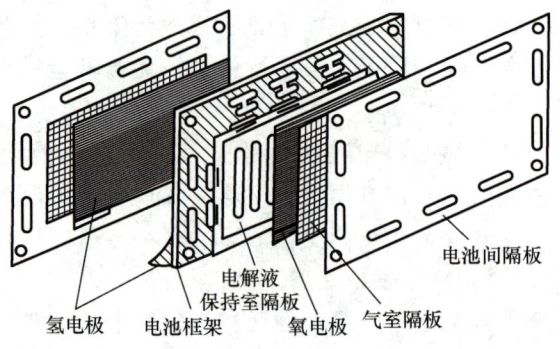

图 5.5 碱性燃料电池的结构

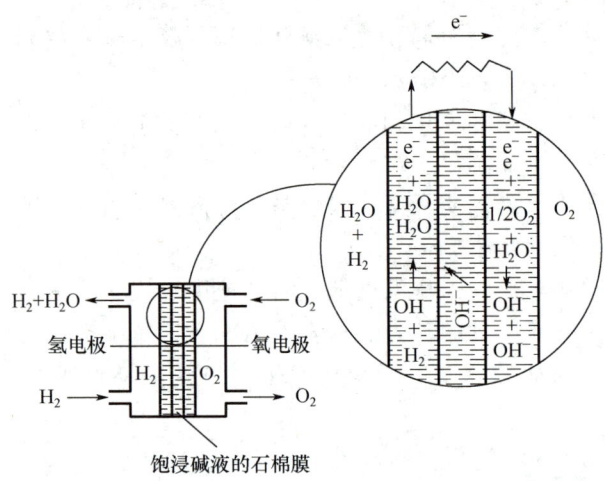

图 5.6 碱性石棉膜型氢氧燃料电池的工作原理

$$O_2 + 2H_2O + 4e^- \longrightarrow 4OH^-$$

总的电化学反应为

$$2H_2 + O_2 \longrightarrow 2H_2O$$

**3. 碱性燃料电池的特点**

碱性燃料电池具有以下特点。

(1) 碱性燃料电池具有较高的效率（50%～55%）。

(2) 碱性燃料电池的工作温度约为 80℃，启动很快，但其电力密度是质子交换膜燃料电池电力密度的十几分之一。

(3) 碱性燃料电池性能可靠，可用非贵金属做催化剂。

(4) 碱性燃料电池是燃料电池中生产成本较低的一种电池。

(5) 碱性燃料电池技术发展较快，主要用于航空航天领域，包括为航天飞机提供动力和饮用水。

(6) 碱性燃料电池使用具有腐蚀性的电解液，具有一定的危险性，且容易造成环境污染。此外，为解决二氧化碳毒化采用的一些方法（如使用循环电解液、吸收二氧化碳等）使系统更复杂。

## 5.2.3 磷酸燃料电池

磷酸燃料电池（phosphoric acid fuel cell，PAFC）是以浓磷酸为电解质，以贵金属催化的气体扩散电极为正、负极的中温型燃料电池。

**1. 磷酸燃料电池的结构**

磷酸燃料电池的电池片由基材及肋条板触媒层所组成的燃料极、保持磷酸的电解质层、与燃料极构造相同的空气极构成。在燃料极，燃料中的氢分子释放电子成为氢离子。氢离子通过电解质层，在空气极与氧离子发生反应生成水。将多枚电池片叠加，为降低发电时内部的热量，每枚电池片中都叠加冷却板，从而构成输出功率稳定的基本电池堆，与用于固定的构件、供气用的集合管等构成磷酸燃料电池的电池堆，其结构示意如图 5.7 所示。

**2. 磷酸燃料电池的工作原理**

图 5.8 所示为磷酸燃料电池的工作原理。

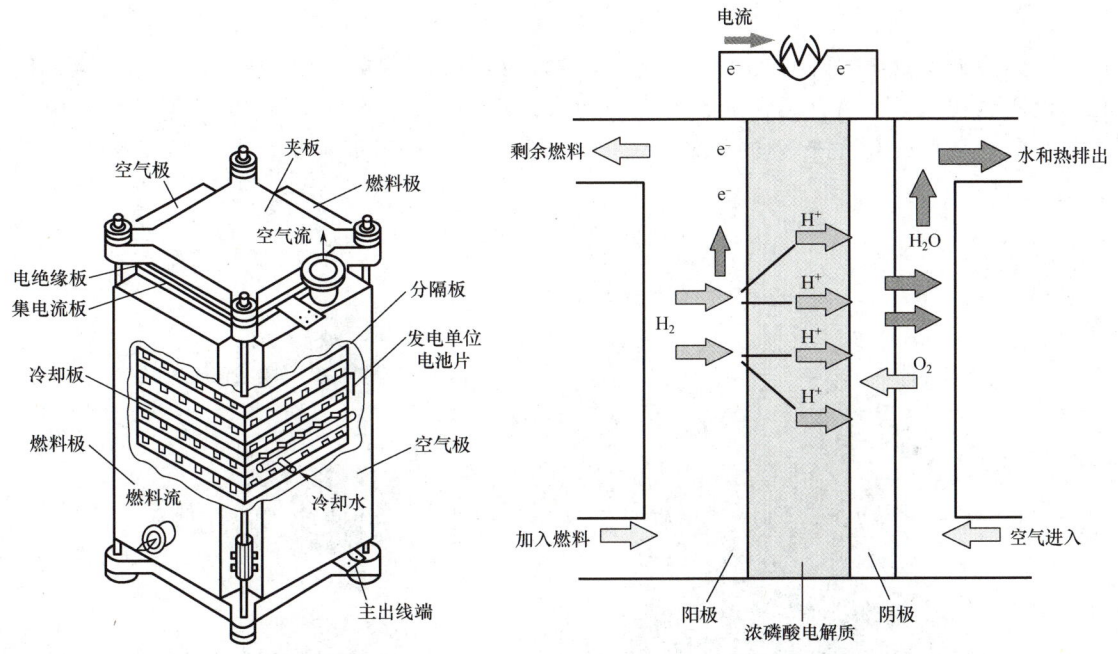

图 5.7 磷酸燃料电池的电池堆结构示意　　图 5.8 磷酸燃料电池的工作原理

当以氢气为燃料，以氧气为氧化剂时，阳极和阴极发生的电化学反应分别为

$$H_2 \longrightarrow 2H^+ + 2e^-$$

$$O_2 + 4H^+ + 4e^- \longrightarrow 2H_2O$$

总的电化学反应为

$$2H_2 + O_2 \longrightarrow 2H_2O$$

**3. 磷酸燃料电池的特点**

磷酸燃料电池具有以下特点。

（1）磷酸燃料电池的工作温度比质子交换膜燃料电池和碱性燃料电池的工作温度略高，为150～200℃，但仍需电极上的铂催化剂加速反应。较高的工作温度使其对杂质的耐受性较强，即使反应物中含有1％～2％的一氧化碳和百万分之几的硫，磷酸燃料电池也可以工作。

（2）磷酸燃料电池的效率比其他燃料电池低，约为40％；其加热时间比质子交换膜燃料电池长。

（3）磷酸燃料电池具有构造简单、稳定、电解质挥发度低等优点。磷酸燃料电池可用作公共汽车的动力，但很少用在轿车上。

## 5.2.4 熔融碳酸盐燃料电池

熔融碳酸盐燃料电池（molten carbonate fuel cell，MCFC）主要由阳极、阴极、电解质和集流板（或双极板）构成。

**1. 熔融碳酸盐燃料电池的结构**

单体熔融碳酸盐燃料电池一般是平板型的，由阳极、阴极、电解质、燃料流通道、氧化剂流通道和上、下端板组成，如图5.9所示。其上、下部分为端板/电流采集板，中间部分是电解质板，电解质板的两侧为多孔的阳极极板和阴极极板，电解质是熔融态碳酸盐。

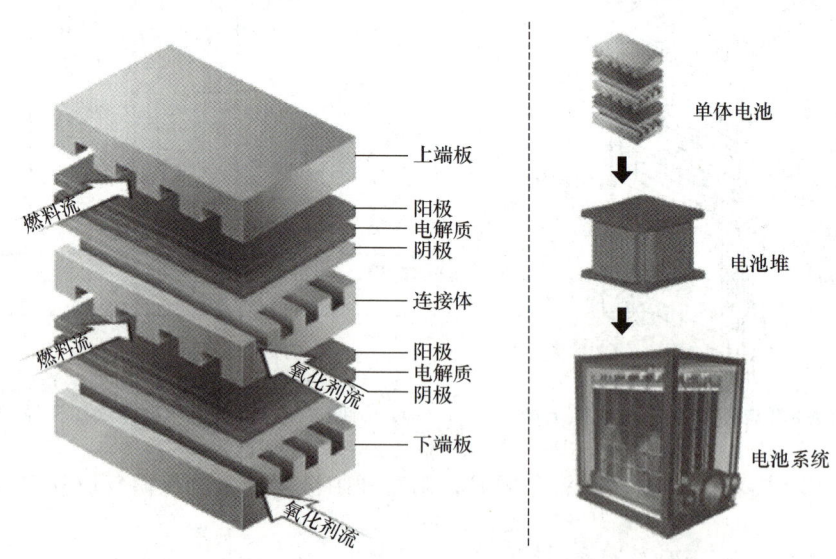

图 5.9 熔融碳酸盐燃料电池的结构

## 2. 熔融碳酸盐燃料电池的工作原理

熔融碳酸盐燃料电池的工作原理如图 5.10 所示。燃料电池的工作过程实际上是燃料的氧化和氧化剂的还原过程。燃料和氧化剂气体流经阳极通道和阴极通道。氧化剂中的 $O_2$ 和 $CO_2$ 在阴极与电子发生氧化反应生成 $CO_3^{2-}$，电解质板中的 $CO_3^{2-}$ 直接从阴极移动到阳极，燃料气中的 $H_2$ 与 $CO_3^{2-}$ 在阳极发生反应生成 $CO_2$、$H_2O$ 和电子。电子被集流板收集起来，然后到达隔板。隔板位于燃料电池的上部和下部，与负载设备连接，从而构成包括电子传输和离子移动在内的完整回路。

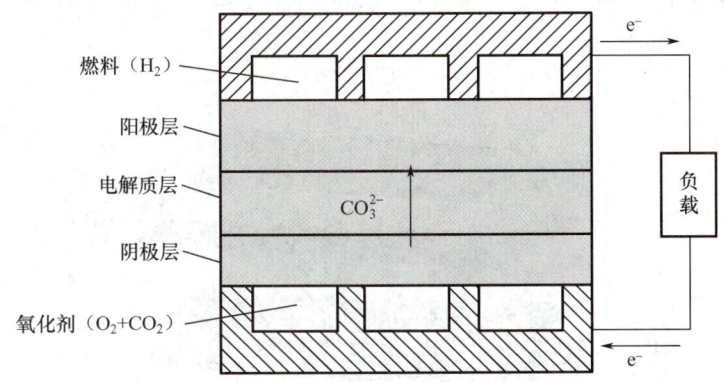

图 5.10 熔融碳酸盐燃料电池的工作原理

熔融碳酸盐燃料电池的电化学反应式为

$$H_2(a)+CO_3^{2-} \longrightarrow H_2O(a)+CO_2(a)+2e^-(a)$$

$$2CO_2+O_2(c)+4e^-(c) \longrightarrow 2CO_3^{2-}(c)$$

$$2H_2+O_2+2CO_2(c) \longrightarrow 2H_2O+2CO_2(a)+2E^0+Q^0$$

式中，a、c 分别表示阳极、阴极；$e^-$ 表示电子；$E^0$ 表示基本发电量；$Q^0$ 表示基本放热量。

## 3. 熔融碳酸盐燃料电池的特点

熔融碳酸盐燃料电池具有以下优点。

(1) 工作温度高，电极反应活化能小，无论是氢气的氧化过程还是氧气的还原过程，都不需要贵金属做催化剂，降低了成本。

(2) 可以使用含量高的燃料气，如煤制气。

(3) 电池排放的余热温度高达 673K，可用于底循环或回收利用，使总的热效率达到 80%。

(4) 可以用空气冷却代替水冷却，尤其适用于缺水的地区。

熔融碳酸盐燃料电池具有以下缺点。

(1) 高温及电解质的强腐蚀性长期对电池各种材料产生影响，电池的使用寿命会受到一定的限制。

(2) 单体电池边缘的高温密封难度和高湿密封难度大，尤其在阳极会遭受严重的腐蚀。另外，熔融碳酸盐还有一些固有问题，如由冷却导致的破裂问题等。

(3) 电池中需要循环,将阳极析出的物质重新输送到阴极,使系统结构更复杂。

## 5.2.5 固体氧化物燃料电池

固体氧化物燃料电池(solid oxide full cell,SOFC)属于第三代燃料电池,是一种在中高温下直接将储存在燃料和氧化剂中的化学能高效、环境友好地转换为电能的全固态化学发电装置,被普遍认为未来会与质子交换膜燃料电池一样得到广泛应用。

### 1. 固体氧化物燃料电池的结构

固体氧化物燃料电池主要由电解质、阳极、阴极和连接体(或双极板)组成,如图 5.11 所示。

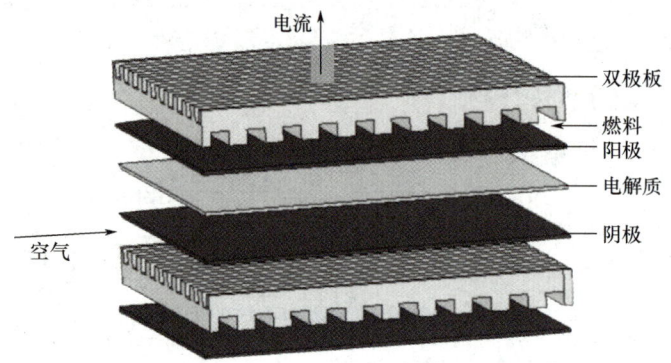

图 5.11 固体氧化物燃料电池的组成

电解质是固体氧化物燃料电池的核心部件,主要用于传导氧离子。它的性能(如电导率、稳定性、热膨胀系数、致密化温度等)不但直接影响电池的工作温度及转换效率,而且决定了与之匹配的电极材料及其制备技术。常用的电解质材料是镍粉弥散在 YSZ(掺钇氧化锆)的金属陶瓷,其离子电导率即使在氧分压变化十几个数量级时,也不发生明显变化。

电极本身首先是一种催化剂。阴极需要长期在高温和氧化环境中工作,起传递电子和扩散氧的作用,应是多孔的电子导电性薄膜。固体氧化物燃料电池的工作温度高,只有贵金属或电子导电的氧化物适用于阴极材料,由于铂、钯等贵金属价格高,因此一般只在实验范围内使用。实际上,常用含锶的锰酸镧作为固体氧化物燃料电池的阴极材料。Ni/YSZ 陶瓷合金造价低,是实际应用中的首选阳极材料。

连接体在单体电池间起连接作用,并隔离阳极侧的燃料气体与阴极侧的氧化气体(氧气或空气)。钙钛矿结构的铬酸镧常用作固体氧化物燃料电池的连接体材料。

### 2. 固体氧化物燃料电池的工作原理

固体氧化物燃料电池工作时,电子由阳极经外电路流向阴极,氧离子经电解质由阴极流向阳极。图 5.12 所示为固体氧化物燃料电池的工作原理。

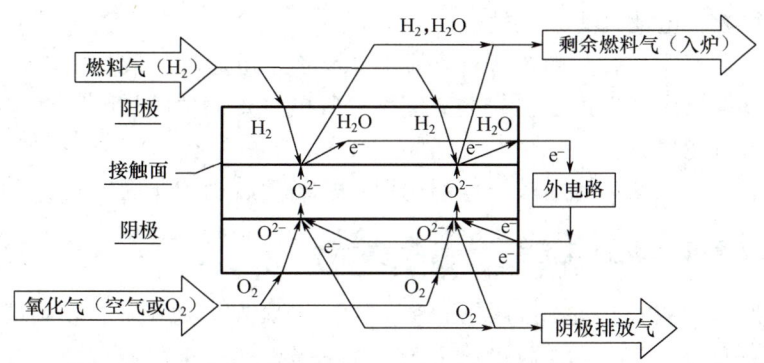

图 5.12 固体氧化物燃料电池的工作原理

在阴极发生氧化剂（氧气或空气）的还原反应，即氧分子得到电子被还原为氧离子。阴极的电化学反应为

$$O_2 + 4e^- \longrightarrow 2O^{2-}$$

氧离子在电解质隔膜两侧电位差与浓度差驱动力的作用下，通过电解质隔膜中的氧空位，定向跃迁到阳极。

在阳极发生燃料（氢气或富氢气体）的氧化反应，即燃料（如氢气）与经电解质传递过来的氧离子进行氧化反应生成水，同时向外电路释放电子，电子通过外电路到达阴极，形成直流电。

当分别用 $H_2$、CO、$CH_4$ 做燃料时，阳极发生的电化学反应为

$$H_2 + O^{2-} \longrightarrow H_2O + 2e^-$$
$$CO + O^{2-} \longrightarrow CO_2 + 2e^-$$
$$CH_4 + 4O^{2-} \longrightarrow 2H_2O + CO_2 + 8e^-$$

以 $H_2$ 为例，总的电化学反应为

$$2H_2 + O_2 \longrightarrow 2H_2O$$

### 3. 固体氧化物燃料电池的特点

固体氧化物燃料电池除了具有燃料电池高效、清洁、环境友好的特点，还具有以下优点。

(1) 固体氧化物燃料电池是全固态电池结构，不存在电解质渗漏问题，避免了由液态电解质带来的腐蚀和电解液流失等问题，无须配置电解质管理系统，使用寿命长。

(2) 对燃料的适应性强，可直接用天然气、煤气或其他碳氢化合物做燃料。

(3) 由于固体氧化物燃料电池直接将化学能转换为电能，不通过热机过程，因此不受卡诺循环的限制。其发电效率高，能量密度大，能量转换效率高。

(4) 工作温度高，电极反应快，不需要使用贵金属做催化剂。

(5) 可使用高温进行内部燃料重整，优化系统。

(6) 排放量少，噪声小。

(7) 废热的再利用价值高。

(8) 陶瓷电解质要求中、高温运行（600~1000℃），不仅加快了电池的反应，还可以实现多种碳氢燃料气体的内部还原，简化了设备。

固体氧化物燃料电池具有以下缺点。
（1）氧化物电解质材料为陶瓷材料，质脆、易裂，电池堆组装较困难。
（2）因为高温热应力作用会引起电池龟裂，所以主要部件的热膨胀率应严格匹配。
（3）存在自由能损失。
（4）工作温度高，预热时间较长，不适用于需经常启动的非固定场所。

### 5.2.6 直接甲醇燃料电池

直接甲醇燃料电池（direct methanol fuel cell，DMFC）属于质子交换膜燃料电池，其直接使用水溶液及甲醇蒸气为燃料供给来源，而不需要通过重整器重整甲醇、汽油及天然气等制取氢以供发电。

**1. 直接甲醇燃料电池的结构**

直接甲醇燃料电池主要由阳极、固体电解质膜和阴极构成，如图5.13所示。阳极和阴极分别由多孔结构的气体扩散层和催化剂层组成，通常使用疏水性、亲水性不同的炭黑和聚四氟乙烯作为直接甲醇燃料电池的阳极材料和阴极材料。

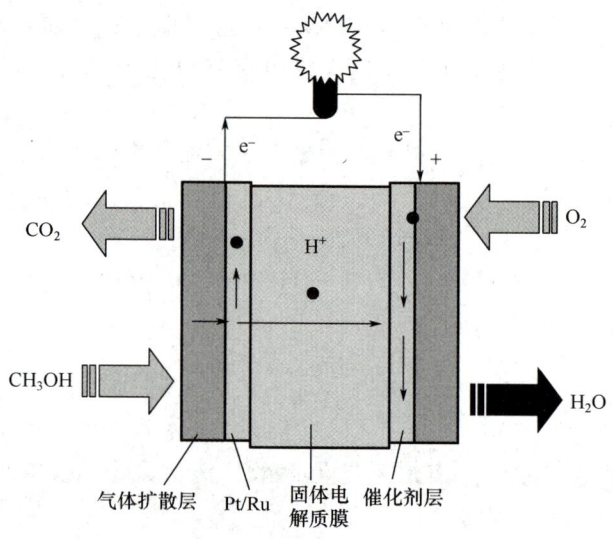

图5.13 直接甲醇燃料电池的结构

**2. 直接甲醇燃料电池的工作原理**

以甲醇为燃料，将甲醇和水的混合物送至直接甲醇燃料电池的阳极，在阳极，甲醇发生氧化反应生成$CO_2$，并释放电子和质子；在阴极，氧气发生还原反应，与阳极产生的质子反应生成水。电子从阳极经外电路转移至阴极，形成直流电，工作温度为25～135℃。

阳极和阴极发生的电化学应分别为

$$CH_3OH + H_2O \longrightarrow CO_2 + 6H^+ + 6e^-$$

$$O_2 + 4e^- + 2H_2O \longrightarrow 4OH^-$$

总的电化学反应为

$$2CH_3OH + 3O_2 \longrightarrow 2CO_2 + 4H_2O$$

### 3. 直接甲醇燃料电池的特点

直接甲醇燃料电池具有以下优点。

(1) 甲醇来源丰富，价格低廉，储存和携带方便。

(2) 与质子交换膜燃料电池相比，结构更简单，操作更方便，体积能量密度更高。

(3) 与重整式甲醇燃料电池相比，不需要甲醇重整装置，质量和体积更小，响应更快。

直接甲醇燃料电池的缺点如下：当甲醇低温转换为氢气和二氧化碳时，比质子交换膜燃料电池需要更多铂催化剂。

如无特殊说明，本书介绍的燃料电池都是指质子交换膜燃料电池。

## 5.3 质子交换膜燃料电池的主要部件

质子交换膜燃料电池的主要部件有质子交换膜、电催化剂、气体扩散层、膜电极、双极板。

### 5.3.1 质子交换膜

质子交换膜又称聚合物电解质薄膜，是指以质子为导电电荷的聚合物电解质膜。它是质子交换膜燃料电池的核心，是一种厚度为微米级的薄膜片，其微观结构非常复杂。

#### 1. 质子交换膜的类型

质子交换膜主要分为全氟质子交换膜、部分氟化质子交换膜和非氟化质子交换膜等。

(1) 全氟质子交换膜。全氟质子交换膜是指高分子链上的氢原子全部被氟原子取代的质子交换膜。全氟质子交换膜由碳氟主链和带有磺酸基团的醚支链构成，具有极强的化学稳定性，应用广泛。

由于全氟质子交换膜的主链有聚四氟乙烯结构，如图 5.14 所示，分子中的氟原子可以将碳-碳链紧密覆盖，而碳-氟键键长短、键能高、可极化度小，分子具有优良的热稳定性、化学稳定性和较高的力学强度，确保聚合物膜的使用寿命长；分子支链上的亲水性磺酸基团能够吸附水分子，具有优良的离子传导特性。

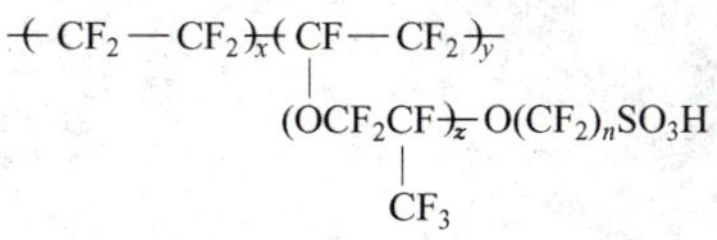

$$-(CF_2-CF_2)_x-(CF-CF_2)_y-$$
$$|$$
$$(OCF_2CF)_z-O(CF_2)_nSO_3H$$
$$|$$
$$CF_3$$

**图 5.14 全氟质子交换膜的化学结构**

全氟质子交换膜的优点如下：机械强度高，化学稳定性好，在湿度大的条件下电导率高；低温时，电流密度大，质子传导电阻小。但是全氟质子交换膜存在如下缺点：温度升高会使质子传导性变差，高温时易发生化学降解；单体合成困难，成本高；价格高；用于甲醇燃料电池时易发生甲醇渗透；等等。

全氟磺酸型质子交换膜主要有以下几种：美国杜邦公司的 Nafion 系列膜；美国陶氏化学公司的 XUS-B204 膜；日本旭化成公司的 Aciplex 膜；日本旭硝子公司的 Flemion 膜；日本氯工程公司的 C 膜；加拿大 Ballard 公司的 BAM 型膜，其中较具代表性的是美国杜邦公司的 Nafion 系列全氟磺酸型质子交换膜，但它不主要应用于车载燃料电池。

（2）部分氟化质子交换膜。针对全氟磺酸型质子交换膜价格高、工作温度低等缺点，研究人员除了对其进行复合改性等，还开展了大量新型非全氟膜的研发工作，部分氟化质子交换膜便是其中之一，如聚三氟苯乙烯磺酸膜、聚四氟乙烯-六氟丙烯膜等。

部分氟化质子交换膜一般体现为主链全氟，有利于在燃料电池苛刻的氧化环境下保证质子交换膜具有相应的使用寿命。质子交换基团一般是磺酸基团，按引入的方式不同，部分氟化质子交换膜分为全氟主链聚合，带有磺酸基的单体接枝到主链上；全氟主链聚合后，单体侧链接枝再磺化；磺化单体直接聚合。采用部分氟化结构会明显降低薄膜成本，但是其电化学性能不如美国杜邦公司的 Nafion 系列膜。

（3）非氟化质子交换膜。非氟化质子交换膜是指不含有任何氟原子的质子交换膜。与全氟质子交换膜相比，非氟质子交换膜具有如下优点：价格低，很多材料都容易买到；含极性基团的非氟聚合物的亲水能力在很宽的温度范围内都很高，吸收的水分聚集在主链上的极性基团周围，保水能力较强；通过适当的分子设计，稳定性有较大改善；废弃非氟聚合物易降解，不会造成环境污染。

磺化芳香型聚合物具有良好的热稳定性和较高的机械强度，磺化产物广泛用于质子交换膜。

车用质子交换膜逐渐趋于薄型化，由先前的几十微米降低到几微米，可减小质子传递的欧姆极化，性能更好。

在车用质子交换膜领域，美国戈尔公司创造性地发明了 ePTFE（膨体聚四氟乙烯）的专有增强膜技术，其核心产品具有超薄、耐用、功率密度高的特性，与全球领先的新能源汽车制造商和燃料电池公司有广泛深入的合作。丰田 MIRAI、现代 NEXO 和本田 CLARITY 等燃料电池电动汽车都采用美国戈尔公司的产品。从产品来看，出货量较大的是 $18\mu m$、$15\mu m$ 的质子交换膜。在超薄膜应用提速的形势下，美国戈尔公司的 $8\mu m$ 超薄膜得到了客户的好评。虽然美国戈尔公司的超薄膜技术远远领先于同行，但其实验室已经具有生产 $5\mu m$ 甚至更薄膜的技术能力，正等待合适的产业化时机。图 5.15 所示为美国戈尔公司生产的质子交换膜。

图 5.15 美国戈尔公司生产的质子交换膜

山东东岳未来氢能材料股份有限公司是质子交换膜生成的主要企业，东岳 DF260 膜技术已经成熟并定型量产。东岳 DF260 膜的厚度可以达到 15μm，在开路电压下，其耐久性大于 600h；膜运行时间超过 6000h；在干湿循环和机械稳定性方面，其循环次数都超过 20000 次。图 5.16 所示为东岳未来氢能材料股份有限公司生产的质子交换膜。

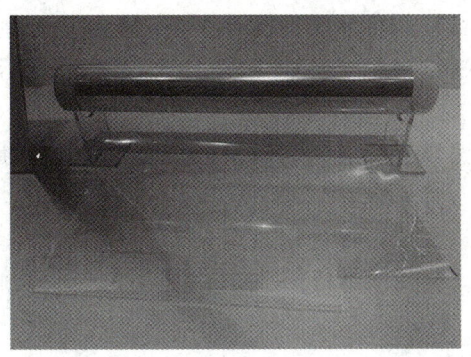

图 5.16　东岳未来氢能材料股份有限公司生产的质子交换膜

2. 质子交换膜的作用

质子交换膜在燃料电池中的位置如图 5.17 所示。

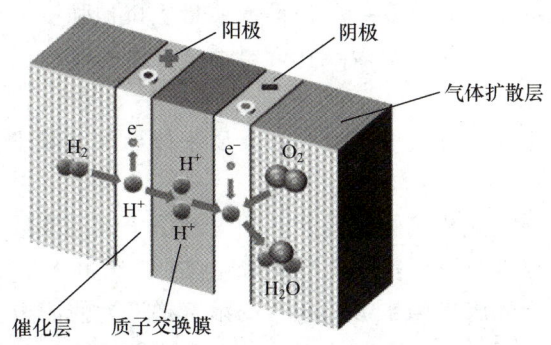

图 5.17　质子交换膜在燃料电池中的位置

质子交换膜具有以下作用。

（1）为质子（$H^+$）传递提供通道，质子传导率越高，膜的内阻越小，燃料电池的效率越高。

（2）在阳极和阴极之间起隔离作用，阻止阳极的燃料（$H_2$）和阴极的氧化剂（$O_2$ 或空气）直接混合发生化学反应。

（3）作为电子绝缘体，阻止电子（$e^-$）在膜内传导，使燃料氧化后释放的电子只能由阳极通过外电路向阴极流动，产生外部电流以供使用。

质子交换膜与一般化学电源中使用的隔膜有很大不同，它不仅是一种隔离阴阳极反应气体的隔膜材料，还是电解质和电极活性物质（电催化剂）的基底，即兼具隔膜和电解质的作用；另外，质子交换膜还是一种选择透过性膜，在一定的温度和湿度条件下具有可选择的透过性，在质子交换膜的高分子结构中含有多种离子基团，只允许氢离子（氢质子）

透过，而不允许氢分子及其他离子透过。

### 3. 质子交换膜的要求

质子交换膜是质子交换膜燃料电池的核心部件，其与电极一起决定了整个燃料电池的性能、使用寿命和价格。燃料电池质子交换膜必须满足以下要求。

（1）质子传导率高，可以减小燃料电池的内阻，提高电流密度。

（2）稳定性较好，包括物理稳定性和化学稳定性，阻止聚合物链降解，提高燃料电池的耐久性。

（3）透气率较低，防止氢气和氧气在电极表面发生反应，使电极局部过热，影响电池的电流效率。

（4）力学性能良好，适合膜电极的制备组装。

（5）尺寸变化率较低，防止膜吸水和脱水过程中的膨胀及收缩引起的局部应力增大，造成膜与电极剥离。

（6）性能价格比高。

同时满足以上所有条件的膜材料只有商业化的全氟质子交换膜。

### 4. 质子交换膜的性能指标

质子交换膜的物理性质和化学性质对燃料电池的性能有极大影响。影响燃料电池性能的质子交换膜的物理性质主要有厚度、单位面积质量、机械强度、透气率、溶胀率和吸水率等；质子交换膜的电化学性质主要表现在导电性能（电阻率、面电阻、电导率）和选择通过性（透过性）。

质子交换膜的主要性能指标有厚度均匀性、质子传导率、离子交换当量、透气率、机械强度、溶胀率和吸水率等。

（1）厚度均匀性。质子交换膜的厚度及其均匀性属于成品参数。质子交换膜的厚度与电阻成正比，减小膜的厚度有利于提高电导率和电池的工作电压。另外，随着膜厚度的减小，阴极生成的水与阳极侧膜中的水形成较大的浓度梯度，使阴极生成的水便于向阳极迁移，有利于解决膜的干涸问题，从而阻止电池性能和膜使用寿命的下降。但是，膜的厚度过小，会引起燃料的渗漏和膜的机械强度下降，影响膜的工作寿命。

燃料电池对质子交换膜的厚度要求是在满足性能要求的前提下尽量小、均匀，以便减小内阻，提高电池性能。质子交换膜厚度均匀可以减小膜的电阻，提高电池的工作电压和能量密度；如果厚度不均匀，则会影响膜的抗拉强度，甚至引起氢气泄漏，从而导致电池失效。

（2）质子传导率。质子传导率是指膜传导质子的能力，其值是电阻率的倒数，单位为西门子/厘米（S/cm）。质子传导率是衡量膜的质子导通能力的电化学指标，它反映了质子在膜内的迁移速度。只有具备良好的质子传导性能，才能保证较高的电流密度和电池工作效率。

（3）离子交换当量。离子交换当量是指每摩尔离子基团所含干膜的质量，单位为克/摩尔（g/mol）。它与表示离子交换能力的离子交换容量互成倒数，体现了质子交换膜的酸浓度。酸浓度越低，质子交换膜的质子传导率越高，内阻越小，制备得到的燃料电池性能越好。

(4) 透气率。透气率是指在单位压力下单位时间内透过单位面积和单位厚度物体的气体量,单位为 $cm^3/(cm^2 \cdot min)$。燃料电池质子交换膜应具有较低的透气率,起到阻隔燃料和氧化剂的作用,防止氢气和氧气在电极表面发生反应,影响燃料电池的性能和使用寿命。

(5) 机械强度。质子交换膜的机械强度一般用拉伸强度评价。拉伸强度是指在给定温度、湿度和拉伸速度的情况下,在标准膜试样上施加拉伸力,试样断裂前所承受的最大拉伸力与膜厚度及宽度的比值,单位为兆帕(MPa)。当燃料电池工作时,质子交换膜的两侧总是承受一定的压力波动。膜的机械强度过小,可能造成膜的破裂,进而引起燃料的渗漏。膜的强度与厚度成正比,同时与膜的工作环境有关,湿膜的强度大大低于干膜的强度。提高膜的强度,可以保证膜承受燃料电池工作中的不均匀机械压力,从而保证燃料电池的工作稳定性。

(6) 溶胀率。溶胀率是指在给定温度和湿度的情况下,相对于干膜在横向、纵向和厚度方向的尺寸变化。膜中离子基团的含量、交联类型、交联程度和温度都会对质子交换膜的溶胀率产生一定影响。若膜的溶胀率过大,则膜易发生变形,从而导致膜皱裂,影响燃料电池的性能。

(7) 吸水率。吸水率是指在给定温度和湿度下,单位质量干膜的吸水量,单位为质量百分比(wt%)。吸水率不仅影响质子交换膜的质子传导率,还影响氧气在质子交换膜中的渗透扩散。燃料电池对质子交换膜的吸水率要求适中,且具有良好的干—湿转换性。因为在燃料电池的加工过程中会使质子交换膜失去水分,而在燃料电池的工作中,为了获得高的质子传导率,要使质子交换膜在全湿状态下工作。

### 5.3.2 电催化剂

电催化剂简称催化剂,是指加速电极反应过程但本身不被消耗的物质。它是质子交换膜燃料电池的关键材料,直接影响燃料电池的性能。

#### 1. 催化剂的类型

质子交换膜燃料电池的催化剂分为非贵金属催化剂和贵金属催化剂。

(1) 非贵金属催化剂。非贵金属催化剂是指不含任何贵金属成分的催化剂,非贵金属催化剂的主要研究包括过渡金属原子簇合物、过渡金属螯合物、过渡金属氮化物与碳化物等。在这方面,各种原子掺杂的纳米碳材料成为研究热点,如氮掺杂的非贵金属催化剂显示出较好的应用前景。非贵金属催化剂价格比贵金属催化剂低,但催化活性较小。

(2) 贵金属催化剂。贵金属催化剂是指由两种或两种以上贵金属形成的合金构成的催化剂。贵金属元素包括锇(Os)、铱(Ir)、钌(Ru)、铑(Rh)、铂(Pt)、钯(Pd)、金(Au)、银(Ag)。质子交换膜燃料电池的催化剂一般为贵金属催化剂,主要是铂基催化剂。

Pt/C 催化剂是质子交换膜燃料电池的常用催化剂。图 5.18 所示为某企业生产的 Pt/C 催化剂,其组成为 40wt%Pt、60wt%C,电化学活性面积为 $85m^2/g$,粒径为 2.8nm。

Pt-Co/C、Pt-Fe/C、Pt-Ni/C 等二元合金催化剂在提高稳定性的同时,提高了质量比活性,且降低了贵金属的用量。

贵金属催化剂的起燃温度低、活性大；但在较高的温度下易烧结，由升华导致活性组分流失，使活性降低，而且贵金属资源有限，价格高，难以大规模使用。因为贵金属催化剂在低温时的催化活性是其他催化剂不能比的，所以还用作质子交换膜燃料电池的催化剂。

燃料电池的催化剂不同于普通催化剂，催化的活性、稳定性和耐久性指标高于普通催化剂。以现有技术实现电池阴极氧的还原反应，需要大量使用贵金属铂作为催化剂。

### 2. 催化剂的作用

催化剂在燃料电池中的位置如图 5.19 所示。

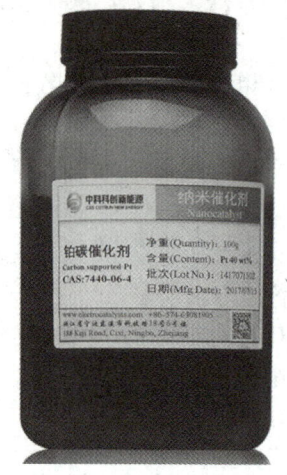

图 5.18　某企业生产的 Pt/C 催化剂

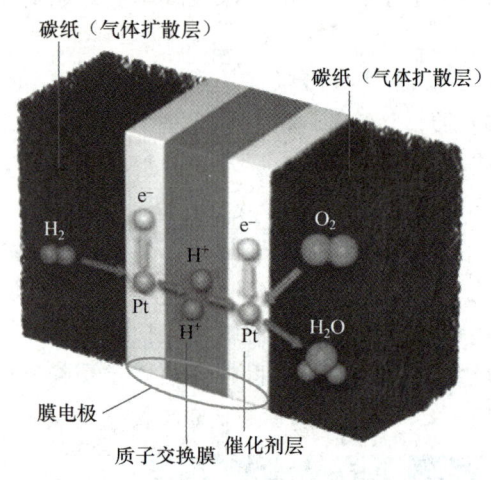

图 5.19　催化剂在燃料电池中的位置

催化剂的主要作用是加快膜电极的电化学反应。由于燃料电池的运行温度低及电解质具有酸性，因此应用的催化剂需要贵金属。

催化剂按作用部位可分为阴极催化剂和阳极催化剂。质子交换膜燃料电池的阳极反应为氢的氧化反应，阴极反应为氧的还原反应。因为氧的催化还原作用比氢的催化氧化作用困难，所以阴极是关键电极。

阳极催化剂层和阴极催化剂层是膜电极的重要部分，阳极使用催化剂促进氢的氧化反应，涉及氢气的氧化反应、氢气扩散、电子运动、质子运动、水的迁移等；阴极使用催化剂促进氧的还原反应，涉及氧气的还原反应、氧气扩散、电子运动、质子运动、水的排出等。

### 3. 催化剂的要求

燃料电池对催化剂的要求是具有足够的催化活性和稳定性，阳极催化剂还应具有抗一氧化碳中毒的能力，对于使用烃类燃料重整的质子交换膜燃料电池系统，阳极催化剂系统尤其应注意这个问题。由于质子交换膜燃料电池的工作温度低于 100℃，因此只有贵金属催化剂对氢气的氧化反应和氧气的还原反应表现出足够的催化活性。较有效的催化剂是铂或铂合金催化剂，其对氢气的氧化反应和氧气的还原反应都有非常好的催化能力，且可以长期稳定工作。由于燃料电池在低温条件下工作，因此提高催化剂的活性、防止催化剂中毒很重要。催化剂中毒是指反应过程中的一些中间产物覆盖在催化剂上，致使催化剂的活性、选择性明显下降或丧失的现象。中毒现象的本质是微量杂质和催化剂活性中心的某种化学作用，形成没有活性的物质。

铂作为燃料电池的催化剂，具有以下缺点。

（1）铂资源匮乏。公开资料显示，全球铂储量仅为1.4万吨。

（2）价格高。铂是一种贵金属，价格高，1g催化剂的价格约为300元，使得燃料电池的成本居高不下，进而影响其商业化与推广普及。

（3）抗毒能力差。铂基催化剂与燃料氢气中含有的一氧化碳、硫等物质发生反应会失去活性，无法进行催化作用，进而导致电池堆的使用寿命缩短。

铂属于贵金属，随着燃料电池电动汽车的增加，铂的需求量显著增大。例如，如果我国有5万辆燃料电池电动汽车上路行驶，平均每辆车的铂含量为20g，那么累积铂消耗量为1t；如果有100万辆燃料电池电动汽车上路行驶，平均每辆车的铂含量为10g，那么累积铂消耗量为10t。

由于铂的价格高，资源匮乏，因此燃料电池成本很高，大大限制了其广泛应用。降低贵金属催化剂用量、寻求廉价催化剂、提高电极催化剂性能成为电极催化剂研究的主要目标。

降低铂担载量主要有以下研究途径。

（1）提高催化剂的催化活性来降低铂用量。其主要研究方向包括：铂合金催化剂（利用过渡金属催化剂提高其稳定性、质量比活性，包括Pt-Co/C、Pt-Fe/C、Pt-Ni/C等二元合金催化剂）；铂单原子层催化剂（铂单原子层的核壳结构）；铂核壳催化剂（以非铂材料为支撑核、表面壳为贵金属，由金属合金通过化学反应或电化学反应去除活性较大的金属元素，保留活性较小的铂元素）；纳米结构铂催化剂（以碳纳米管为催化剂载体的催化剂，是高度有序的催化剂，质子、电子、气体可以更快传输）。

（2）寻找替代铂的催化剂，其研究主要包括过渡金属原子簇合物、过渡金属氮化物等。

良好的催化剂应该具有高的质子传导率和电子传导率，良好的催化活性、水管理能力、气体扩散能力。超低铂催化剂、无铂催化剂是未来催化剂的发展方向。

**4. 催化剂的性能指标**

催化剂的主要性能指标有铂含量、电化学活性面积、粒径、晶体结构和堆积密度等。

（1）铂含量。铂金属因储量小、价格高，催化剂的材料成本很难通过量产规模化降低，而只能通过技术革新实现。未来将注重进一步降低铂用量、增强耐久性、开发非铂催化剂，通过减小对贵金属的依赖，大幅度降低成本。

在丰田MIRAI燃料电池电动汽车的燃料电池里，催化剂的铂金属含量约为0.175g/kW；本田燃料电池电动汽车的燃料电池催化剂中的铂金属含量降至0.12g/kW；国内同类型产品的铂金属含量多为0.4～0.5g/kW，较好的产品可以控制在0.3g/kW。

（2）电化学活性面积。电化学活性面积是指用电化学方法测得的催化剂的有效活性比表面积，单位为米²/克（$m^2/g$），表示催化剂参加电化学反应的活性位的量。

(3) 粒径。Pt/C 催化剂是将铂负载到活性炭上的一种载体催化剂，主要用于燃料电池的氢气氧化反应、甲醇氧化反应、甲酸氧化反应及氧气的还原反应等，属于十分常见的贵金属催化剂。与传统化工用 Pt/C 催化剂（铂担载量低于 5%）不同，燃料电池用 Pt/C 催化剂（铂担载量一般超过 20%）要求铂纳米颗粒粒径为 2~5nm、粒径分布窄、在碳上分散均匀、不含有害杂质，使催化剂具有较好的催化活性和稳定性。但是由于粒径为 2~5nm 的铂纳米颗粒的表面能非常大，容易团聚，因此制备 Pt/C 催化剂的工艺难度非常大，这也是催化剂规模化制备研究的难点和重点。

(4) 晶体结构。晶体结构（晶体的微观结构）是指晶体中实际质点（原子、离子或分子）的具体排列情况。Pt/C 催化剂都以结晶状态使用，晶体结构是决定 Pt/C 催化剂的物理性能、化学性能和力学性能的基本因素。

(5) 堆积密度。堆积密度是指单位体积（含物质颗粒固体及其闭口、开口孔隙体积及颗粒间空隙体积）物质颗粒的质量。它是表示催化剂密度的一种方式，是大量催化剂颗粒堆积在一起时的密度，包括颗粒与颗粒之间的空隙。堆积密度与颗粒堆积方式有关，从疏松状态到沉降状态再到密实状态，堆积密度逐渐增大。

### 5.3.3 气体扩散层

气体扩散层是燃料电池膜电极与双极板之间的桥梁，可支撑催化层、稳定电极结构，并传递质、热、电，同时为电极反应提供气体、质子、电子和水等通道。

#### 1. 气体扩散层的材料类型

质子交换膜燃料电池电极中的气体扩散层材料有碳纸、碳布、碳黑纸及无纺布等，也有利用泡沫金属、金属网等制备的。

碳纸、碳布和碳黑纸的比较见表 5-1。

表 5-1 碳纸、碳布和碳黑纸的比较

| 参数 | 碳纸 | 碳布 | 碳黑纸 |
| --- | --- | --- | --- |
| 厚度/(mm) | 0.2~0.3 | 0.1~1.0 | <0.5 |
| 密度/(g/cm$^3$) | 0.4~0.5 |  | 0.35 |
| 强度/MPa | 16~18 | 3000 |  |
| 电阻率/(Ω·cm) | 0.02~0.10 |  | 0.5 |
| 透气率/(%) | 70~80 | 60~90 | 70 |

碳纸是把均匀分散的碳纤维黏结在一起后形成的多孔纸状型材，如图 5.20 所示。其凭借制造工艺成熟、性能稳定、成本相对低和适合再加工等优点，成为商业化气体扩散层的首选材料。

#### 2. 气体扩散层的作用

燃料电池的气体扩散层在双极板与催化层之间，不仅起支撑催化层、稳定膜电极结构的作用，还为膜电极反应提供气体通道、电子通道和排水通道等。气体扩散层在燃料电池中的位置如图 5.21 所示。

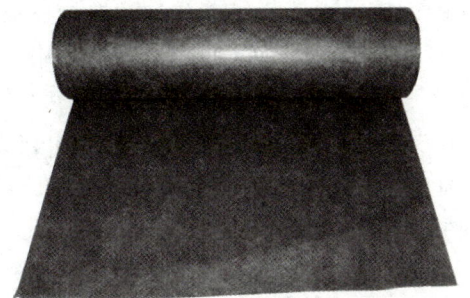

图 5.20 碳纸

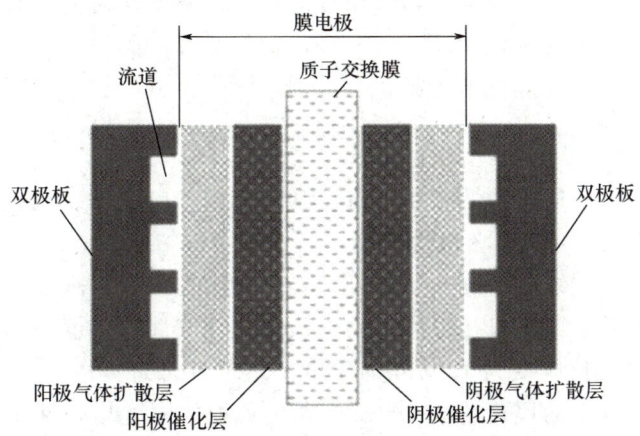

图 5.21 气体扩散层在燃料电池中的位置

燃料电池的气体扩散层具有以下作用。

(1) 将气体从双极板的导流沟槽引导到催化层。
(2) 把反应生成的水排出催化层,避免淹水问题。
(3) 可作为电流的传导器。
(4) 燃料电池工作时具有散热功能。
(5) 具有足够的强度支撑膜电极。

### 3. 气体扩散层材料的要求

气体扩散层材料的性能直接影响电化学反应的进行和燃料电池的工作效率,选用高性能的气体扩散层材料利于改善燃料电池的综合性能。理想的气体扩散层材料应满足以下要求。

(1) 具有合适的孔隙率和孔径分布。扩散层的孔隙为 $0.03\sim300\mu m$,其中直径小于 $20\mu m$ 的孔的体积占总孔体积的 80%。可以将气体扩散层中的孔分为微孔($0.03\sim0.06\mu m$)、中孔($0.06\sim5\mu m$)和大孔($5\sim20\mu m$),气体扩散层必须同时控制水进入/流出电极和提高反应透气率,微孔可以传递凝结水,而大孔利于缓解水淹时的传质受限。当小孔被水填满时,大孔可提供传递气体的通道,但接触电阻较大。气体扩散层的孔隙率较大会导致电流密度较高,在一定程度上会使燃料电池的性能提高,但高孔隙率伴随着气体扩散层被水淹，且会显著降低燃料电池的电压。大孔利于反应气体有效扩散到催化层，但不利于对微孔层的支撑，催化剂和碳粉易从大孔脱落，降低催化剂的利用率，不利于电流传导，降低了材料的导电性。

（2）具有良好的导电性。低的电阻率赋予材料高的电子传导能力；碳纸的电阻包括平行于碳纸平面方向的面电阻、垂直于碳纸平面方向的体电阻、催化剂与扩散层间的接触电阻；良好的导电性要求碳纸结构紧密且表面平整，以减小接触电阻，提高导电性能。

（3）具有一定的机械强度，利于电极的制作和提供长期操作条件下电极结构的稳定性。

（4）具有化学稳定性和热稳定性，以保证燃料电池温度均匀分布和散热，在一定载荷下不发生蠕变，维持一定的机械性能。

（5）制造成本合适，性能价格比高。

#### 4. 气体扩散层的性能指标

气体扩散层（碳纸）的主要性能指标有厚度均匀性、电阻率、机械强度、透气率、孔隙率、表观密度、面密度和表面粗糙度等。

（1）厚度均匀性。碳纸的厚度要适当，且要分布均匀。如果碳纸厚度较大，则透气性不强；如果碳纸厚度较小，则机械强度不高。碳纸的透气性随厚度的增大而增强，厚度为 $170\mu m$ 的碳纸的透气性比厚度为 $110\mu m$ 的碳纸的透气性低近 60%，说明碳纸厚度是影响透气性的重要参数。碳纸的厚度为 $100\sim300\mu m$。碳纸的厚度均匀性用平均厚度、厚度标准偏差和厚度离散系数评价。

（2）电阻率。碳纸的电阻率越低，电子传导能力越强。碳纸的电阻率分为垂直方向电阻率和平面方向电阻率。垂直方向电阻率是指碳纸厚度方向的电阻率，单位为 $m\Omega\cdot cm$；平面方向的电阻率是指碳纸平面方向的电阻率，单位为 $m\Omega\cdot cm$。碳纸的电阻率一般为 $0.02\sim0.1 m\Omega\cdot cm$。

（3）机械强度。燃料电池要求碳纸具有一定的机械强度，碳纸的机械强度用拉伸强度、抗弯强度和压缩率评价。

（4）透气率。透气率是指在恒定温度下，单位压差、单位时间气体透过单位厚度、单位面积样品的气体体积，单位为 $mL\cdot mm/(cm^2\cdot h\cdot mmHg)$。

（5）孔隙率。孔隙率是指碳纸孔隙体积占总体积的百分率。燃料电池要求碳纸具有适合的孔隙率。

（6）表观密度。表观密度是指碳纸质量与表观体积的比值，单位为 $g/cm^3$。碳纸的表观密度为 $0.4\sim0.45 g/cm^3$。

（7）面密度。面密度是指碳纸质量与表观面积的比值，单位为 $g/cm^2$。

（8）表面粗糙度。表面粗糙度是指碳纸表面微小峰谷的微观不平度。碳纸的表面粗糙度可以用轮廓算术平均偏差、平均轮廓算术平均偏差、轮廓最大高度和平均轮廓的最大高度评价。

## 5.3.4 膜电极

膜电极（membrane electrode assembly，MEA）是质子交换膜燃料电池的电化学反应场所，是燃料电池的核心部件，有"燃料电池的心脏"之称，它的设计与制备对燃料电池的性能起决定性作用。

### 1. 膜电极的组成

膜电极是由质子交换膜及置于其两侧的催化剂层和气体扩散层通过一定的工艺组合而成的组件，如图 5.22 所示。质子交换膜的作用是隔离燃料与氧化剂、传递质子；催化剂层的作用是降低反应的活化能，促进氢、氧在电极上的氧化还原反应、提高反应速率；气体扩散层的作用是支撑催化剂层、稳定电池结构，并具有质、热、电的传递功能。为了方便质子交换模燃料电池堆的堆叠组装工艺批量化高效进行，膜电极通常还包括外侧的边框。边框具有一定的厚度和强度，以便与双极板之间通过密封垫圈等实现密封，将氢气、空气、冷却剂与燃料电池堆外部环境隔离。密封垫圈可布置在膜电极的边框上，也可布置在双极板上。

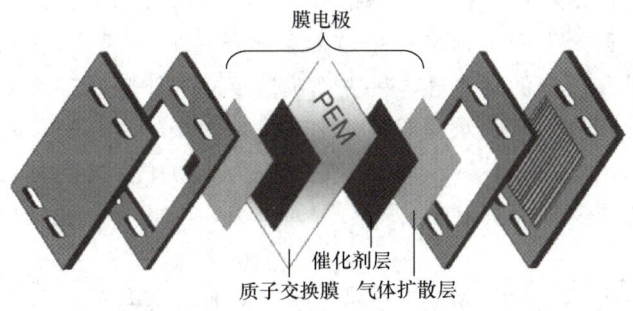

图 5.22 膜电极的组成

### 2. 膜电极的作用

膜电极是燃料电池发电的核心部件，与其两侧的双极板组成了燃料电池的基本单元——单体燃料电池。在实际应用中，可以根据设计的需要将多个单体燃料电池组成燃料电池堆，以满足不同功率输出的需要。图 5.23 所示为由膜电极与双极板组成的单体燃料电池的结构。

在电池的一端，氢气通过阳极板上的气体流场到达阳极，通过电极上的阳极气体扩散层到达并吸附在阳极催化剂层，氢气在铂催化剂的催化作用下分解为两个氢离子，并释放两个电子。该过程称为氢的阳极氧化过程。

在电池的另一端，氧气或空气通过阴极板上的气体流场到达阴极，通过电极上的阴极气体扩散层到达并吸附在阴极催化剂层；同时，氢离子穿过电解质到达阴极，电子通过外电路到达阴极，在阴极催化剂的作用下，氧气与氢离子和电子发生反应生成水。该过程称为氧的阴极还原过程。

与此同时，在外电路的连接下，电子形成电流，通过适当连接可以向负载输出电能，生成的水通过电极随反应尾气排出。

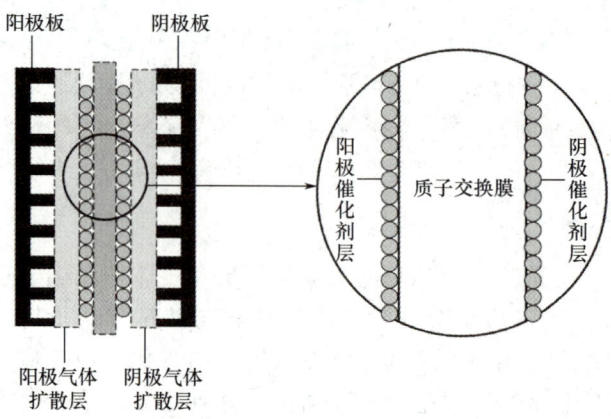

图 5.23 由膜电极与双极板组成的单体燃料电池的结构

### 3. 膜电极的要求

燃料电池对膜电极有以下要求。

（1）能够最大限度地减小气体的传输阻力，使得反应气体由扩散层顺利到达催化剂层并发生电化学反应，即最大限度地发挥单位面积和单位质量的催化剂的催化活性。因此，气体扩散电极必须具备适当的疏水性，一方面确保反应气体顺利经过最短的通道到达催化剂层；另一方面确保生成的产物水润湿膜，同时排出多余的水，防止阻塞气体通道。

（2）形成良好的离子通道，减小离子传输的阻力。质子交换膜燃料电池采用固体电解质，磺酸根固定在离子交换膜树脂上，不会浸入电极，因此必须确保反应在电极催化剂层内建立质子通道。

（3）形成良好的电子通道。膜电极中的 Pt/C 催化剂是电子的良导体，但是催化剂层和气体扩散层将在一定程度上影响电导率。在满足离子和气体传导的基础上，还要考虑电子传导能力，以提高膜电极的整体性能。

（4）膜电极应该具有良好的机械强度及导热性。

（5）膜具有强的质子传导性，能够很好地隔绝氢气、氧气，防止互窜，具有很好的化学稳定性、热稳定性及抗水解性。

### 4. 膜电极的性能指标

膜电极的主要性能指标有厚度均匀性、铂担载量、功率密度、透氢电流密度、活化极化过电位与欧姆极化过电位、电化学活性面积等。

（1）厚度均匀性。燃料电池要求膜电极厚度小且厚度均匀性好，膜电极的厚度取决于质子交换膜的厚度、气体扩散层的厚度和边框的厚度。如质子交换膜的厚度为 $10\sim18\mu m$，气体扩散层的厚度为 $180\sim240\mu m$，边框的厚度为 $70\sim125\mu m$。

（2）铂担载量。铂担载量是指单位面积膜电极上贵金属铂的用量，单位为 $mg/cm^2$。铂担载量也可以用单位功率膜电极上贵金属铂的用量表示，单位为 $g/kW$。

（3）功率密度。功率密度是指单位面积膜电极输出的电量，是通过测试极化曲线获得的，单位为 $W/cm^2$。功率密度越大越好，一般要求不低于 $1W/cm^2$。

(4) 透氢电流密度。透氢电流密度是指在一定温度、一定压力和相对湿度条件下,用电化学方法测得的氢气穿过膜电极的速度,单位为 $A/cm^2$。

(5) 活化极化过电位与欧姆极化过电位。活化极化过电位是指当电极表面电化学反应较快且电极过程动力学较慢时,电极表面积累带某种电荷的粒子而引起的电极电位损失,又称电化学极化过电位。活化极化过电位通常由阳极活化极化过电位和阴极活化极化过电位组成,对于质子交换膜燃料电池,由于阴极反应的交换电流密度远小于阳极反应的交换电流密度,因此电池的活化极化过电位主要由阴极活化极化过电位引起。

欧姆极化过电位是由燃料电池欧姆极化引起的电位损失,其值等于流经燃料电池的电流乘以燃料电池的内阻。

(6) 电化学活性面积。电化学活性面积是指膜电极内用电化学方法测得的催化剂的活性比表面积,单位为 $m^2/g$。膜电极的电化学活性面积与燃料电池的催化剂活性、电极结构等有关。

## 5.3.5 双极板

双极板又称流场板,是燃料电池的核心部件,是燃料电池堆中收集电流、分隔氢气和空气并引导氢气和空气在电池内气体扩散层表面流动的导电隔板,主要起机械支撑、物料分配、热量传递及电子传导的作用。双极板是燃料电池堆的骨架,对燃料电池堆的性能和成本有很大影响。

### 1. 双极板的类型

双极板按照材料大致可分为三类:碳质材料双极板、金属材料双极板及金属与碳质的复合材料双极板。

(1) 碳质材料双极板。碳质材料包括石墨、模压碳材料及膨胀(柔性)石墨。传统双极板采用致密石墨,经机械加工制成气体流道。石墨双极板(图 5.24)的化学性能稳定,与膜电极之间的接触电阻小,常用于商用车燃料电池。

石墨双极板的优点是导电性、导热性、耐腐蚀性和耐久性好;缺点是易脆,组装困难,不易做薄,制作周期长,机械加工困难,成本高。

(2) 金属材料双极板。铝、镍、钛及不锈钢等金属材料可用于制作双极板。图 5.25 所示为金属材料双极板。

图 5.24 石墨双极板

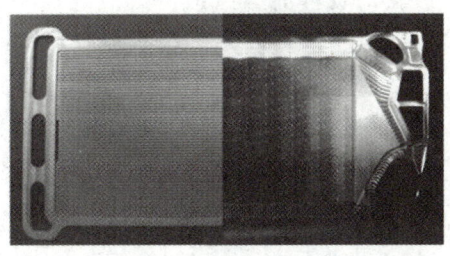

图 5.25 金属材料双极板

金属材料双极板的优点是强度高、韧性好，导电性和导热性好，功率密度更大，可以方便地加工制成很薄（0.1～0.3mm）的质子交换膜燃料电池的双极板；缺点是易腐蚀，表面需要改性。金属材料双极板主要应用于乘用车燃料电池，如丰田MIRAI燃料电池电动汽车的燃料电池采用的就是金属材料双极板，其燃料电池模块的功率密度达到3.1kW/L；英国新一代金属材料双极板燃料电池模块的功率密度更是达到了5kW/L。金属材料双极板使质子交换膜燃料电池模块的功率密度大幅度提升，已成为乘用车燃料电池的主流双极板。

（3）金属与碳质的复合材料双极板。若双极板与膜电极之间的接触电阻大，则欧姆电阻产生的极化损失大，运行效率下降。在常用的各种双极板材料中，石墨材料的接触电阻最小，不锈钢和钛的表面均形成不导电的氧化物膜，从而使接触电阻增大。

金属与碳质的复合材料双极板兼具石墨双极板和金属材料双极板的优点，密度小，抗腐蚀，易成型，使燃料电池堆装配后性能更好；但加工周期长，长期工作可靠性差，因此没有大范围推广，未来将向低成本化方向发展。

常用双极板的比较见表5-2。

表5-2 常用双极板的比较

| 双极板类型 | 优点 | 缺点 |
| --- | --- | --- |
| 石墨双极板 | 导电性、导热性、耐腐蚀性好，质量小，技术成熟 | 体积大，强度和加工性能较差 |
| 金属材料双极板 | 强度高，导电性、导热性好，成本低 | 密度较大，耐腐蚀性差 |
| 金属与碳质的复合材料双极板 | 兼具石墨材料双极板的耐腐蚀性和金属材料双极板的高强度特点，阻气性好 | 质量大，加工烦琐，成本高 |

### 2. 双极板的作用

双极板在燃料电池中位于膜电极两侧，如图5.26所示。

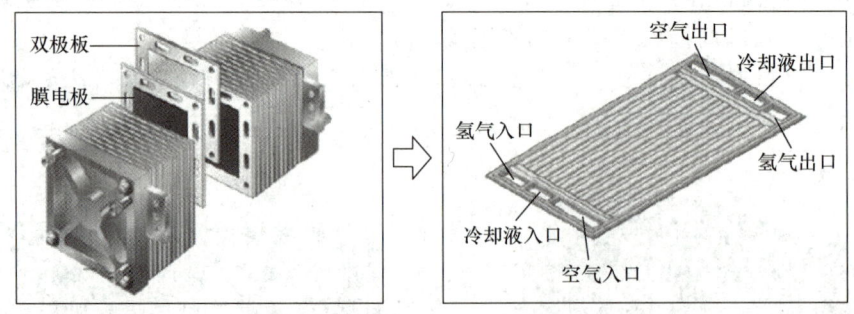

图5.26 双极板在燃料电池中的位置

双极板具有以下作用。

（1）与膜电极连接，组成单体燃料电池。

（2）提供气体流道，输送氢气和氧气，并防止电池气室中的氢气与氧气串通。

（3）收集和传导电流，在串联的阴极与阳极之间建立电流通路。

(4) 支撑电池堆和膜电极。
(5) 排出反应产生的热量。
(6) 排出反应生成的水。

### 3. 双极板的要求

燃料电池对双极板有以下要求。

(1) 具有良好的导电性。双极板具有集流作用，电阻必须尽可能小，以保证电池性能。

(2) 具有良好的导热性。确保电池工作时温度分布均匀，并使废热顺利排出，提高电极效率。

(3) 具有良好的化学稳定性和耐腐蚀性。要求双极板在酸性条件下具备良好的化学稳定性，不会在工作电位和温度下发生化学分解和严重腐蚀。由于双极板被腐蚀后表面电阻增大，使电池性能下降，因此双极板材料必须在工作温度与电位范围内，同时具有在氧化介质（如氧气）和还原介质（如氢气）两种条件下的耐腐蚀性。

(4) 均匀分布流体。流体均匀分布可确保燃料和氧化剂均匀到达催化剂层，有利于充分利用催化剂，从而大大提高燃料电池的性能。

(5) 具有良好的气密性。双极板用来分隔氧化剂与还原剂，具有阻气功能，不能采用多孔透气材料制备。如果采用多层复合材料，则至少一层无孔，防止燃料电池堆中阴、阳极气体透过流场板直接反应，降低电池堆的性能甚至发生危险。

(6) 质量轻、体积小、容易加工。双极板质量轻和体积小可使燃料电池的质量比功率和体积比功率增大；容易加工可提高生产效率，大大降低燃料电池的成本。

### 4. 双极板的性能指标

双极板的性能指标分为双极板材料的性能指标和双极板部件的性能指标。双极板材料的性能指标有气体致密性、抗弯强度、密度、电阻和腐蚀电流密度等；双极板部件的性能指标有阻力降、面积利用率、厚度均匀性和平面度等。

(1) 气体致密性。气体致密性常用透气率评价，透气率是指在单位压力下单位时间内透过单位面积和单位厚度物体的气体量，单位为 $cm^3/(cm^2 \cdot s)$。燃料电池要求双极板的透气率低。

(2) 抗弯强度。抗弯强度是指在规定条件下，双极板在弯曲过程中所能承受的最大弯曲应力，单位为 MPa。燃料电池要求双极板的抗弯强度高。

(3) 密度。密度是指双极板单位体积的质量，单位为 $g/cm^3$。燃料电池要求双极板的密度小，以便减小燃料电池的质量。

(4) 电阻。双极板的电阻用体电阻率和接触电阻评价。体电阻率是指双极板材料本体的电阻率值，单位为 $m\Omega \cdot cm$；接触电阻是指两种材料之间的接触部分产生的电阻，双极板的接触电阻主要是指双极板与碳纸之间的接触电阻，单位为 $m\Omega \cdot cm^2$。

(5) 腐蚀电流密度。腐蚀电流密度是指单位面积的双极板材料在燃料电池运行环境中，在腐蚀电位下由化学或电化学作用引起破坏产生的电流值，单位为 $\mu A/cm^2$。腐蚀电流密度反映了双极板的腐蚀速度，是表征双极板材料及部件在燃料电池运行环境中耐腐蚀性的物理量。

（6）阻力降。阻力降是指气体流经双极板的进出口压力差，单位为MPa。

（7）面积利用率。面积利用率是指双极板的有效面积比，其值为双极板的有效面积（流场部分的面积）与双极板总面积的比值。

（8）厚度均匀性。燃料电池要求双极板在满足强度的条件下，厚度尽量小且均匀。双极板的厚度均匀性可以用厚度最大值与厚度最小值之差、相对厚度偏差评价。

（9）平面度。平面度是指双极板的脊背部分具有的宏观凹凸高度相对理想平面的偏差。双极板的平面度直接影响双极板与碳纸之间的接触电阻，从而影响燃料电池的性能。

## 5.4 燃料电池堆

燃料电池堆是发生电化学反应的场所，也是燃料电池动力传动系统的核心，由多个单体电池以串联方式层叠组成。

### 5.4.1 燃料电池堆的组成

燃料电池堆简称电堆，是由两个或两个以上单体电池及其他必要的结构件组成的、具有统一电输出的组合体，如图5.27所示。其必要构件包括端板、膜电极、双极板、密封件、紧固件等。将双极板与膜电极交替叠合，在各单体电池之间嵌入密封件，经前、后端板压紧后，用紧固件紧固拴牢，便构成燃料电池堆。

燃料电池堆

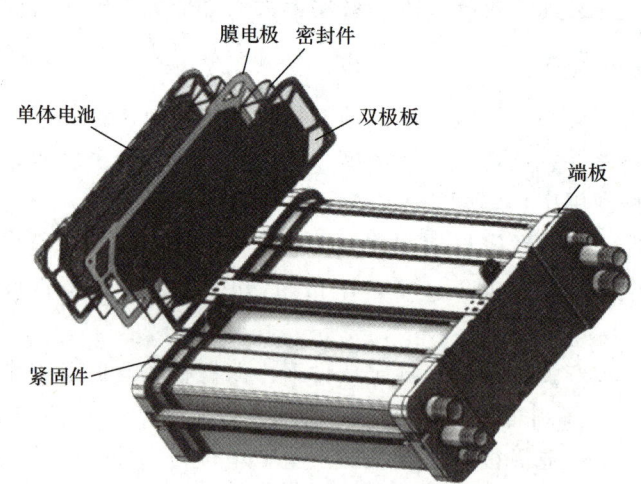

图5.27 燃料电池堆的组成

1. 端板

由于端板的主要作用是控制接触压力，因此要具有足够的强度和刚度。足够的强度可以保证端板在封装力作用下不被破坏；足够的刚度可以使端板变形更加合理，从而均匀地将封装载荷传递到密封层和膜电极。端板的材料选择与结构设计是影响燃料电池堆性能、使用寿命及成本的关键因素。

质子交换膜燃料电池堆的端板材料一般为金属、环氧树脂、玻璃纤维板和聚酯纤维板等。端板上设置有集流板，负责导出电流，还设置了弹簧和弹簧盖板，用于将燃料电池堆的紧固力控制在一定范围。

为保证在整车使用寿命内燃料电池堆的安全性，燃料电池堆制造商必须对端板进行机械强度、冷热循环、振动冲击、疲劳寿命等进行分析和校核。另外，还需要对端板进行强度测试，保证其在振动冲击条件下的可靠性和安全性。燃料电池堆工作时温度较高，需要保证端板在较高温度下的稳定性并控制形变。

### 2. 膜电极

膜电极是质子交换膜燃料电池的核心组件，一般由质子交换膜、催化剂层和气体扩散层组成。质子交换膜燃料电池的性能由膜电极决定，而膜电极的性能主要由质子交换膜的性能、气体扩散层的结构、催化剂层的材料和性能、膜电极本身的制备工艺决定。

### 3. 双极板

双极板又称流场板，是燃料电池堆的核心部件，起到均匀分配气体、排水、导热、导电的作用，占整个燃料电池 60% 的质量和约 20% 的成本，其性能直接影响燃料电池堆的输出功率和使用寿命。双极板的材料主要有金属材料双极板、石墨双极板和金属与碳质的复合材料双极板，丰田 MIRAI、本田 CLARITY 和现代 NEXO 等燃料电池乘用车均采用金属材料双极板，而燃料电池商用车一般采用石墨双极板。

### 4. 密封件

质子交换膜燃料电池堆对密封有很高要求，不允许有任何泄漏。为达到较好的密封效果，应从材料选型、结构设计、制造工艺等方面保证密封设计承受燃料电池堆预期使用寿命中的温度、压力、湿度、腐蚀、老化、蠕变、工况变化、振动、冲击等作用。

双极板与膜电极之间的活化区域密封一般采用硅橡胶、氟硅橡胶、三元乙丙橡胶、聚异戊二丁烯和氯丁橡胶等高弹体材料。常用密封圈密封，通常在双极板上开设一定形状的密封槽并放置密封圈，在双极板两侧施加一定的封装力，使密封圈变形，实现可靠的接触密封。还有预制成型（密封垫片）密封方式，在双极板上安装橡胶密封垫片，与膜电极边框进行挤压密封。

燃料电池堆的整体封装设计应考虑整堆应力分布、使用寿命阶段内的振动和冷热冲击耐受性、工艺实现成本，在力争结构紧凑、质量减小的情况下，实现燃料电池堆的最优封装。

### 5. 紧固件

紧固件的作用是维持燃料电池堆各组件之间的接触压力。燃料电池堆的紧固方式有螺栓紧固式和绑带捆扎式。螺栓紧固式是较早采用的方式，其装配简单，设计要点为螺栓数量、分布、预紧力及螺栓预紧顺序。绑带捆扎式的优势在于结构紧凑，可实现较高的功率密度，其设计要点包括绑带材料、绑带宽度和厚度、绑带分布数量和位置。

因为无论是螺栓紧固式还是绑带捆扎式，主承压部分都是端板，所以端板的设计要基于端板材料的刚度和强度、结合应力及形变，确定适合的端板厚度和形状，有利于实现燃料电池堆整体压力均匀分配及轻量化。

## 5.4.2　燃料电池堆的设计要求

燃料电池堆应根据风险评估设计。所有零部件应适合预期使用时的温度、压力、流速、电压及电流范围；在预期使用过程中，能耐受燃料电池堆所处环境的各种作用、各种运行过程和其他条件的不良影响。

### 1. 正常运行条件下的特性

燃料电池堆在规定的所有正常运行条件下，都不产生破坏。

### 2. 气体泄漏

在燃料电池堆的制造过程中，应尽量避免易燃气体泄漏，并应在说明书中说明泄漏速率。

### 3. 带压力运行

如果燃料电池堆采用气体密封且承压的外壳封装，则外壳应符合《固定式压力容器安全技术监察规程》。压力不是燃料电池堆设计时需考虑的首要因素。对于足够的强度、刚度及稳定性和（或）其他运行特性的要求，应首先重视尺寸的确定、材料的选择和工艺规程。

### 4. 着火和点燃

应对燃料电池堆采取保护措施（如通风、气体检测、防止运行温度高于自燃温度等），以确保其内部泄漏或对外泄漏的气体不至于达到爆炸浓度。这些措施的设计规范（如要求的通风速率）应由燃料电池堆制造商提供，以便燃料电池系统集成制造商采取预防措施，确保安全。

在燃料电池堆内，膜或其他类似材料的用量要小于燃料电池堆总质量的 10%。

### 5. 安全措施

按照安全规范设计的燃料电池堆，允许在没有外部安全措施的情况下运行。

燃料电池堆安全的主动控制可由燃料电池堆模块或燃料电池系统中的安全装置实现。

### 6. 管路和管件装配

燃料电池堆管路的尺寸应符合设计要求，其材料应满足预期输送的流体和流体压力的要求。

流体泄漏不至于产生危险的部位可采用螺纹连接，如空气供应回路、冷却回路。其他接缝都应焊接，或至少按制造商要求与指定的密封部位装配连接。燃料气体管路或氧气管路使用的接头应是磨口接头、法兰接头或压力接头，以防燃料气体或氧气泄漏。

管路系统应满足有关规定的气体泄漏试验要求。

应彻底清理管路的内表面以除去颗粒物，应仔细清除管路端口的障碍物和毛刺。

### 7. 接线端子和电气连接件

燃料电池堆对外电路供电的电气连接应满足以下要求。

(1) 固定在安装构件上,不会自行松动。
(2) 导电部分不会从预定位置滑脱。
(3) 正确连接,以确保导电部分不会因受到损伤而影响功能。
(4) 在正常紧固过程中,能防止发生旋转、扭曲或永久变形。
(5) 裸露的导电连接件有保护层。

### 8. 带电零部件

燃料电池堆制造商应在技术文件中详细说明存在的带电零部件,特别是系统关闭后,由于残余电压而存在危险的带电部分,告知燃料电池系统集成制造商应负责防止电击,还应预防燃料电池堆带电部分意外短路。

### 9. 绝缘材料及其绝缘强度

在燃料电池堆中,带电部分和不带电的导电部分之间的所有绝缘结构设计都应符合电气绝缘结构有关标准的相应要求。

应保证影响构件功能的材料的机械特性,当所在部位温度比正常运行温度的最高值还高 20K(但不应低于 80℃)时,仍应符合设计要求。

### 10. 接地

燃料电池堆不带电金属零部件应与公共接地点相连。

为了确保电接触良好,所有电气连接件都不应松动或扭曲,并保持足够的接触压力。所有电气连接件都应采取防腐措施,连接的金属件之间不应发生化学腐蚀。

### 11. 冲击与振动

预期使用中的冲击与振动不应引起任何危险。

### 12. 监控方法

为确保燃料电池堆的安全,应提供电池堆温度、电池堆和(或)单体电池的电压。监控点的位置由燃料电池堆制造商规定,并向燃料电池系统制造商说明。在用其他方式对燃料电池堆提供安全运行保障的情况下,这些方式必须具有与对温度及压力监控等效的安全保障能力。

## 5.4.3 燃料电池堆的安全要求

燃料电池堆为燃料电池电动汽车提供电能,属于高压系统,对其安全性要求较高。

### 1. 一般要求

对燃料电池堆有以下一般要求。

(1) 燃料电池堆应有外壳做必要防护,防止其部件与外部高温部件或环境接触。燃料电池堆外壳应避免采用容易对人体产生危害的结构。

(2) 当燃料电池堆中含有易燃、易爆气体或有害物质时,应标注在易见位置。

(3) 燃料电池堆使用的材料应对工作环境有耐受性,燃料电池堆的工作环境包括振动、冲击、多变的温/湿度及电势、腐蚀环境;应在易发生腐蚀、摩擦的部位采取必要的防护措施。

(4) 应对燃料电池堆反应气和冷却液的进口或出口温度、压力或流量等参数进行检测或者计算。

(5) 应对燃料电池堆的电压或电流进行检测或计算。

(6) 燃料电池堆的介电强度应符合相关规定的要求。介电强度是一种材料作为绝缘体时的电强度的量度，是试样被击穿时，单位厚度承受的最大电压，表示为伏特每单位厚度。物质的介电强度越大，其作为绝缘体的质量越好。

(7) 如果燃料电池堆单独密封且具有非气密性外壳，则应采取防止氢气在壳内积聚的措施，如强制通风等。

(8) 燃料电池堆的机械结构应具有一定的抵抗跌落、振动、挤压等的能力。

2. 机械冲击安全要求

燃料电池堆受冲击后，其机械结构应不发生损坏，气密性和绝缘性满足相关要求。

试验方法是安装、固定燃料电池堆后，在其三个轴向 [$X$ 向（汽车前进方向）、$Y$ 向（侧向）和 $Z$ 向（垂直方向）] 以 5g 的冲击加速度进行冲击试验。机械冲击脉冲采用半正弦波性，持续时间为 15ms，每个方向各进行一次。

3. 气密性安全要求

采用压降法测试燃料电池堆的气密性，压力不应低于初始压力的 85%。

试验方法是将燃料电池堆处于冷态，关闭燃料电池堆的氢气排气端口、空气排气端口和冷却液出口，同时向氢气流道、空气流道和冷却液流道加注氦氮混合气体（氦气浓度不低于 10%），压力均设定为正常工作压力，压力稳定后，关闭阀门并保持 20min，测试压力的变化。

4. 电安全要求

电安全要求包括绝缘性能要求、人员触电防护要求和接地保护要求。

(1) 绝缘性能要求。在加注冷却液处于冷态循环的状态下，燃料电池堆正、负极的对地绝缘性均不应低于 100Ω/V，可通过测量绝缘电阻判断。

(2) 人员触电防护要求。人员触电防护要求应符合相关规定。

(3) 接地保护要求。当燃料电池堆输出电压高于 60V 时，需有接地点，接地点与所有裸露的金属间电阻应小于 0.1Ω。测量前，应将燃料电池堆与相连的其他供电电源和负载断开（如有）；测量时，测量仪表端子分别连接接地端子和燃料电池堆外壳（或应接地的导电金属件）。

5. 警示标识

燃料电池堆的警示标识应满足以下要求。

(1) 当燃料电池堆的最高电压高于 60V 时，燃料电池堆上应有高压电标识符号。

(2) 要在燃料电池堆上进行极性标识，正极使用红色，负极使用黑色。

### 5.4.4 燃料电池堆的体积功率密度

燃料电池堆的体积功率密度是指单位体积燃料电池堆具有的功率，它是燃料电池堆性能的重要评价指标。

首先测量燃料电池堆的体积，燃料电池堆体积测量示意如图 5.28 所示。

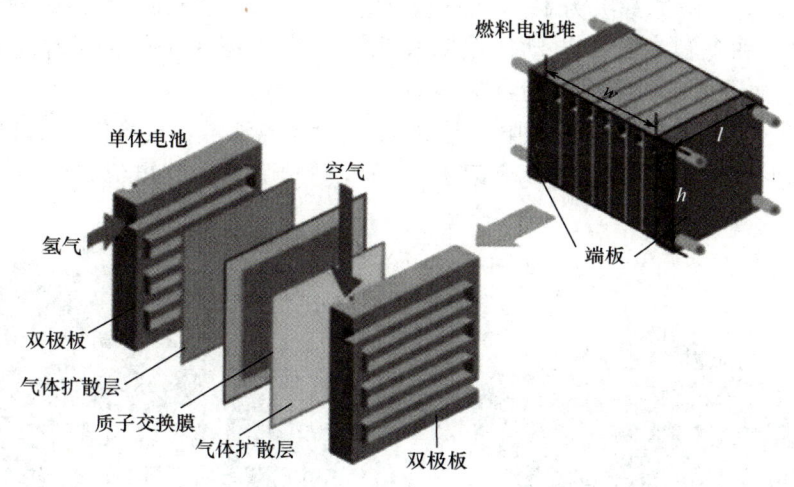

图 5.28　燃料电池堆体积测量示意

燃料电池堆的体积

$$V_\mathrm{d}=\frac{wlh}{10^6} \tag{5-1}$$

式中，$V_\mathrm{d}$ 为燃料电池堆的体积；$w$ 为两个端板之间的宽度；$l$ 为双极板的长度；$h$ 为双极板的高度。

双极板的长度应为燃料电池堆双极板长度方向的最远外廓尺寸；双极板的高度应为燃料电池堆双极板高度方向的最远外廓尺寸。

测量燃料电池堆的电压和电流，计算燃料电池堆的功率，即

$$P_\mathrm{s}=\frac{U_\mathrm{s}I_\mathrm{s}}{1000} \tag{5-2}$$

式中，$P_\mathrm{s}$ 为燃料电池堆的功率；$U_\mathrm{s}$ 为燃料电池堆的电压；$I_\mathrm{s}$ 为燃料电池堆的电流。

燃料电池堆的体积功率密度

$$p_\mathrm{v}=\frac{P_\mathrm{s}}{V_\mathrm{d}} \tag{5-3}$$

式中，$p_\mathrm{v}$ 为燃料电池堆的体积功率密度。

## 5.4.5　国内燃料电池堆产品介绍

氢燃料电池堆是整个燃料电池产业链的核心部分，其性能和成本直接决定了燃料电池产业化进程。氢燃料电池堆性能的主要评价指标包括耐久性、启动温度及比功率，其中比功率是近年来国内外研究机构和企业的重点攻克方向。国内燃料电池堆企业迅速崛起，无论是在膜电极、双极板等核心零部件技术突破方面还是在整堆功率等级及功率密度方面，都有长足进步。国内氢燃料电池堆制造商有新源动力股份有限公司、上海捷氢科技有限公司、上海神力科技有限公司、安徽明天氢能科技股份有限公司、上海氢晨新能源科技有限公司、浙江锋源氢能科技有限公司等。

图 5.29 所示为新源动力股份有限公司的 70kW 燃料电池堆，其采用金属材料双极

板，峰值功率为 85kW，工作电压为 230～370V，空气侧最高工作压力为 250kPa，工作温度为 -30～87℃，防护等级为 IP67，抗振性能满足 SAEJ 2380—2009 标准要求，可以实现 -40℃储存和低温 -30℃启动。在阴极无外增湿的操作条件下，稳定输出功率达 70kW，燃料电池堆体积功率密度达到 3.4kW/L。

图 5.30 所示为上海捷氢科技有限公司的 P390 燃料电池堆，其峰值功率 115kW，体积功率密度为 3.1kW/L，低温冷启动温度为 -30℃，主要用在燃料电池电动客车上。

图 5.29 新源动力股份有限公司的 70kW 燃料电池堆

图 5.30 上海捷氢科技有限公司的 P390 燃料电池堆

图 5.31 所示为上海神力科技有限公司的燃料电池堆，其体积功率密度达到 2.2kW/L，主要用于商用车。该公司 SFC-MD 系列燃料电池模块的额定功率可以达到 47kW，工作温度为 -30～75℃；SFC-HD 系列大功率燃料电池模块的额定功率可以达到 76kW，工作温度为 -30～85℃，可实现 -20℃低温启动。

安徽明天氢能科技股份有限公司的燃料电池堆的体积功率密度达到 3.0kW/L，功率为 20～100kW。图 5.32 所示为该公司的 60kW 燃料电池堆，其工作温度为 -30～80℃，空气侧最高工作压力为 250kPa。

图 5.31 上海神力科技有限公司的燃料电池堆

图 5.32 安徽明天氢能科技股份有限公司的 60kW 燃料电池堆

图 5.33 所示为上海氢晨新能源科技有限公司的燃料电池堆，其峰值功率为 100kW，体积功率密度达到 3.3kW/L。

图 5.34 所示浙江锋源氢能科技有限公司的燃料电池堆，其额定功率有 60kW、80kW、100kW、120kW、150kW，对应的额定电压分别为 117V、156V、195V、234V、293V，额定电流为 515A，体积功率密度达到 4.5kW/L。

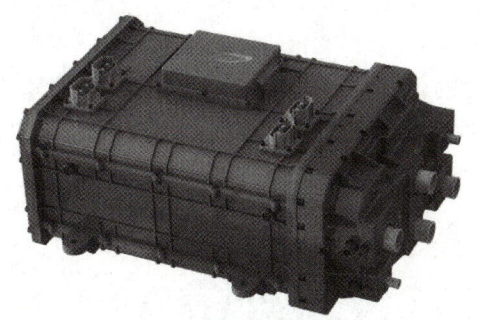

图 5.33 上海氢晨新能源科技有限公司的燃料电池堆

图 5.34 浙江锋源氢能科技有限公司的燃料电池堆

## 5.5 燃料电池发电系统

燃料电池发电系统简称燃料电池系统，是指将一个或多个燃料电池堆和其他主要及适当的附加部件的集成体，组装到一个发电装置或一个交通工具中。

### 5.5.1 燃料电池发电系统的组成

燃料电池系统主要由一个或多个燃料电池堆，输送燃料、氧化剂和废气的管路系统，电池堆输电的电路连接、检测和（或）控制手段组成。此外，燃料电池系统还包括输送额外流体（如冷却介质、惰性气体）的装置，检测正常或异常运行条件的装置，外壳或压力容器和模块的通风系统，以及模块操作和功率调节所需的电子元件。

燃料电池发电系统主要由燃料电池堆、DC/DC 转换器、空气压缩机、加湿器、水泵、散热器、氢气循环泵、储氢罐等组成，如图 5.35 所示。

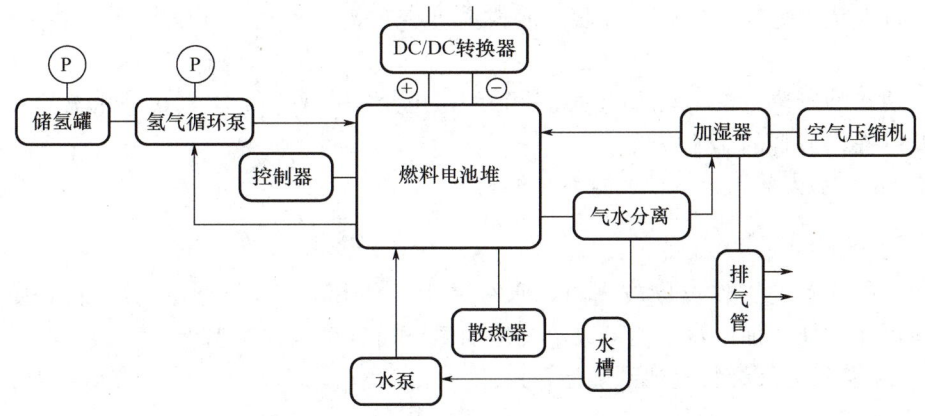

图 5.35 燃料电池发电系统的组成

## 1. 燃料电池堆

燃料电池堆（图 5.36）是燃料电池发电系统的核心和主体，也是燃料电池的关键部件。

## 2. DC/DC 转换器

DC/DC 转换器（图 5.37）可将燃料电池输出的低压直流电转换为高压直流电输出，为燃料电池电动汽车提供电能，同时为动力蓄电池充电。DC/DC 转换器通过对燃料电池发电系统输出功率的精确控制，实现整车动力传动系统之间的功率分配及优化控制。

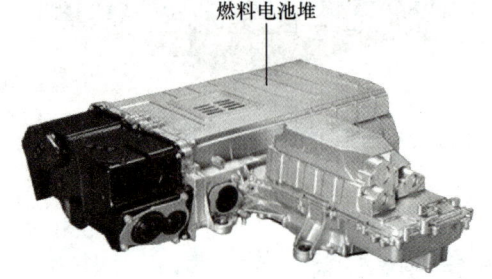
图 5.36　燃料电池堆

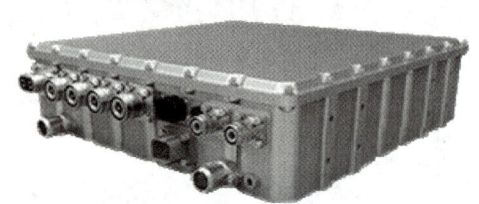
图 5.37　DC/DC 转换器

## 3. 空气压缩机

在燃料电池中，氢气和氧气发生电化学反应产生电流，其中氧气可以使用纯氧或从空气中直接获得，但是使用空气更方便、经济。给氧气增大压力的目的是提高燃料电池反应的效率和速度；燃料电池两侧的压力越大越好，这样效率更高，单位时间内产生的电流更大。质子交换膜燃料电池系统的工作压力为 1~3MPa。

对空气压缩机有以下基本要求。

（1）无油。润滑油膜覆盖在质子交换膜上，隔绝氧气和氢气的电化学反应。

（2）效率高。空气压缩机循环功率影响电池堆效率。

（3）小型化，成本低。受功率密度和成本的限制，小型化和成本低有利于产业化。

（4）噪声低。空气压缩机的噪声是燃料电池发动机的主要噪声来源。

（5）特性范围宽。满足环境温度、海拔高度变化需求，空气压缩机需要更宽的 MAP 特性。

（6）动态响应快。汽车动力传动系统采用氢电全功率驱动，空气压缩机需要在每个工况下都及时提供适合的压缩空气。

图 5.38 所示为某燃料电池的空气压缩机。

## 4. 加湿器

当质子交换膜的工作温度较高时，水分减少，使其质子电导率降低，从而使电阻增大，电池性能降低。加湿器不但可以给气体加湿，而且可以控制温度。

图 5.39 所示为某燃料电池的加湿器。

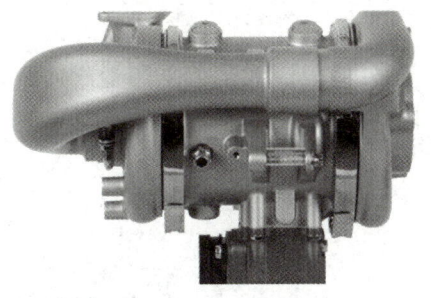

图 5.38　某燃料电池的空气压缩机

图 5.39　某燃料电池的加湿器

5. 水泵

水泵能够对系统冷却液做功，使冷却液循环起来。一旦燃料电池堆温度升高到超过设限，水泵就会增大冷却液的流速来给材料电池堆降温。为了保证材料电池堆产生的热量快速、有效地散发，要求水泵流量大、扬程高、具有绝缘能力及电磁兼容能力。此外，水泵还需要实时反馈当前运行状态或故障状态。

图 5.40 所示为某燃料电池的水泵。

6. 散热器

散热器的作用是散热，它将冷却液的热量传递给环境，以降低冷却液的温度。散热器需求的散热量大，清洁度要求高，离子释放率低，散热器的风扇要求风量大、噪声低、能够无级调速并反馈相应的运行状态。

图 5.41 所示为某燃料电池的散热器。

图 5.40　某燃料电池的水泵

图 5.41　某燃料电池的散热器

7. 氢气循环泵

国内燃料电池发电系统的氢气侧多采用脉冲排氢，将阳极侧的水带出燃料电池堆，防止氢气侧水淹；还可使用氢气循环泵，每间隔几个小时就排一次氢，极大地提高了燃料利用率。在氢气侧，氢气循环泵作为循环利用的零部件，不但可以给氢气侧带来水，而且可以提供流畅的速度，防止水淹。流速快可以增大整个反应的速度，也容易带走积水。

图 5.42 所示为某燃料电池的氢气循环泵。

8. 储氢罐

国内储氢罐采用铝合金内胆，外面缠绕碳纤维；国外储氢罐大部分采用塑料内胆。国内储氢罐的压力主要为35MPa，因为受限于铝合金内胆的特性及碳纤维缠绕的成本比较高；国外储氢罐的压力主要为70MPa。

图5.43所示为储氢罐的结构。

图5.42 某燃料电池的氢气循环泵

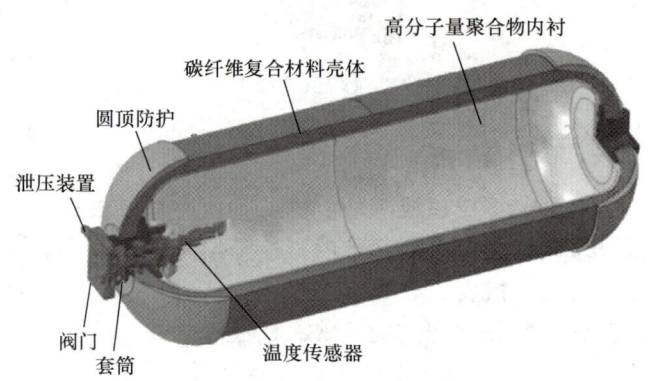

图5.43 储氢罐的结构

## 5.5.2 燃料电池发电系统产品介绍

深圳市氢蓝时代动力科技有限公司的燃料电池发电系统如图5.44所示，其净输出功率达132kW，动态响应速率达60A/s，采用新型故障诊断与健康管理策略。

上海捷氢科技有限公司的燃料电池发电系统如图5.45所示，其额定功率为117kW，燃料电池堆的体积功率密度为3.7kW/L；具有集成度高、易在商用车布置和维护、响应快等优势，可应用于燃料电池重型卡车、城际客车等。

图5.44 深圳市氢蓝时代动力科技有限公司的燃料电池发电系统

图5.45 上海捷氢科技有限公司的燃料电池发电系统

广东国鸿氢能科技有限公司的燃料电池发电系统如图 5.46 所示，其集成了国鸿氢能自主研发的鸿芯 GI 高性能电池堆，与空气子系统、氢气子系统和冷却子系统等集成于一体，净输出功率为 110kW，体积功率密度为 555W/L，最高效率为 61%，主要应用于燃料电池大型客车、中重型载货汽车、自卸车、牵引车等。

国内燃料电池发电系统的开发主要集中在商用车上。

宝马集团开发的燃料电池发电系统如图 5.47 所示，它是通过氢气与空气中的氧气发生化学反应，产生高达 125kW 的电能。燃料电池下方装有 DC/DC 转换器，可使燃料电池的电压水平与动力传动系统和高功率型电池的电压水平匹配。与燃料电池配套的还有一对 70MPa 储氢罐，可容纳 6kg 的氢，加氢时间为 3~4min。

图 5.46　广东国鸿氢能科技有限公司的燃料电池发电系统

图 5.47　宝马集团开发的燃料电池发电系统

宝马燃料电池电动汽车搭载了第五代 e-Drive 电力驱动系统与高功率型蓄电池，如图 5.48 所示。高功率型蓄电池不仅可以由燃料电池充电，还可以使用制动能量回收系统产生的电力。当超车或加速时，电机上方的高功率型蓄电池会为汽车注入额外动力。该车驱动系统的总输出功率为 275kW，保证了驾驶性能。

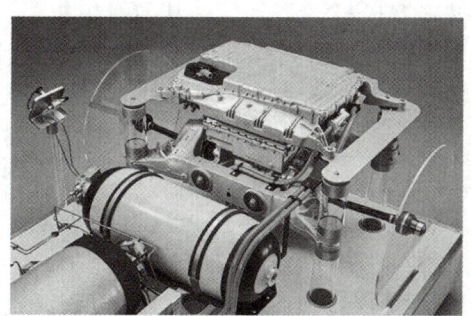

图 5.48　宝马第五代 e-Drive 电力驱动系统与高功率型蓄电池

## 一、名词解释
1. 燃料电池

2. 质子交换膜燃料电池

3. 碱性燃料电池

4. 直接甲醇燃料电池

5. 燃料电池发电系统

二、填空题

1. 燃料电池的主要类型有_____、_____、_____、_____、_____和_____。

2. 质子交换膜燃料电池由_____、_____、_____和_____组成。

3. 质子交换膜主要分为_____、_____和_____等。

4. 膜电极的性能指标主要有_____、_____、_____、_____、_____、_____等。

5. 燃料电池堆是由_____或_____单体燃料电池和其他必要的结构件组成的、具有统一电输出的组合体，必要结构件包括_____、_____、_____、_____、_____等。

三、选择题

1. 下列满足质子交换膜要求且商业化的是（　　）。
   A. 非氟磺酸膜　　　　　　　　B. 全氟磺酸膜
   C. 聚三氟苯乙烯磺酸膜　　　　D. 聚四氟乙烯-六氟丙稀膜

2. 质子交换膜燃料电池常用的催化剂是（　　）。
   A. 铁　　　　B. 铂　　　　C. 碳　　　　D. 铂碳

3. 在质子交换膜燃料电池的电极中，气体扩散层的首选材料是（　　）。
   A. 碳纸　　　　B. 碳布　　　　C. 无纺布　　　　D. 泡沫金属

4. 燃料电池乘用车使用的双极板主要是（　　）。
   A. 石墨双极板　　　　　　　　B. 金属材料双极板
   C. 金属与碳质的复合材料双极板　　D. 其他双极板

5. 燃料电池堆通过（　　）调节电流、电压，提供符合使用要求的功率输出。
   A. DC/DC 转换器　　　　B. DC/AC 转换器
   C. AC/DC 转换器　　　　D. AC/AC 转换器

四、判断题

1. 燃料电池是一种能量转换装置，工作时，只有输入能量（燃料）才能产出电能；蓄电池是一种能量储存装置，必须先将电能储存到蓄电池中，工作时只能输出电能，不需要输入能量，也不产生电能。这是燃料电池与蓄电池的本质区别。　　　　　　　（　　）

2. 燃料电池没有燃烧过程，以纯氢做燃料，生成物只有水，属于"零排放电池"。
　　　　　　　　　　　　　　　　　　　　　　　　　　　　　　　　（　　）

3. 气体扩散层扮演燃料电池膜电极与双极板之间沟通的桥梁角色，其作用是支撑催化剂层、稳定电极结构，并传递质、热、电，同时为电极反应提供气体通道、质子通道、电子通道和水通道等。　　　　　　　　　　　　　　　　　　　　　　　（　　）

4. 膜电极是质子交换膜燃料电池的电化学反应场所，是燃料电池的核心部件，有燃料电池的"心脏"之称，它的设计与制备对燃料电池性能与稳定性有决定性作用。（　　）

5. 在冷却液处于冷态循环状态下，燃料电池堆正、负极的对地绝缘性要求不应低于 1000Ω/V，可通过测量绝缘电阻判断。（　　）

## 五、问答题

1. 质子交换膜燃料电池的工作原理是怎样的？
2. 质子交换膜的主要作用是什么？
3. 催化剂的主要作用是什么？
4. 双极板的主要作用是什么？
5. 典型的燃料电池发电系统主要由哪几部分组成？

## 六、拓展题

1. 分析当前国内燃料电池电动汽车的市场情况。
2. 分析当前国内外燃料电池的技术现状。

# 第6章　燃料电池的制氢与加氢技术

教学目标

通过本章的学习，读者能够掌握氢气的基本知识和车载储氢系统，了解加氢站与加氢设备。

教学要求

| 教学内容 | 能力要求 | 参考学时 |
| --- | --- | --- |
| 氢气的基本知识 | 掌握氢气的基本性质、氢气的特点、氢气的技术指标、氢气的制备方法、氢气储存和氢气输送 | 2 |
| 车载储氢系统 | 掌握车载储氢系统的组成、车载储氢系统的技术条件，以及储氢罐 | 2 |
| 加氢站与加氢设备 | 了解加氢站、加氢机、加氢口和加氢枪 | |

**导入案例**

能量供应主要来源于煤炭、石油等化石能源，导致日益严重的能源枯竭和环境污染问题，寻求更加高效、清洁的能源成为必然趋势。随着我国碳达峰与碳中和目标的提出及为实现"30 60目标"（力争2030年前实现碳达峰，2060年前实现碳中和）的政策落地，氢能将有更大的发展空间。燃料电池的主要燃料是氢，燃料电池的制氢技术与加氢技术是推广燃料电池电动汽车的关键。图6.1所示为利用太阳能和风能电解水制氢示意。

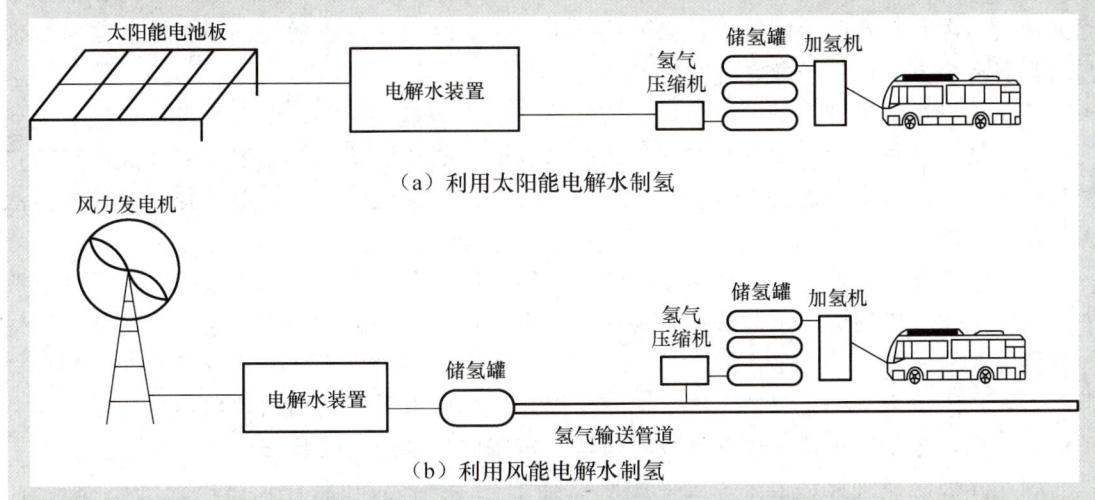

图 6.1 利用太阳能和风能电解水制氢示意

如何制备、储存、输送氢气？燃料电池电动汽车的车载储氢系统是怎样的？有哪些加氢设备？通过本章的学习，读者可以得到答案。

## 6.1 氢气的基本知识

氢（H）在元素周期表中居第一位，是地球的重要组成元素，在地球所有元素中储量居第三位，也是宇宙中分布最广泛的元素。氢主要以化合态的形式出现，通常单质形态是氢气。氢气可从水、化石燃料等含氢物质中提取，是重要的工业原料和能源载体。氢能是指氢在物理变化与化学变化过程中释放的能量，可用于储能、发电、交通工具用燃料及家用燃料等。

### 6.1.1 氢气的基本性质

氢气的化学式为 $H_2$，分子量为 2.01588，在常温常压下是一种极易燃烧的气体，无色透明、无臭无味且难溶于水。氢气是世界上已知的密度最小的气体，氢气的密度只有空气的 1/14.5，即在 1 标准大气压和 0℃下，氢气的密度为 0.089g/L。氢气是相对分子质量最小的物质，还原性较强，常作为还原剂参与化学反应。

氢气有气态、液态、固态，常温下为气体；在-253℃下变为无色液体；-259℃下变为雪花状固体。氢气在常温下性质稳定，在点燃或加热的条件下能与氧、硫、碳、氮、氯等物质发生化学反应，生成水、硫化氢、甲烷、氨气、氯化氢等化合物。

氢气的热值是汽油的3倍、焦炭的4.5倍，发生化学反应后仅产生对环境无污染的水。氢能源是二次能源，需要消耗一次能源来制取。氢气的主要获取途径有化石能源制氢和可再生能源制氢。

氢气具有以下主要特性。

(1) 易泄漏与扩散。氢分子尺寸较小，容易从缝隙或孔隙中泄漏，且氢气的扩散系数比其他气体高，在空间上能够以较高的速度上升，同时快速进行横向移动扩散。当氢气泄漏时沿着多个方向迅速扩散，并与空气混合。

(2) 易燃性。氢气是一种极易燃烧的气体，燃点只有574℃，点火源包括快速关闭阀门产生的机械火花，未接地微粒过滤器的静电放电，电气设备、催化剂颗粒和加热设备产生的火花，通风口附近的雷击等，必须以适当的方式消除或隔离点火源，并在未预见点火源的情况下进行操作。

(3) 爆燃爆轰。氢气与空气形成的蒸气云爆炸属于爆燃，是不稳定过程。在爆燃过程中，氢气点燃形成的火焰不断加速，甚至超过声速，从而形成爆轰波。氢气在空气中的爆炸浓度为4%~75.6%（质量分数）。为了避免爆炸，需要将氢气的质量分数控制在4%以下。若在封闭空间（如车载储氢罐）内发生爆炸，则压力瞬间达到初始压力的几倍甚至几十倍。因此，为了避免发生爆炸事故，通常在车载储氢系统上安装安全泄放装置。

(4) 淬熄。氢气火焰很难熄灭，如水汽会增强氢气-空气混合气体燃烧的不稳定性，提高燃烧能力，大量水雾喷射会使氢气-空气混合气体燃烧加剧。与其他可燃气体相比，氢气的淬熄距离最小。由于氢气存在重燃和爆炸的危险，因此通常只有切断氢气供应后，才能扑灭氢火。

(5) 氢脆。氢脆是指溶于金属中的高压氢在局部浓度达到饱和后产生金属塑性下降、诱发裂纹甚至开裂的现象。氢脆的影响因素很多，如环境的温度和压力、氢的纯度、浓度和暴露时间，材料裂纹前的应力状态、物理性能和机械性能、微观结构、表面条件和性质。另外，使用不当材料也易产生氢脆现象。因此，氢环境下应用的金属材料要与氢气具有良好的相溶性，需进行氢气与材料之间的相溶性试验。

### 6.1.2 氢气的特点

氢能作为一种高效、清洁、可持续的能源，被视为21世纪较有发展潜力的"终极能源"。氢气具有以下特点。

(1) 氢气的质量能量密度高，使用方便。
(2) 氢气资源丰富，制取方法多。
(3) 氢气可以大量储存和长距离运输。
(4) 氢气是清洁能源，可作为燃料电池电动汽车的燃料。

### 6.1.3 氢气的技术指标

燃料电池用氢气与工业氢气不同，它有特殊的技术指标和测定方法。燃料氢气的技术指标见表6-1，燃料氢气的纯度要求非常高。表6-1中，总硫是指氢气中以二氧化硫（$SO_2$）、硫化氢（$H_2S$）、羰基硫（COS）及甲基硫醇（$CH_3SH$）等形态存在的硫化物；总卤化物是指氢气中以氯化氢（HCl）、溴化氢（HBr）、氯气（$Cl_2$）和有机卤化物（R-X）等形态存在的卤化物。

表6-1 燃料氢气的技术指标

| 项目名称 | 技术指标 |
| --- | --- |
| 氢气纯度（摩尔分数） | 99.97% |
| 非氢气体总量 | $300\mu mol/mol$ |
| 水（$H_2O$） | $5\mu mol/mol$ |
| 总烃（按甲烷计） | $2\mu mol/mol$ |
| 氧气（$O_2$） | $5\mu mol/mol$ |
| 氦气（He） | $300\mu mol/mol$ |
| 总氮气（$N_2$）和氩气（Ar） | $100\mu mol/mol$ |
| 二氧化碳（$CO_2$） | $2\mu mol/mol$ |
| 一氧化碳（CO） | $0.2\mu mol/mol$ |
| 总硫（按$H_2S$计） | $0.004\mu mol/mol$ |
| 甲醛（HCHO） | $0.01\mu mol/mol$ |
| 甲酸（HCOOH） | $0.2\mu mol/mol$ |
| 氨气（$NH_3$） | $0.1\mu mol/mol$ |
| 总卤化物（按卤离子计） | $0.05\mu mol/mol$ |
| 最大颗粒物浓度 | $1mg/kg$ |

注：当甲烷浓度超过$2\mu mol/mol$时，甲烷、氮气和氩气的总浓度不能超过$100\mu mol/mol$。

工业氢气关注的是氢气纯度，而燃料电池用氢气关注的是敏感杂质含量。所以，工业氢气不等于燃料电池用氢气。

## 6.1.4 氢气的制备方法

氢气是燃料电池常用的燃料，但地球周围的单质氢极少，要大规模推广使用燃料电池电动汽车，必须先解决氢源问题。

氢能产业涉及制氢、储氢和输氢等环节，其中制氢成本最高。常用制氢方式有电解水制氢、天然气水蒸气重整制氢、甲醇转化制氢和可再生能源制氢等。

**1. 电解水制氢**

电解水制氢是将水电解为氢气和氧气的过程，其阴极反应为

$$2H_2O + 2e^- \longrightarrow 2OH^- + H_2$$

阳极反应为

$$2OH^- \longrightarrow H_2O + \frac{1}{2}O_2 + 2e^-$$

总反应为

$$2H_2O \longrightarrow 2H_2 + O_2$$

因为纯水是电的不良导体，所以电解水制氢时，要在水中加入电解液来提高水的导电性。一般电解水操作都用氢氧化钾（KOH）做电解液。

电解水制氢系统的主体设备为水电解槽，如图6.2所示。

图6.2 水电解槽

水电解槽的性能参数决定了水电解制氢的技术性能。水电解槽的性能参数、结构应以降低单位氢气电能消耗和制造成本、延长使用寿命为基本要求；应合理选择水电解槽的结构形式，电解小室及其电极，隔膜的构造、涂层和材质。水电解槽由若干电解池组成，每个电解池都由电极、隔膜和电解质溶液等组成，从而形成各种形状和规格的水电解制氢系统。电解池是指利用电能，使某电解质溶液分解为其他物质的单元装置。电解水制氢系统结构由制氢装置的工作压力、氢（氧）气的用途、气体纯度及其允许杂质含量等确定。

图6.3所示为水电解槽的工作原理。水电解槽采用左右槽并联结构，中间极板接直流电源正极，两端极板接直流电源负极，由双极性极板和隔膜垫片组成多个电解池，并在槽内下部形成共用的进液口和排污口，上部形成各种氢碱和氧碱的气、液体通道。正常生产时，采用质量分数为30%的氢氧化钾水溶液做电解液，水电解槽的温度控制在85～90℃。在电解液强制循环、水电解槽通直流电的情况下，水电解槽中产生氢气和氧气，经气液分离器分离后，产生的氢气和氧气源源不断地排出系统。

电解水制氢系统框图如图6.4所示。水电解槽中产生的氢气和氧气分别经过气液分离器、洗涤（或冷却）器、压力控制器进入氢气储气罐和氧气储气罐，供给用户或压缩充装。

气液分离器的作用是处理含有少量凝液的气体，实现凝液回收或者气相净化。其一般是一个压力容器，内部有相关进气构件、液滴捕集构件。一般气体由上部收集，液体由下部收集。

图6.5所示为旋风式气液分离器。其主要特点是结构简单，操作弹性大，管理和维修方便，价格低廉，能100%去除直径大于$8\mu m$的液滴，能去除90%～95%的4～8$\mu m$的液

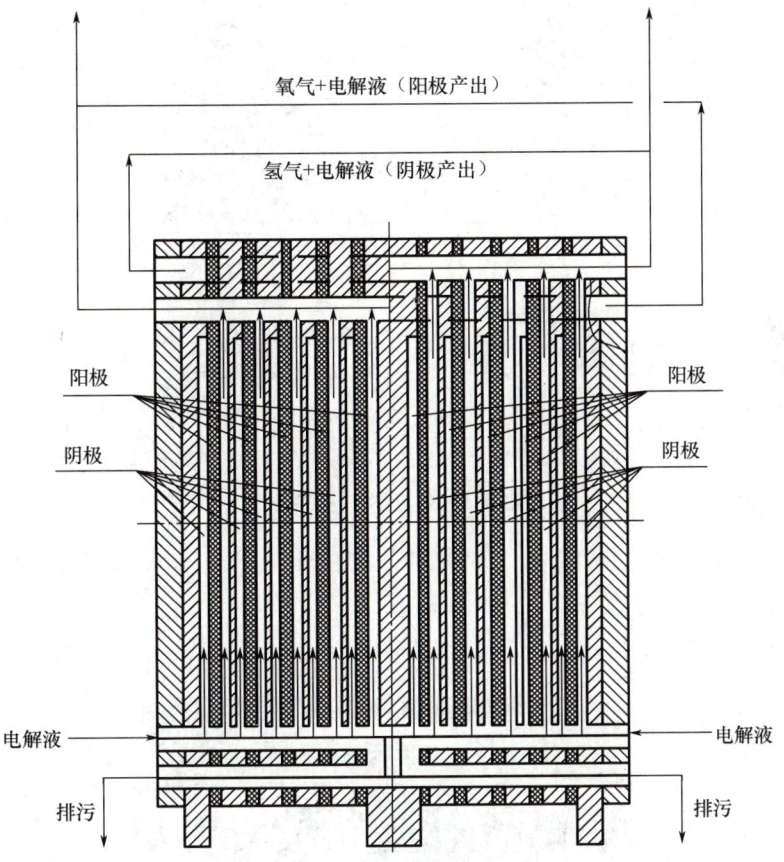

图 6.3 水电解槽的工作原理

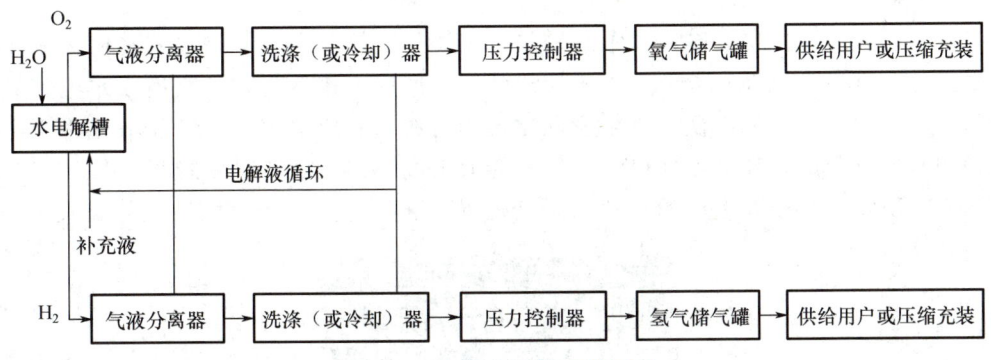

图 6.4 电解水制氢系统框图

滴。旋风式气液分离器的工作原理是气体通过设备入口进入设备内的旋风分离区，当含杂质气体沿轴向进入旋风分离管时，气流受导向叶片的导流作用产生强烈旋转，气流沿筒体呈螺旋形向下进入旋风筒体，密度大的液滴和尘粒在离心力的作用下甩向筒壁，并在重力作用下，沿筒壁下落流出旋风管排尘口至设备底部的储液区，从出液口流出。旋转的气流在旋风筒体内收缩并向中心流动，向上形成二次涡流，经导气管流至天然气净化室，经设备顶部出口流出。

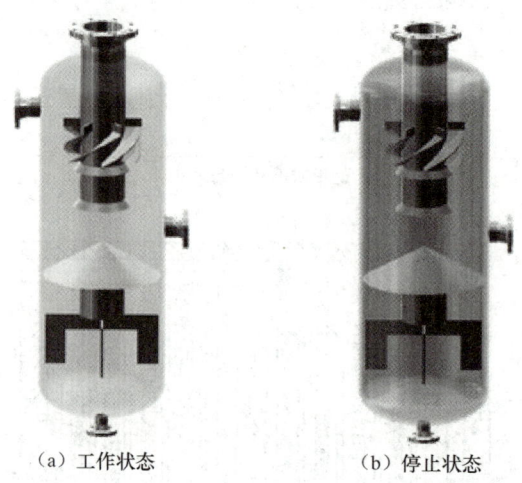

(a) 工作状态　　　(b) 停止状态

图 6.5　旋风式气液分离器

洗涤（或冷却）器用来洗涤（或冷却）氢气和氧气。图 6.6 所示为氢气冷却器的位置。

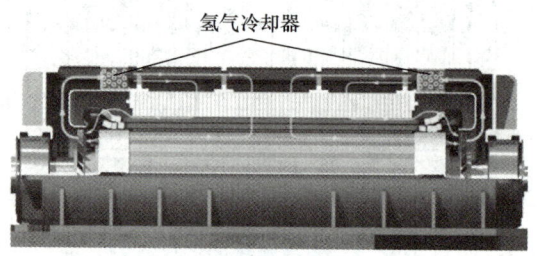

图 6.6　氢气冷却器的位置

电解水制氢技术主要有碱性水电解槽技术、质子交换膜水电解槽技术和固体氧化物水电解槽技术。其中，碱性水电解槽技术较成熟，生产成本较低；质子交换膜水电解槽技术流程简单，能效较高，但因使用贵金属催化剂等材料，故成本较高；固体氧化物水电解槽技术采用水蒸气电解，在高温环境下工作，能效最高，但尚处于研发阶段。

图 6.7 所示为某企业生产的电解水制氢装置。

图 6.7　某企业生产的电解水制氢装置

电解水制氢具有绿色环保、生产灵活、纯度高（通常高于99.7%）及副产品（氧气）价值高等特点；但每立方米氢的能耗为4~5kW·h，制氢成本受电价的影响较大，电价占总成本的70%以上。若采用市电生产，则制氢成本为30~40元/千克，且火电占比较大，依旧面临碳排放问题。一般认为当电价低于0.3元/（千瓦·时）时，电解水制氢的成本接近传统化石燃料制氢的成本。按照当前我国电力的平均碳强度计算，电解水得到1kg氢气的碳排放量约为35.84kg，是化石能源重整制氢单位碳排放量的3~4倍。

#### 2. 天然气水蒸气重整制氢

天然气水蒸气重整制氢是大规模工业制氢的主要方法。重整是指由原燃料制备富氢气体混合物的化学过程。天然气水蒸气重整是指通过天然气和水蒸气的化学反应制备富氢气体的过程。重整制氢是指碳氢化合物原料在重整器内进行催化反应而获得氢的过程。

天然气的主要成分是甲烷（$CH_4$），它与水蒸气在1100℃下发生反应，其反应方程式为

$$CH_4(g) + H_2O(g) \longrightarrow 3H_2(g) + CO(g)$$

式中，（g）代表气体。

气体产物中的CO可通过与水蒸气的变换反应转化为氢气和$CO_2$，其反应方程式为

$$CO(g) + H_2O(g) \longrightarrow H_2(g) + CO_2(g)$$

最终产物中的$CO_2$可通过高压水清洗去除，所得氢气可直接用作工业原料气。如果要作为燃料电池电动汽车的燃料，则还需要对CO等杂质进行进一步处理。

天然气水蒸气重整制氢系统主要由精脱硫装置、预热炉、水蒸气转化炉、余热锅炉、变换反应器、冷却器和变压吸附提纯装置等组成。天然气经精脱硫装置后，按一定的水碳比与水蒸气混合，经预热炉预热后进入水蒸气转化炉；在催化剂的作用下发生转化反应，生成$H_2$、CO、$CO_2$等气体，经余热锅炉回收热量后进入变换反应器，将CO变换为$CO_2$，得到变换气；变换气先经回收热量的余热锅炉、冷却器后降至常温，再经变压吸附提纯装置提纯，得到纯度较高的氢气；变压吸附提纯装置的解吸气中有CO、$CH_4$等可燃组分，经解吸气缓冲罐输送至水蒸气转化炉作为燃料气。天然气水蒸气重整制氢系统框图如图6.8所示。

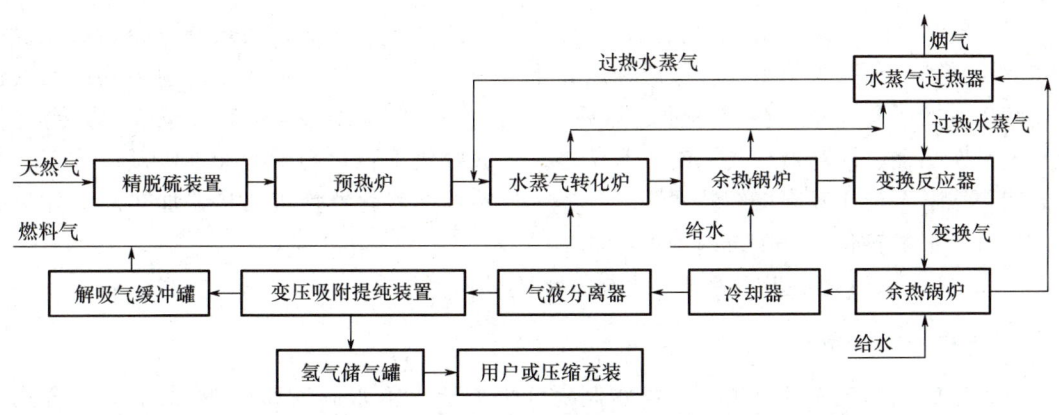

图6.8 天然气水蒸气重整制氢系统框图

天然气水蒸气重整制氢主要包括以下流程。

（1）原料预处理。原料预处理主要是指原料气的脱硫过程。

（2）天然气水蒸气转化。多采用镍系催化剂，将天然气中的烷烃转化为主要成分为一氧化碳和氢气的原料气。

（3）一氧化碳变换。一氧化碳在中温/高温及催化剂下与水蒸气发生反应，生成氢气和二氧化碳的变换气。

（4）氢气提纯。对生成的氢气进行提纯，常用的氢气提纯系统是变压吸附净化分离系统，净化后氢气的纯度可以达到99.99%。

图6.9所示为某企业的天然气水蒸气重整制氢设备。

图6.9 某企业的天然气水蒸气重整制氢设备

### 3. 甲醇转化制氢

甲醇转化制氢的反应方程式为

$$CH_3OH \longrightarrow 2H_2 + CO$$

分解产物混合气中的CO也可以通过变换反应与水蒸气作用转化为氢气和二氧化碳，即

$$CO(g) + H_2O(g) \longrightarrow H_2(g) + CO_2(g)$$

总反应为

$$CH_3OH(g) + H_2O(g) \longrightarrow CO_2(g) + 3H_2(g)$$

甲醇转化制氢系统主要由加热器、转化器、过热器、汽化器、换热器、冷却器、水洗塔和变压吸附提纯装置等组成。甲醇和脱盐水按一定比例混合，由换热器预热后送入汽化器，汽化后的甲醇、蒸气经导热油过热后进入转化器，催化变换成$H_2$、$CO_2$的转化气；转化气经换热器、冷却器冷凝后进入水洗塔，塔底收集未转化的甲醇和水以循环使用，塔顶的转化气送至变压吸附提纯装置。转化器、过热器和汽化器均由加热器加热后的导热油提供热量。甲醇转化制氢系统框图如图6.10所示。

图6.11所示为某企业的甲醇转化制氢装置。

### 4. 可再生能源制氢

可再生能源制氢主要有风能电解水制氢、太阳能电解水制氢和风能-太阳能联合式电解水制氢。

虽然由风能和太阳能转化的电能可直接用于电力供应，但存在电能难以有效储存、利

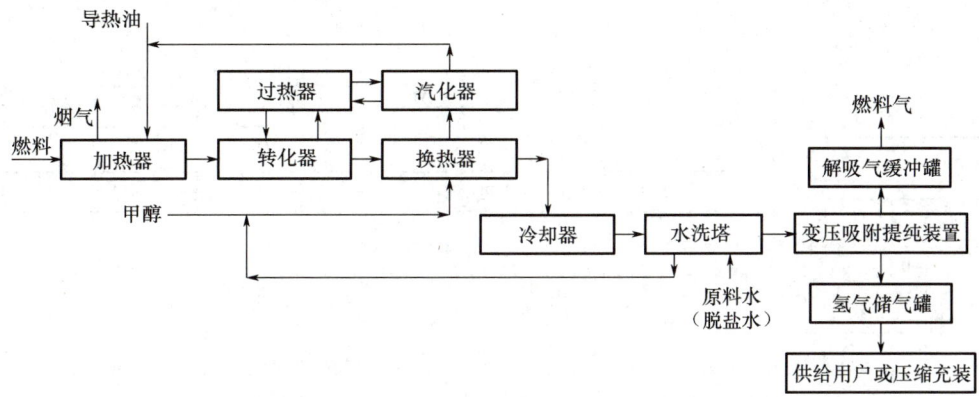

图 6.10　甲醇转化制氢系统框图

图 6.11　某企业的甲醇转化制氢装置

用率较低、电力供应不稳定等缺点。将风能和太阳能转化的部分电能用于电解水制氢获得氢气，可起到电能储存及电力负荷的削峰填谷作用。风能电解水制氢系统框图、太阳能电解水制氢系统框图和风能-太阳能联合电解水制氢系统框图分别如图 6.12 至图 6.14 所示。

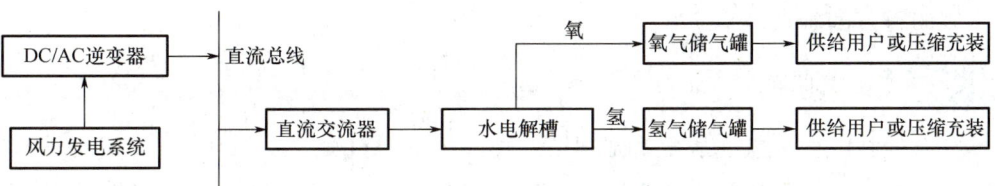

图 6.12　风能电解水制氢系统框图

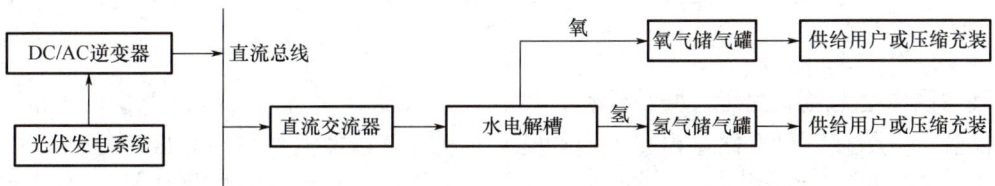

图 6.13　太阳能电解水制氢系统框图

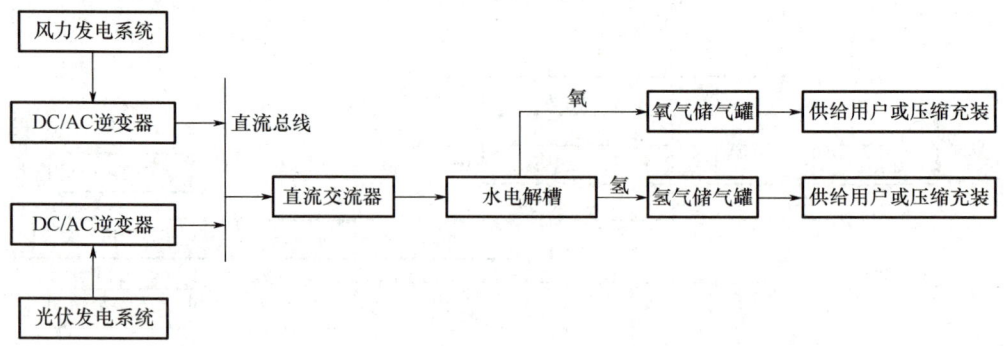

图 6.14 风能-太阳能联合电解水制氢系统框图

除此之外，还有很多制氢方法，如从化工厂或炼油厂的副产品尾气中获取氢气、利用城市固体垃圾或有机生物质通过气化制氢等。

传统的工业应用制氢方法主要是利用化石燃料制备和水电解，效率不高，同时排放大量温室气体，难以满足未来氢气制备高效、大规模、无碳排放的要求。核能是清洁的一次能源，核能制氢已经发展成清洁、安全、成熟的技术。核能制氢就是将核反应堆与先进制氢工艺耦合，大规模生成氢的过程。核能制氢具有不产生温室气体、以水为原料、效率高、规模大等优点，是未来氢气大规模供应的重要解决方案，为可持续发展及氢能经济开辟了新的道路。

许多国家（如美国、日本、法国、加拿大等）都在开展核能制氢技术的研发工作。我国正在发展核电，在建设核电站的同时，非常重视核能制氢技术的发展。高温气冷堆能够提供高温工艺热，是较理想的高温电解制氢的核反应堆。在800℃下，高温电解的理论效率高于50%，温度升高会进一步提高效率。在此种方案下，高温气冷堆（出口温度为700～950℃）和超高温气冷堆（出口温度高于950℃）是较理想的高温电解制氢的核反应堆。

安全性是制约核能制氢的重要因素。在常温常压下，氢气是一种极易燃烧、无色透明、无臭无味且难溶于水的气体，保证与核电偶联的设备在氢运输等相关过程中的安全是需要突破的重点和难点。

## 6.1.5 氢气储存

储存氢气技术作为氢气从生产到利用过程的桥梁，至关重要。可通过氢化物的生成与分解储氢，或者基于物理吸附过程储氢。氢气储存主要有气态储氢、液态储氢和固态储氢三种方式。高压气态储氢已得到广泛应用，低温液态储氢在航天等领域得到应用，有机液态储氢和固态储氢尚处于示范阶段。

### 1. 气态储氢

气态储氢是对氢气加压，减小体积，以气体形式储存于特定容器。根据压力的不同，气态储氢可分为低压气态储氢和高压气态储氢。氢气可以像天然气一样低压储存，使用巨大的水密封储槽。气态储氢适合大规模储存气体时使用。高压气态储氢是较普遍和较直接的储存方式，只要调节高压阀就可以直接释放氢气。普通高压气态储氢是一种应用广泛、简便、易行的储氢方式，而且成本低，充、放气快，可在常温下进行；但需要厚重的耐压容器，并消耗较大的氢气压缩功，存在氢气易泄漏和容器爆破等不安全因素。高压气态储氢设备分为高压氢瓶和高压容器两大类，其中钢质氢瓶和钢质压力容器技术较成熟，成本较低。20MPa钢质氢瓶已得到广泛的工业应用，并与45MPa钢质氢瓶、98MPa钢带缠绕式压力容器组合应用于加氢站中。碳纤维缠绕高压氢瓶的开发应用，实现了高压气态储氢由固定式应用向车载储氢的转变。

图6.15所示为某加氢站中的储氢瓶组。

### 2. 液态储氢

在低温下，氢气会以液态形式存在，可以使用一种深冷的液氢储存技术——低温液态储氢。与空气液化相似，低温液态储氢也是先压缩氢气，在经过节流阀之前冷却，经历焦耳-汤姆孙等焓膨胀后，产生一些液体。分离液体，并将其储存在高真空的绝热容器中，气体继续进行上述循环。液态储氢具有较高的体积能量

图6.15　某加氢站中的储氢瓶组

密度。在常温、常压下，液态氢的密度为气态氢的845倍，其体积能量密度比压缩储存高好几倍，与相同体积的储氢容器相比，其储氢质量大幅度提高。液氢储存工艺特别适合储存空间有限的运载场合，如航天飞机用的火箭发动机、汽车发动机和洲际飞行运输工具等。仅从质量和体积方面考虑，液态储氢是一种理想的储氢方式。但是氢气液化要消耗大量冷却能量（液化1kg氢气需耗电4～10kW·h），增加了储氢和用氢的成本。另外，液态储氢容器必须使用适用于超低温的特殊容器，由于液态储氢的材料和绝热不完善，蒸发损失较大，因此其储存成本较高，安全技术也比较复杂。

液态储氢可分为低温液态储氢和有机液态储氢。

（1）低温液态储氢。低温液态储氢将氢气冷却至$-253℃$，并液化储存在低温绝热液氢罐中，储氢密度为$70.6kg/m^3$，但液态储氢装置一次性投资较大，液化过程中能耗较高，储存过程中有一定的蒸发损失，其蒸发率与储氢罐容积有关，大储氢罐的蒸发率远低于小储氢罐。国内低温液态储氢已成功应用于航天工程，民用缺乏相关标准。

（2）有机液态储氢。有机液态储氢利用不饱和有机物（如烯烃、炔烃或芳香烃）与氢气进行可逆加氢和脱氢反应，实现氢的储存。加氢后形成的液体有机氢化物性能稳定，安全性高，储存方式与石油产品相似；但存在反应温度较高、脱氢效率较低、催化剂易被中间产物毒化等缺陷。

### 3. 固态储氢

固态储氢是利用固体对氢气进行物理吸附或化学反应等，将其储存在固体材料中。固态储氢一般可以做到安全、高效、高密度，是气态储氢和液态储氢后较有前途的研究发现。固态储氢需寻找和研制高性能的储氢材料，这是固态储氢亟需解决的问题，也是未来储氢发展甚至氢能利用的关键。

固态储氢是以金属氢化物、化学氢化物或纳米材料等为储氢载体，通过物理吸附或化学反应的方式实现氢的储存。固态储氢具有储氢密度高、储氢压力低、安全性高、放氢纯

度高等优势，其体积储氢密度高于液态储氢。但主流金属储氢材料的质量储氢密度仍低于 3.8wt%，质量储氢率高于 7wt% 的轻质储氢材料还需要解决吸/放氢温度偏高、循环性能较差等问题。国外固态储氢已在燃料电池潜艇中得到商业应用，在分布式发电和风电制氢规模储氢中得到示范应用；国内固态储氢已在分布式发电中得到示范应用。

三种储氢技术的比较见表 6-2。

表 6-2 三种储氢技术的比较

| 项目 | 气态储氢 | 液态储氢 | 固态储氢 |
| --- | --- | --- | --- |
| 质量储氢密度/(wt%) | 1.0~5.7 | 5.7~10 | 1.0~4.5 |
| 技术 | 在高温下压缩氢气，以高密度气态形式储存 | 利用氢气在高压、低温条件下液化，其体积储氢密度和输送效率远大于气体储氢 | 利用固体对氢气进行物理吸附或化学反应等，将其储存于固体材料，不需要加压和冷冻 |
| 优点 | 成本较低，技术成熟，吸/放氢快，能耗低，易脱氢，工作条件较宽松 | 体积储氢密度高，液态氢的纯度高 | 体积储氢密度高，操作安全、方便，不需要高压容器，具备纯化功能，得到的氢纯度高 |
| 缺陷 | 体积储氢密度低，体积比容量小，存在泄漏、爆炸等安全隐患 | 液化过程能耗大，易蒸发，成本高 | 质量储氢密度低，成本高，吸/放氢有温度要求，抗杂质气体能力差 |
| 技术突破 | (1) 进一步提高储氢罐的储氢压力、质量储氢密度。(2) 改进储氢罐材质，向高压化、低成本、质量稳定的方向发展 | (1) 为提高保温效率，需增加保温层或保温设备，克服保温与储氢密度之间的矛盾。(2) 减少储氢过程中由氢汽化造成的约 1% 的损失。(3) 降低保温过程耗费的相当于液氢质量 30% 的能量 | (1) 提高质量储氢密度。(2) 降低成本及温度要求 |
| 应用 | 是发展较成熟、较常用的技术，也是车用储氢的主要技术 | 主要应用于航空航天领域，适用于超大功率商用车 | 是未来重要发展方向 |

我国储氢行业发展的主流是高压气态储氢，大部分加氢站和储运企业都采用高压气态储氢。

纵观国内储氢市场，高压气态储氢技术比较成熟，且优点明显，一定时间内都将是国内主推的储氢技术；但由于高压气态储氢存在安全隐患和体积比容量小的问题，在氢燃料汽车上的应用并不完美。低温液态储氢技术在我国还处于只服务于航空航天领域的阶段，短期内不太可能应用于民用领域；低温液态储氢技术成本高，长期来看，在国内商业化应用前景不如其他储氢技术。固态储氢应用在燃料电池电动汽车上的优点十分明显，但现在仍存在技术上的难题；短期内，固态储氢应该不会有较大范围的应用，但长期来看发展潜力比较大。

## 6.1.6 氢气输送

根据输送过程中氢气状态的不同，氢气输送可以分为气态输送、液态输送和固态输送，其中气态输送和液态输送是主要输送方式。

### 1. 气态输送

高压气态输送可分为长管拖车输送（图 6.16）和管道输送两种方式。长管拖车输送是氢气近距离输送的主要方式，技术较成熟，国内常用 20MPa 长管拖车运氢，单车运氢量约为 300kg；国外采用 45MPa 纤维全缠绕高压氢瓶长管拖车运氢，单车运氢量约为 700kg。

管道输送（图 6.17）是实现氢气大规模、长距离运输的重要方式。管道运行压力一般为 1.0～4.0MPa，具有输氢量大、能耗小和成本低等优势，但建造管道一次性投资较大。初期可积极探索掺氢天然气方式，以充分利用现有管道设施。

图 6.16　长管拖车输送

图 6.17　管道输送

### 2. 液态输送

液态输送适用于距离较长、运输量较大的场合。其中，液氢罐车（图 6.18）可运氢

图 6.18　液氢罐车

7t，铁路液氢罐车可运氢 8.4～14t，专用液氢驳船可运氢达 70t。采用液氢储运能够降低车辆运输频次，提高加氢站单站的供应能力。

### 3. 固态输送

轻质储氢材料兼具体积储氢密度高和质量储氢密度高的优点，作为运氢装置具有较大潜力。将低压高密度固态储氢罐作为随车输氢容器，加热介质和装置固定放置在充氢和用氢现场，可以同步实现氢的快速充装及高密度、高安全性输送，提高单车运氢量和运氢安全性。

氢气不同输送方式的比较见表 6-3。表中数据仅供参考，具体数据以实际情况为主。

表 6-3　氢气不同输送方式的比较

| 输送方式 | 运输工具 | 压力/MPa | 运氢量/(千克/车) | 体积储氢密度/(kg/m³) | 质量储氢密度/(wt%) | 成本/(元/千克) | 能耗/(kW·h/kg) | 经济距离/km |
|---|---|---|---|---|---|---|---|---|
| 气态输送 | 长管拖车 | 20 | 300～400 | 14.5 | 1.1 | 2.02 | 1～1.3 | ≤150 |
|  | 管道 | 1～4 |  | 3.2 | — | 0.3 | 0.2 | ≥500 |
| 液态输送 | 液氢罐车 | 0.6 | 7000 | 64 | 14 | 12.25 | 15 | ≥200 |
| 固态输送 | 货车 | 4 | 300～400 | 50 | 1.2 | — | 10～13.3 | ≤150 |

我国氢气储存以高压气态方式为主。在氢能市场渗入前期，车载储氢以 70MPa 气态方式为主，辅以低温液态储氢和固态储氢。氢气的输送有 45MPa 长管拖车、低温液氢罐车、管道（示范）输送等方式，协同发展。在氢能市场渗入中期（2030 年），车载储氢将以气态、低温液态为主，多种氢技术协同发展，氢气的输送以高压液氢罐车和管道输送结合，多种氢技术协同发展，针对不同细分市场和区域同步发展。在氢能市场渗入远期（2050 年），车载储氢将采用更高储氢密度、更高安全性的储氢技术，氢气管网密布于城市和乡村。

## 6.2　车载储氢系统

车载储氢是燃料电池电动汽车应用的关键技术，主要用于实现高压氢气的加注、储存和供应。在车载储氢系统的设计开发过程中，应充分遵照相关国家标准，从设计开发到集成安装，均应满足功能要求和安全要求。

### 6.2.1　车载储氢系统的组成

车载储氢系统一般包括加氢模块、储氢模块、供氢模块和控制检测模块。

### 1. 加氢模块

加氢模块一般由加氢口、压力表、过滤器、单向阀等组成，通过与加氢枪连接实现为汽车加注氢气的功能。为了保证加氢过程安全、可靠，应在充分考虑加氢时的温升问题、静电消除问题、气密性问题等的基础上，对加氢模块进行安全设计，一般考虑以下三个方面。

（1）考虑加氢过程的温升问题，应为 70MPa 储氢系统配备温度监控模块。

（2）加氢口周围应设计静电接地装置。

（3）为避免加氢模块连接点泄漏，在加氢模块安装氢浓度传感器。

### 2. 储氢模块

储氢模块一般由储氢罐、组合阀、限流阀、压力传感器、安全泄放装置等组成。当管路内的压力异常降低或流量异常增大时，限流阀能够有效、自动切断储氢罐内的氢气供应，压力传感器可以通过氢控制器向整车控制器或燃料电池控制器传递压力信息。

### 3. 供氢模块

供氢模块一般由减压阀、安全阀、排空阀、电磁阀等组成。为了保证供氢模块安全可靠，减压阀应能保证输出压力稳定可靠，安全阀应能实现管路压力超过一定限值后的起跳泄放功能，并可在管路压力恢复正常后恢复原状态。

### 4. 控制检测模块

控制检测模块一般是由电气系统组成的，通过氢控制器检测车载储氢系统运行状态，其中包括储氢罐的开启状态、罐内的温度、管路的压力及氢浓度传感器的测量值，还要稳定、高效地控制罐口组合阀及其他电磁阀的开启和关闭，计算车载储氢系统运行的耗氢量，估算剩余氢气量，识别不同故障，还要通过 CAN 总线与整车通信，将接收的信息发送给整车控制器，并接收整车控制器的指令，做出相应动作。

## 6.2.2　车载储氢系统的技术条件

车载储氢系统是指从氢气加注口至燃料电池进口，与氢气加注、储存、输送、供给和控制有关的装置，如图 6.19 所示。

图 6.19 中的主关断阀是用来关断从储氢容器向该阀下游供应氢气的阀；储氢容器单向阀是储氢容器主阀中用来防止氢气从储氢容器倒流回加注口的阀；压力调节器是将氢系统压力控制在设计范围内的阀；压力释放阀是当管路中压力异常增高时，通过排气将压力控制在正常范围的阀。

### 1. 车载储氢系统的一般要求

对车载储氢系统有以下一般要求。

（1）车载储氢系统应符合 GB/T 24549—2020《燃料电池电动汽车　安全要求》的规定，且车载储氢系统及其装置应在正常使用条件下安全、可靠地安装。

（2）车载储氢系统应最大限度地减少高压管路连接点，保证管路连接点施工方便、密封良好、易检查和维修。

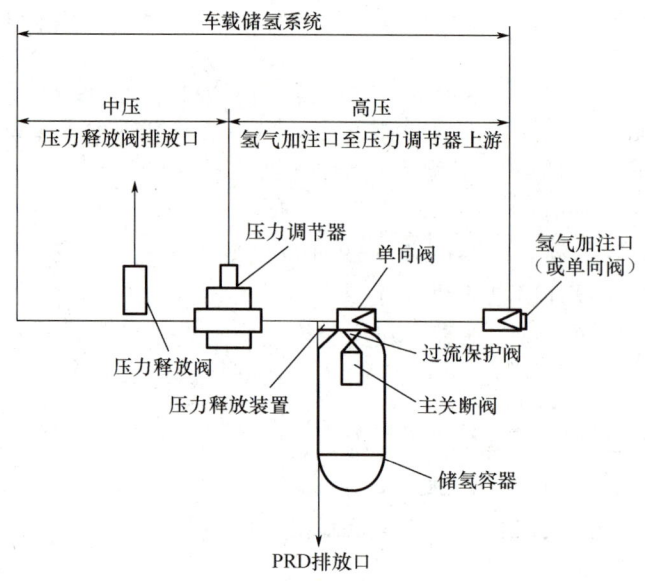

图 6.19  车载储氢系统

(3) 车载储氢系统中与氢接触的材料应与氢兼容，并应充分考虑氢脆现象对设计使用寿命的影响。

(4) 储氢容器的布置应保证汽车在空载、满载状态下的载荷分布符合相关规定。

(5) 车载储氢系统中的部件，元件，材料（如储氢容器、压力调节阀、主关断阀、压力释放阀、压力释放装置、密封件及管路）等应是符合相关标准的合格产品。

(6) 主关断阀、单向阀和压力释放装置应集成在一起，装在储氢容器的端头。主关断阀的操作应采用电动方式，并应在驾驶人易操作的部位，断电时应处于自动关闭状态。

(7) 应有过电流保护装置或其他装置，当由检测储氢容器或管道内压力的装置检测到压力异常降低或流量异常增大时，能自动关断储氢容器的氢气供应；如果采用过电流保护阀，应安装在主关断阀上或靠近主关断阀。

(8) 每个储氢容器的进口管路上都应安装手动关断阀或其他装置，当加氢、排氢或维修时，可用来单独隔断各储氢容器。

### 2. 储氢容器和储氢管路要求

储氢容器和储氢管路要满足以下要求。

(1) 不允许采用更换储氢容器的方式为汽车加注氢气。

(2) 储氢管路的安装位置及走向要避开热源、电器、蓄电池等可能产生电弧的地方，至少应有 200mm 的距离，尤其管路接头不能位于密闭的空间。高压管路及部件可能产生静电的地方要可靠接地，或采取其他控制氢泄漏及浓度的措施，即使在产生静电的地方，也不会发生安全问题。

(3) 储氢容器和储氢管路一般不应安装在乘客舱、行李舱或其他通风不良的地方。如果不可避免地要安装在这些地方，应设计通风管路或采取其他措施，及时排出可能泄漏的氢气。

(4) 储氢容器和储氢管路等应安装牢固，紧固带与储氢容器之间应有缓冲保护垫，以防止行车时发生位移和损坏。当储氢容器按照标称工作压力充满氢气时，固定在储氢容器上的零件应能承受汽车加速或制动时的冲击，且不发生松动现象。应采取覆盖物保护可能损坏的部位。储氢容器的紧固螺栓应有放松装置，紧固力矩符合设计要求。储氢容器安装紧固后，在上、下、前、后、左、右六个方向应能承受 $8g$ 的冲击力，保证储氢容器与固定座不损坏，相对位移不超过 13mm。

（5）支撑和固定管路的金属零件不应直接与储氢管路接触，但储氢管路与支撑和固定件直接焊合或使用焊料连接的情况除外。

（6）刚性管路布置合理、排列整齐，不得与相邻部件碰撞和摩擦；管路保护垫应能抗振和消除热胀冷缩的影响，管路弯曲时，其中心线曲率半径应不小于管路外直径的 5 倍。应在两端固定的管路中间有适当的弯曲，支撑点的间隔应不大于 1m。

（7）刚性管路及附件的安装位置应至少距汽车边缘 100mm；否则，应增加保护措施。

（8）对可能受排气管、消声器等热源影响的储氢容器和储氢管路等，应有适当的热绝缘保护措施。要充分考虑使用环境可能对储氢容器造成的伤害，需要为储氢容器加装防护装置。直接暴露在阳光下的储氢容器，应有必要的覆盖物或遮阳棚。

（9）当汽车发生碰撞时，主关断阀应根据设计的碰撞级别立即（自动）关闭，切断向储氢管路的燃料供应。

**3. 氢气泄漏量检测**

氢气泄漏量的检测步骤如下。

（1）氢气泄漏量。对一辆标准乘用车进行氢气泄漏量、渗透量评估时，需要将其限制在一个封闭的空间，增压至100%的标称工作压力，确保氢气渗透量和泄漏量在稳态条件下不超过 $0.15NL/min$。

（2）在安装氢系统的封闭或半封闭的空间上方适当位置，至少安装一个氢泄漏探测器，实时检测氢气泄漏量，并将信号传递给氢气泄漏警告装置。

（3）在驾驶人容易识别的部位安装氢气泄漏警告装置，其能根据氢气泄漏量发出不同的警告信号。氢气泄漏量与警告信号的级别由制造商根据汽车的使用环境和要求决定。一般情况下，当氢气泄漏量较小（空气中的氢气体积含量≥2%）时，发出一般警告信号；当氢气泄漏量较大（空气中的氢气体积含量≥4%）时，发出严重警告信号，并立即关断氢供应；但如果汽车装有多个氢系统，则允许仅关断氢气泄漏部分的氢供应。

（4）当氢泄漏探测器发生短路、断路等故障时，应对驾驶人发出故障报警信号。

**4. 加氢口要求**

加氢口要满足以下要求。

（1）加氢口应符合 GB/T 26779—2021《燃料电池电动汽车加氢口》的规定。

（2）加氢口的安装位置和高度要满足安全防护要求，并且方便加氢操作。

（3）加氢口不应位于乘客舱、行李舱或其他通风不良的地方。

（4）加氢口至少距暴露的电气端子、电气开关和点火源 200mm。

**5. 压力释放装置和氢气的排放**

压力释放装置和氢气的排放要满足以下要求。

（1）压力释放装置。为防止压力调节器下游压力异常升高，允许采用压力释放阀排出氢气，或关断压力调节器上游的氢气供应。

（2）氢气的排放。当压力释放阀排放氢气时，排放气体的流动方位和方向应远离人、电源、火源。放气装置应尽可能安装在汽车的高处，且应防止排出的氢气对人员造成危害，避免排出的氢气流向暴露的电气端子、电气开关器件或点火源等部件。

所有压力释放装置排气时应遵循下列原则：不应直接排到乘客舱和行李舱；不应排向车轮所在的空间；不应排向暴露的电气端子、电气开关器件及点火源；不应排向其他氢气容器；不应排向本车正前方。

应在驾驶人易观察的地方装有指示储氢容器氢气压力的压力表或指示氢气剩余量的仪表。

## 6.2.3 储氢罐

燃料电池电动汽车以零排放的特点成为未来汽车的发展趋势，用于储存高压氢气的储氢罐（储氢气瓶）是燃料电池电动汽车必不可少的零部件。

### 1. 储氢罐的类型

储氢罐根据制造材料的不同分为四种类型：全金属储氢罐（Ⅰ型储氢罐）、金属内胆纤维环向缠绕储氢罐（Ⅱ型储氢罐）、金属内胆纤维全缠绕储氢罐（Ⅲ型储氢罐）、非金属内胆纤维全缠绕储氢罐（Ⅳ型储氢罐）；根据气瓶压力的不同，分为高压储氢罐和常压储氢罐；根据氢气储存状态的不同，分为固态储氢罐、气态储氢罐和液态储氢罐，如图 6.20 所示。常用的是根据制造材料的不同分类的储氢罐。

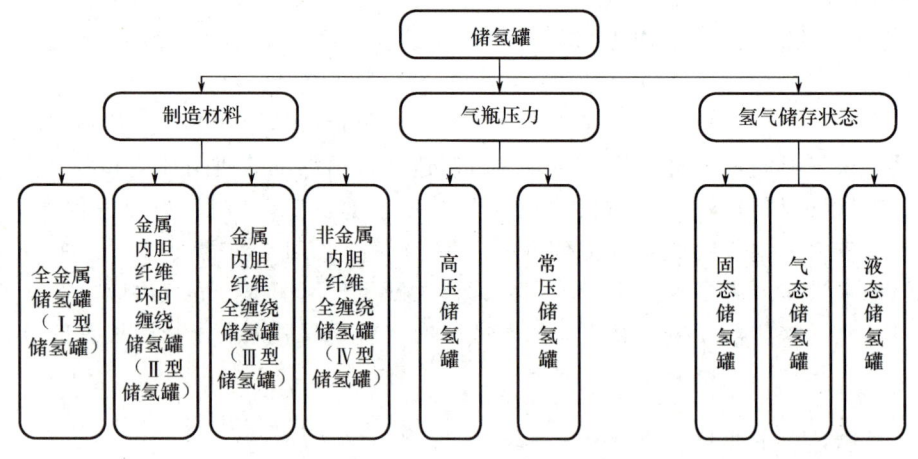

图 6.20 储氢罐的分类

不同类型的储氢罐，其适用场景和相关性能有所不同，Ⅰ型储氢罐和Ⅱ型储氢罐技术较成熟，主要用于储存常温常压下的大容量氢气；Ⅲ型储氢罐和Ⅳ型储氢罐主要用于高压储氢和液态储氢，适用于燃料电池电动汽车、加氢站等。

Ⅰ型储氢罐和Ⅱ型储氢罐的储氢密度低，安全性差，难以满足汽车储氢密度的要求。Ⅲ型储氢罐和Ⅳ型储氢罐具有储氢密度高、安全性好、质量轻等优点，在汽车中得到广泛应用。国外储氢罐多为Ⅳ型储氢罐,国内多为Ⅲ型储氢罐。Ⅳ型储氢罐具有优良的氢脆性能,成本低,储氢密度高,循环寿命长,已成为氢能汽车高压储氢容器的发展方向。

几种储氢罐的主要参数见表6-4。

表6-4 几种储氢罐的主要参数

| 参　　数 | Ⅰ型储氢罐 | Ⅱ型储氢罐 | Ⅲ型储氢罐 | Ⅳ型储氢罐 |
|---|---|---|---|---|
| 材料 | 纯钢质金属 | 钢质内胆,纤维缠绕 | 金属内胆,纤维缠绕 | 塑料内胆,纤维缠绕 |
| 压力/MPa | 17.5~20 | 26.3~30 | 30~70 | >70 |
| 使用寿命/年 | 15 | 15 | 15~20 | 15~20 |
| 储氢密度/(wt%) | 低 | 低 | 高 | 高 |
| 成本 | 低 | 中等 | 最高 | 高 |
| 应用情况 | 加氢站等固定式储氢 | | 车载储氢 | |

表6-4中的储氢密度是储氢系统的性能指标,一般采用质量储氢密度与体积储氢密度两个参数评价储氢系统的储氢能力。wt表示质量百分含量,即100kg储氢系统的氢气含量。

储氢能力可用向燃料电池系统输送的氢气可用量除以整个储氢系统的总质量(总体积)的值表示,其中储氢系统包括所有储存的氢气、介质、反应剂(如水解系统内的水)和系统组件。

丰田MIRAI燃料电池电动汽车的高压储氢罐(图6.21)使用强化碳纤维和树脂内胆等技术,不仅实现了大幅度轻量化,还实现了5.7wt%的储氢密度。该高压储氢罐的复合材料层有两层,内层为碳纤维缠绕层,由碳纤维和环氧树脂制造;外层为玻璃纤维保护层,由玻璃纤维和环氧树脂制造。两层均由缠绕工艺制作而成,通过加热固化环氧树脂,保证了储氢罐的强度。

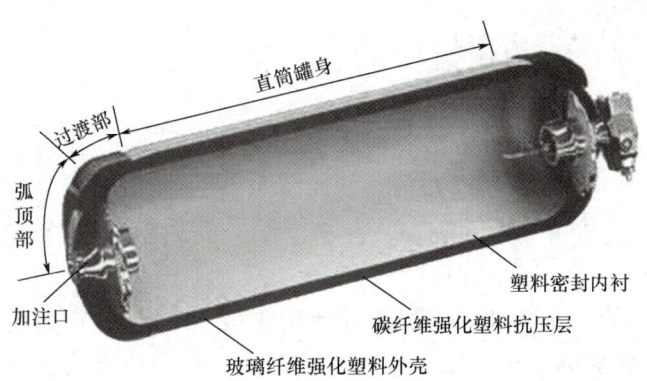

图6.21 丰田MIRAI燃料电池电动汽车的高压储氢罐

### 2. 储氢罐的特点

车载高压气态储氢罐主要包括铝内胆纤维缠绕储氢罐(Ⅲ型储氢罐)和塑料内胆纤维缠绕储氢罐(Ⅳ型储氢罐),它们具有体积和质量受限、对充装有特殊要求、使用寿命长、使用环境多变等特点。因此,轻量化、压力高、储氢密度高和使用寿命长是对车载储氢储氢罐的要求。

(1) 轻量化。车载储氢罐的质量影响燃料电池电动汽车的续驶里程,储氢系统的轻量化既是成本的体现,又是高压储氢商业化道路上不可逾越的技术瓶颈。Ⅳ型储氢罐的内胆为塑料内胆,质量较小,具有轻量化的潜力,比较适合乘用车使用。丰田 MIRAI 燃料电池电动汽车采用的就是Ⅳ型储氢罐。

(2) 压力高。我国的储氢罐多以金属内胆为主(Ⅲ型),工作压力多为 35MPa。为了装载更多氢气,提高压力是较重要且方便的途径。目前,国际上已经采用 70MPa 储氢罐。

(3) 储氢密度高。车载储氢罐多为Ⅲ型储氢罐、Ⅳ型储氢罐(图 6.22)。我国储氢罐多为Ⅲ型储氢罐,其储氢密度一般为 5wt%,进一步提高存在困难。全复合材料储氢罐(Ⅳ型储氢罐)采用高分子材料做内胆,碳纤维复合材料缠绕作为承力层,储氢密度为 6wt%~7wt%,进一步降低了成本。

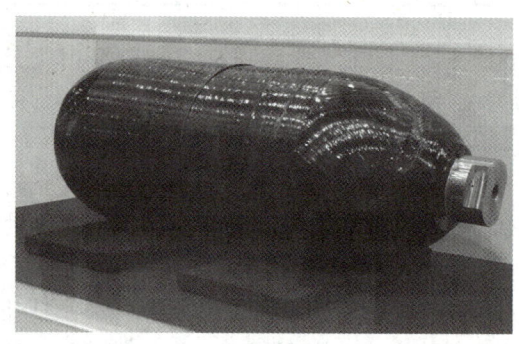

图 6.22　Ⅳ型储氢罐

(4) 使用寿命长。普通乘用车寿命一般是 15 年,在此期间,Ⅲ型储氢罐需要定期检测,以保证安全性。由于Ⅳ型储氢罐的内胆为塑料内胆,不易疲劳失效,因此与Ⅲ型储氢罐相比,使用寿命更长。

### 3. 储氢罐的一般要求

对储氢罐有以下要求。

(1) 公称水容积。A 类储氢罐的公称水容积不大于 450L,B 类储氢罐的公称水容积不大于 230L。

(2) 设计循环次数。A 类储氢罐的设计循环次数为 11000 次,B 类储氢罐的设计循环次数为 7500 次。

(3) 设计使用年限。A 类储氢罐的设计使用年限为 15 年,B 类储氢罐的设计使用年限为 10 年。当储氢罐实际使用年限未达到设计使用年限,但充装次数达到设计循环次数时,应当报废。

(4) 许用压力。在充装和使用过程中,储氢罐的许用压力为公称工作压力的 1.25 倍。

(5) 温度范围。在充装和使用过程中,储氢罐的温度为 −40℃~85℃。

(6) 氢气品质。储氢罐充装的压缩氢气的成分应符合燃料电池电动汽车用氢气品质的要求。

（7）工作环境。设计储氢罐时，应考虑其连续承受机械损伤或化学侵蚀的能力，其外表面应至少能适应工作环境。

#### 4. 储氢罐的安装

储氢罐应可靠地固定在汽车上，安装储氢罐的固定座应具有阻止储氢罐旋转、移动的能力，且便于拆装。将储氢罐安装在汽车上后，储氢罐的强度和刚度不应下降，车架（车身）结构强度也不应受影响。储氢罐的安装方法不能严重削弱汽车结构，部件结合的部位、连接点的强度不能小于任一连接件的强度。

乘用车车载储氢罐配置应综合考虑足够的乘客空间、行李置放空间与燃料储量，并考虑汽车安全性和质量平均分配。建议将乘用车车载储氢罐置于底盘下方中部、后座乘客座椅下方，以及行李舱与后轮间的开放空间。受空间的限制和规避停驶期间安全排放的风险，可采用多个高压储氢罐。

丰田 MIRAI 燃料电池电动汽车的储氢罐位置如图 6.23 所示。

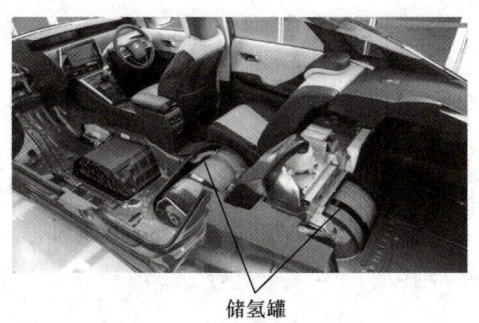

图 6.23　丰田 MIRAI 燃料电池电动汽车的储氢罐位置

未来，Ⅳ型储氢罐将会成为氢燃料电池乘用车的首选储氢装备。研发Ⅳ型储氢罐时，除了要考虑复合材料，还要考虑塑料加工制造工艺和塑料密封结构。

## 6.3　加氢站与加氢设备

加氢站作为氢能源产业或者氢能源下游应用发展的重要基础设施，是各国建设布局的重点。加氢设备主要有加氢机、加氢口和加氢枪。

### 6.3.1　加氢站

加氢站的奥秘

加氢站是指为氢能汽车（包括氢燃料电池电动汽车、氢气内燃机汽车或氢气混合燃料汽车等）的车用储氢瓶充装燃料的场所，如图 6.24 所示。

加氢站与汽车加油站、加气站和电动汽车充电站等合建的场所称为加氢合建站，如图 6.25 所示。

图 6.24 加氢站

图 6.25 加氢合建站

加氢站有多种分类方法，可以根据氢气来源、加氢站内氢气储存相态、供氢压力等级、国家标准分类。

**1. 根据氢气来源分类**

根据氢气来源的不同，加氢站可分为站外供氢加氢站和站内制氢加氢站。

（1）站外供氢加氢站。站外供氢加氢站通过长管拖车、液氢罐车或管道将氢气输送到加氢站，在站内进行压缩、储存、加注等操作。

在国外的站外供氢加氢站中，液氢加氢站工艺比较成熟。通常在液氢工厂将气态氢降至 $-253℃$ 进行液化，通过液氢罐车将液氢运输至加氢站，并储存于站内的液氢储罐中，低温液氢泵吸入液氢后进行增压，并在高压汽化器中汽化为高压气态氢，存入储氢罐组，当为汽车加氢时，从储氢罐组中取气加注。该工艺系统还可以充分利用液氢的低温冷能，给加注前的氢气预冷。与先汽化后通过压缩机压缩气态氢的工艺相比，液氢泵的能耗远低于压缩机能耗。

（2）站内制氢加氢站。站内制氢加氢站是在加氢站内配备制氢系统，得到的氢气经纯化、压缩后进行储存、加注。站内制氢包括电解水制氢、天然气重整制氢等方式，可以省去较高的氢气运输费用，但是提高了加氢站系统的复杂程度和运营水平。

加氢站工艺流程如图 6.26 所示。

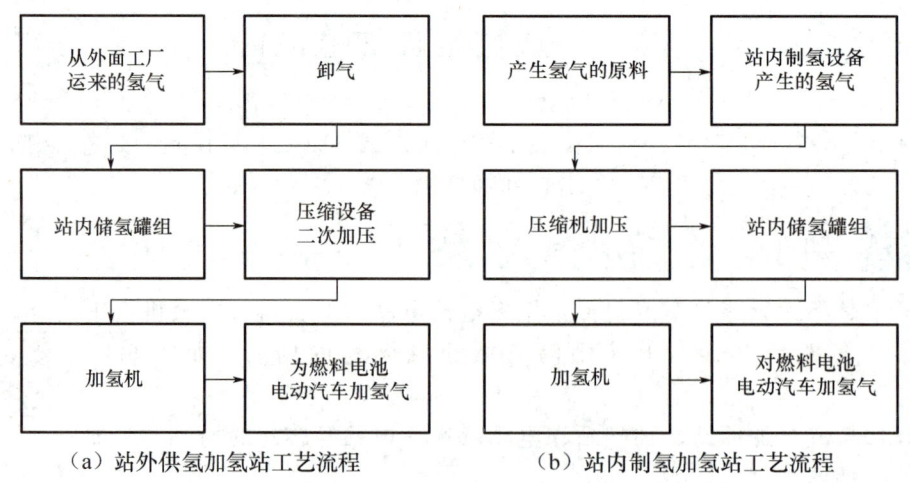

（a）站外供氢加氢站工艺流程　　　　（b）站内制氢加氢站工艺流程

图 6.26 加氢站工艺流程

## 2. 根据加氢站内氢气储存相态分类

根据氢气储存相态的不同,加氢站可分为气氢加氢站和液氢加氢站。在全球加氢站中,30%以上为液氢加氢站,主要分布在美国和日本。与气氢加氢站相比,液氢加氢站占地面积小,液氢储存量大,适合大规模加氢。

气氢加氢站是通过外部供氢和站内制氢获得氢气后,经过调压干燥系统处理后转化为压力稳定的干燥气体,通过氢气压缩机输送到高压储氢罐并储存,通过氢气加注机为燃料电池电动汽车加氢。

液氢加氢站是由液氢储罐、液氢泵、汽化器及储氢罐、加氢机和控制系统等组成的。由于液氢温度低,因此要在换热器中与空调载冷剂换热后通入车厢。

加氢站原理如图 6.27 所示。

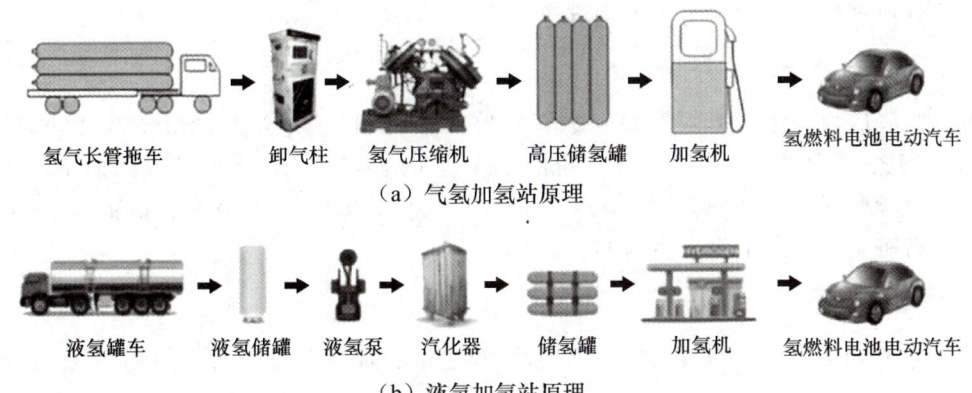

图 6.27 加氢站原理

液氢加氢站与气氢加氢站相比,具有以下优点。

(1) 储运效率高。$-253$℃下的液氢密度为 $70.85 kg/m^3$,约为标准状态下气态氢密度的 800 倍,约为 70MPa、20℃下高压氢气的 1.7 倍,因此液氢与气态氢相比,储运效率更高。气态氢采用气瓶车运输,气瓶车通常由 9 个直径为 0.5m、长约 10m 的钢瓶组成,储气压力为 20MPa,氢气运输能力约为 300 千克/车。此外,气瓶车的卸车时间较长,为 2~4h,卸车后余气较多,整体储运效率较低。而液氢罐车技术成熟,是国内普遍应用的运氢手段。一辆容积为 $40m^3$ 的液氢罐车可运输约 3000kg 氢气,充装时间为 0.5~2h,储运效率显著提高。

(2) 长距离运输经济性佳。由于制取液氢的过程中能耗较高,在小规模、短距离供氢中,液氢储运全过程的成本不占优势。当加氢站距离氢源小于 100km 时,气瓶车的运输成本远低于液氢罐车储运;当距离大于 300km 时,液氢大规模高效率运输节省的运费,可基本覆盖氢气液化过程中增加的成本。若除去气瓶车氢气压缩成本及液氢液化成本,只考虑交通运输成本,则液氢运输成本远低于高压气氢运输成本。因此,液氢运输在大规模、长距离供氢中具有经济优势。

(3) 加氢站建设成本低。由于液氢密度较高,在相等氢储量下,液氢储罐的容积小于高压气氢储罐的容积,因此液氢加氢站的占地面积及建设投资较小。当加氢量相等时,液氢加氢站的单位投资低于高压气氢加氢站，同时建设规模越大，单位投资的优势越明显。随着燃料电池电动汽车市场的不断拓展，为提高加氢站单站供氢能力，逐渐引入大规模加氢站，采用液氢加氢站是更经济的技术路线。

（4）氢气纯度高。根据GB/T 37244—2018《质子交换膜燃料电池汽车用燃料 氢气》的要求，适用于燃料电池电动汽车的氢气燃料纯度应达到99.97%，否则杂质会严重影响燃料电池的性能和使用寿命。在液氢液化过程中，杂质固化，纯度可达到99.999%，保障了车用氢气的质量。

（5）站内能效高。液氢加氢站的液氢泵能耗远低于高压气氢加氢站压缩机的能耗，同时液氢的冷能利用可进一步降低站内用能。

（6）兼容性更好。随着车载储氢技术的发展，车载液氢系统将逐渐得到应用，液氢加氢站可同时提供液氢加注和高压气氢加注，与气氢加氢站相比，液氢加氢站具有更好的兼容性，适合更多类型的燃料电池电动汽车。

### 3. 根据供氢压力等级分类

根据供氢压力等级的不同，加氢站可分为35MPa压力供氢和70MPa压力供氢两种。当采用35MPa压力供氢时，氢气压缩机的工作压力为45MPa，高压储氢罐的工作压力为45MPa，一般应用于乘用车；当采用70MPa压力供氢时，氢气压缩机的工作压力为98MPa，高压储氢罐的工作压力为87.5MPa。

### 4. 根据国家标准分类

根据国家相关标准，加氢站、加氢加气合建站、加氢加油合建站的等级划分应符合表6-5至表6-7的规定。

表6-5 加氢站的等级划分

| 加氢站等级 | 储氢罐容量/kg | |
|---|---|---|
| | 总容量 $G$ | 单罐容量 |
| 一级 | $4000<G\leqslant8000$ | $\leqslant2000$ |
| 二级 | $1000<G\leqslant4000$ | $\leqslant1000$ |
| 三级 | $G\leqslant1000$ | $\leqslant500$ |

表6-6 加氢加气合建站的等级划分

| 加氢站等级 | 储氢罐容量/kg | | 管道供气的加气站储气设施总容积/m³ | 加气子站储气设施总容积/m³ |
|---|---|---|---|---|
| | 总容量 $G$ | 单罐容量 | | |
| 一级 | $1000<G\leqslant4000$ | $\leqslant1000$ | $\leqslant12$ | $\leqslant18$ |
| 二级 | $G\leqslant1000$ | $\leqslant500$ | | |

注：管道供气的加气站储气设施总容积是各储气设施的结构容积或水容积之和。

表 6-7　加氢加油合建站的等级划分

| 加氢站等级 | 加油站等级 | | | |
| --- | --- | --- | --- | --- |
| | 一级<br>（120m³＜V≤180m³） | 二级<br>（60m³＜V≤120m³） | 三级<br>（30m³＜V≤60m³） | 四级<br>（V≤30m³） |
| 一级 | × | × | × | × |
| 二级 | × | 一级 | 一级 | 一级 |
| 三级 | × | 一级 | 二级 | 三级 |

注：1. $V$ 为油罐总容积，单位为 m³。
　　2. 柴油罐容积可折半计入油罐总容积。
　　3. 当油罐总容积大于 60m³ 时，油罐单罐容积不得大于 50m³；当油罐总容积小于或等于 60m³ 时，油罐单罐容积不得大于 30m³。
　　4. 当储氢罐总容量大于 4000kg 时，单罐容量不得大于 2000kg；当储氢罐总容量大于 1000kg 时，单罐容量不得大于 1000kg。
　　5. ×表示不得合建。

加氢站与充电站合建时，其等级划分应符合表 6-8 的规定。

表 6-8　与充电站合建的加氢合建站的等级划分

| 加氢站等级 | 充电站等级 | | | |
| --- | --- | --- | --- | --- |
| | 一级<br>（电池储存能量≥<br>6800kW·h，或<br>单路配电容量≥<br>5000kV·A） | 二级<br>（3400kW·h≤电池<br>储存能量＜6800kW·h，<br>或 3000kV·A≤单路配电<br>容量＜5000kV·A） | 三级<br>（1700kW·h≤电池储<br>存能量＜3400kW·h，或<br>1000kV·A≤单路配电<br>容量＜3000kV·A） | 四级<br>（电池储存能量＜<br>1700kW·h，或单路<br>配电容量＜1000kV·A） |
| 一级 | × | × | × | × |
| 二级 | × | 一级 | 一级 | 二级 |
| 三级 | × | 二级 | 二级 | 三级 |

注：×表示不得合建。

### 6.3.2　加氢机

加氢机是指为燃料电池电动汽车提供氢气燃料或天然气混氢燃料充装服务，并带有计量和计价等功能的专用设备，如图 6.28 所示。天然气混氢燃料是将氢气与天然气按一定比例混合得到的气体燃料，其中氢气占混合气体的体积分数不超过 50%。

图 6.28　加氢机

**1. 加氢机型号**

加氢机型号的组成如图 6.29 所示。

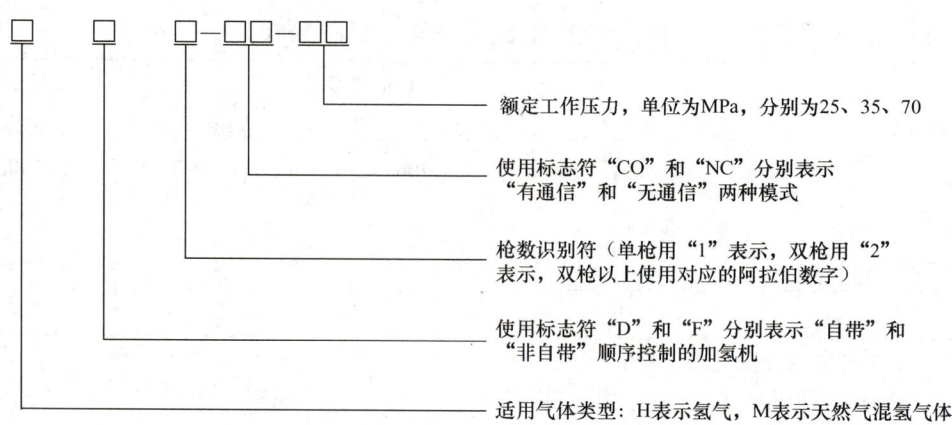

图 6.29 加氢机型号的组成

### 2. 加氢机系统的组成

加氢机系统主要由高压氢气管路及安全附件、质量流量计、加氢枪、控制系统和显示器等组成，其流程框图如图 6.30 所示。图中虚线框内为加氢机的主要组成部分，虚线框外为加氢机与外部的主要接口。氢气从气源接口进入加氢机进气管路，依次经过气体过滤器、进气阀、质量流量计、流量调节装置、换热器（可选）、加氢软管、拉断阀、加氢枪后通过加氢口充入储氢气瓶。加氢机的控制系统自动控制加氢过程，并与加氢站站控系统、汽车加氢通信接口等进行实时通信。

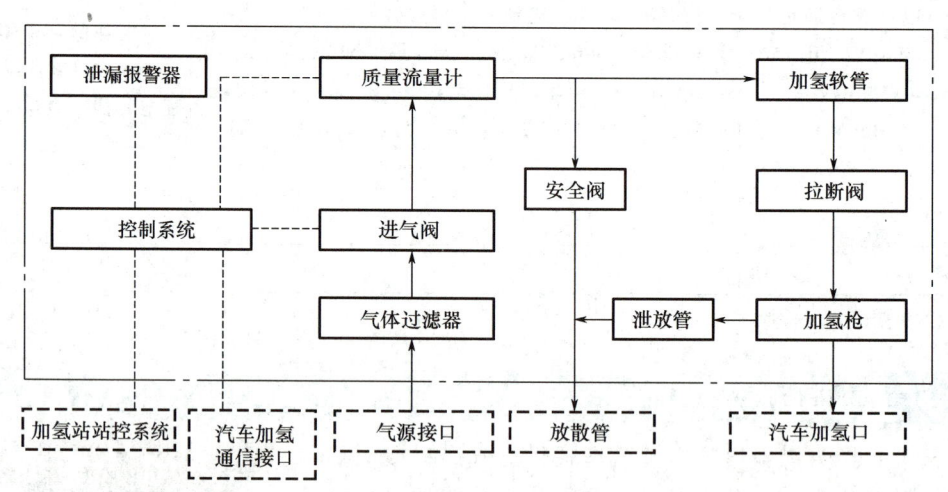

图 6.30 加氢机系统流程框图

### 3. 加氢机的基本要求

对加氢机有以下基本要求。

（1）加氢机应符合相关标准规定的要求，并按规定程序批准的图样及文件制造。制造加氢机的材料应是符合国家有关规定的材料，与压缩氢气及天然气混氢气体接触的金属材料和非金属材料应具有良好的氢相容性，并且不能影响加注气体的品质。

(2) 加氢机的外观与结构应符合的要求。

① 整机外观表面涂层应光泽、均匀,无剥落、开裂等缺陷,镀铬件及标牌等外露件不得有漆污,表面涂层、镀层不应有明显的机械损伤。

② 整机零件与零件之间的同形状结合面的边缘、侧板及顶盖之间的结合面边缘应整齐、匀称,不应有明显的错位。外露件、装饰件不应有损伤、剥落、锈蚀等缺陷。

③ 滑动、转动部位运动应轻便、灵活、平稳,无阻滞现象。

④ 紧固件应连接牢靠,无松动;连接导线应压接或焊接良好;电气设备外壳接地线与整机接地线应连接良好、牢固;插接件应接触良好,应有防误插的互连结构,并有防脱拔措施。

⑤ 直接影响计量准确度的部件和装置,应有可靠的铅封或其他锁定装置。

⑥ 应有供用户查看的显示器,用于显示加氢量、加注金额、单价等信息;显示器应字符完整、清晰。

#### 4. 加氢机的功能要求

对加氢机的功能要求如下。

(1) 计量准确度。加氢机应采用质量流量计计量,最小分度值为 10g;加氢机的最大指示值误差应不超过±2.5%。

(2) 重复性。加氢机的计量重复性应不超过 1%。

(3) 加氢机的计量单位设置:加氢量的单位为 kg,金额的单位为元,单价的单位为元/千克。

(4) 加氢机的计数指示值范围设置:单次计数范围为 0.00~999.99kg 或 0.00~999.99 元;累计计数范围为 8 位整数位,2 位小数位;单价设置范围为 0.01~999.99 元/千克。

(5) 适用压力范围。加氢机的适用压力范围见表 6-9。

表 6-9 加氢机的适用压力范围

| 额定工作压力/MPa | 最大工作压力/MPa | 设计压力/MPa |
| --- | --- | --- |
| 25 | 31.3 | 34.4 |
| 35 | 43.8 | 48.2 |
| 70 | 87.5 | 96.3 |

(6) 气体过滤器。气体过滤器应安装在加氢机进气管路的上游,应能阻止粒径大于 $10\mu m$ 的固体杂质通过。

(7) 电源适应性。加氢机应能在 (85%~110%)×220V、(50±1) Hz 的供电环境下正常工作。

(8) 环境适应性。加氢机在下列条件下能保持正常工作:环境温度为 -25~55℃;相对湿度为 20%~95%;环境大气压为 80~110kPa。

(9) 气密性。加氢机在最大工作压力下保持 24h,使用检漏仪检查加氢机各气路的连接处,不允许有泄漏现象,表压降不应大于保压初始压力的 0.5%。

(10) 耐压强度。加氢机在 1.1 倍最大工作压力下保持 10min,不应出现永久变形和破裂现象。

（11）电磁兼容性。加氢机的电磁兼容性应符合GB/T 19237—2021《汽车用压缩天然气加气机》的有关规定。

（12）掉电保护和复显。在加氢过程中，加氢机因故停电而中断加氢时，应完整保留所有数据，并能在恢复供电后重新显示。

**5. 加氢机的安全性要求**

对加氢机的安全性要求如下。

（1）应在加氢机的加注管道上设置安全阀，安全阀开启压力应设置为加氢机最大工作压力的1.05~1.1倍，且不应大于设计压力。当发生超压情况时，加氢机应能自动排放氢气泄压。

（2）加氢机加注氢气流量不应大于60g/s。

（3）额定工作压力为70MPa的加氢机应设置可与汽车连接的符合相应标准的通信接口，以便在加注过程中将汽车储氢罐的温度、压力信号输入加氢机。若通信中断或者发生超温或超压情况，则应能自动停止加注氢气。

（4）应为额定工作压力为70MPa的加氢机设置预冷系统，以便将氢气冷却至预定温度后充装到汽车储氢罐中，预冷温度为−40~0℃。

（5）加氢机应设置紧急停车按钮，在出现紧急情况按下该按钮时，应能关闭阀门，停止加氢，并向加氢站控制系统发出停机信号。

（6）加氢机内部氢气易积聚处应设置氢气检测报警装置，当发生氢气泄漏，在空气中含量达0.4%时，应向加氢站内控制系统发出报警信号；当发生氢气泄漏，在空气中含量达1.6%时，应向加氢站内控制系统发出停机信号，并自动关闭阀门，停止加氢。

（7）加氢枪、加氢软管与加氢机应可靠连接且导电良好，加氢软管的导静电性能应符合相关标准的规定。

（8）加氢软管上应设置拉断阀。对拉断阀的要求如下：拉断阀的分离拉力为220~1000N；拉断阀在外力作用下分开后，两端应自行封闭；拉断阀在外力作用下自动分成的两部分可以重新连接，保证加氢机继续正常工作。

（9）加氢枪应能与被加注汽车加氢口匹配良好，连接可靠，不泄漏。加氢枪的设计应确保只能与更高工作压力等级的加氢口连接使用，避免与更低工作压力等级的加氢口连接。

（10）加氢机的对地泄漏电流、抗电强度等应符合相关标准的规定。

（11）加氢机电气设备的设计、制造与检验应符合相关标准的要求，并应取得国家指定的防爆检验单位颁发的整机防爆合格证。

（12）加氢机上宜设置人体静电导释装置，并良好接地，接地电阻不大于10Ω；人体静电导释装置可安装在加氢机旁易接近的地方。

## 6.3.3 加氢口

加氢口是指燃料电池电动汽车上与加氢枪连接的部件总成，如图6.31所示。加氢口外保护盖内侧应有明显的工作压力、氢气标志等，如"35MPa、氢气""70MPa、氢气"

"35MPa、$H_2$""70MPa、$H_2$"等。

### 1. 加氢口型号

加氢口型号的组成如图 6.32 所示，其中公称工作压力是指在标准状态下设计的额定加注压力。

### 2. 加氢口的一般要求

加氢口主要有三种：JQK－35－25/12－00 加氢口、JQK－35－40/18－00 加氢口和 JQK－70－25/12－00 加氢口。

图 6.31 加氢口

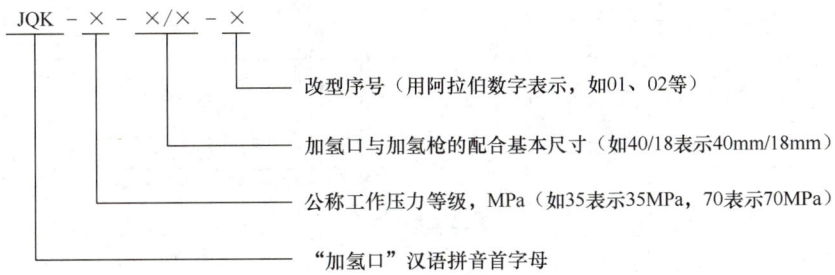

图 6.32 加氢口型号的组成

JQK－35－25/12－00 加氢口的公称工作压力为 35MPa，加氢口与加氢枪的配合基本尺寸为 25mm/12mm，其结构形式及主要尺寸如图 6.33 所示。

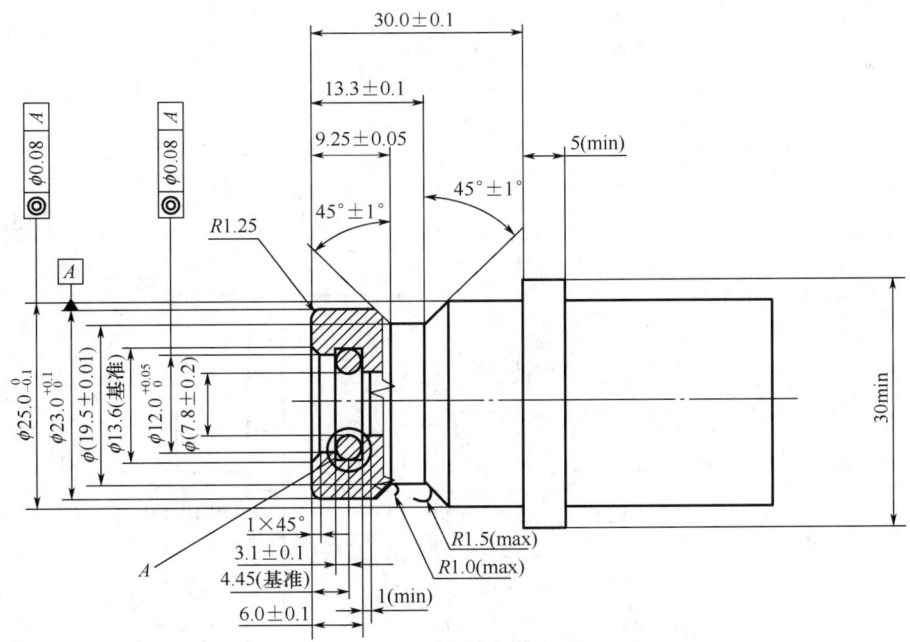

图 6.33 JQK－35－25/12－00 加氢口的结构形式及主要尺寸

JQK－35－40/18－00 加氢口的公称工作压力为 35MPa，加氢口与加氢枪的配合基本尺寸为40mm/18mm，其结构形式及主要尺寸如图6.34所示。

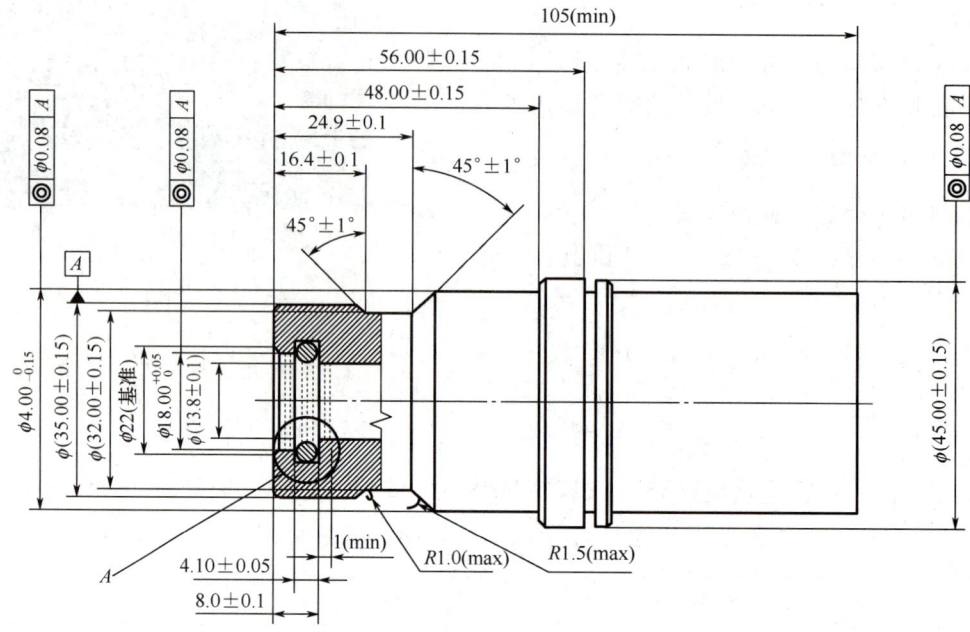

图6.34　JQK-35-40/18-00加氢口的结构形式及主要尺寸

JQK-70-25/12-00加氢口的公称工作压力为70MPa，加氢口与加氢枪的配合基本尺寸为25mm/12mm，其结构形式及主要尺寸如图6.35所示。

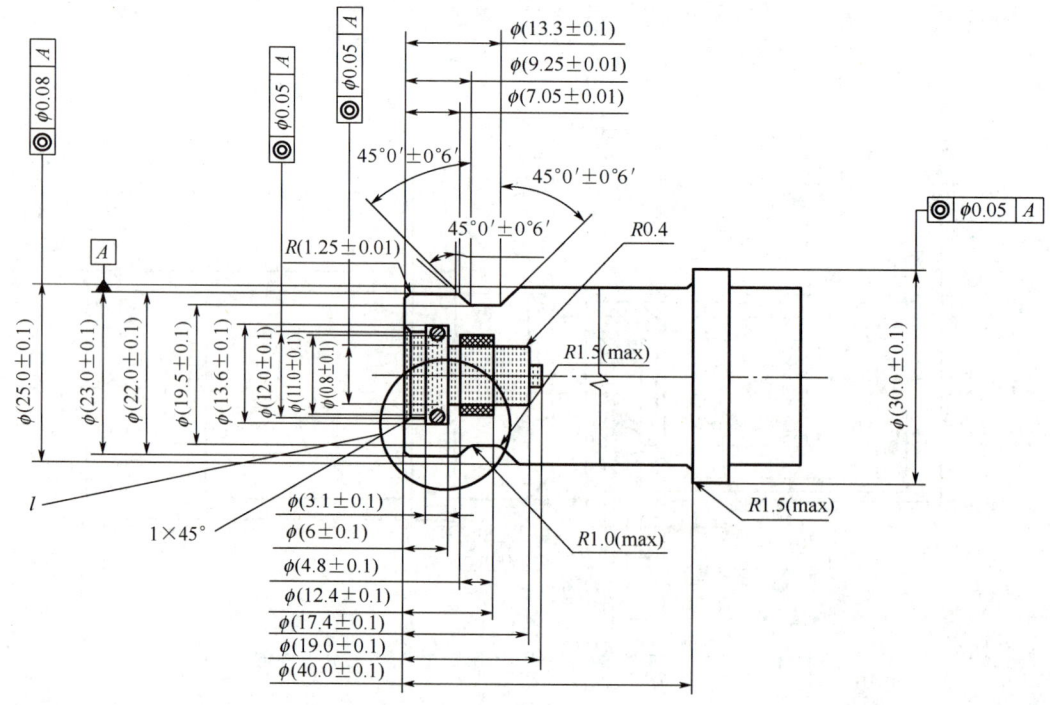

图6.35　JQK-70-25/12-00加氢口的结构形式及主要尺寸

设计加氢口时,允许有便于安装的倒角、保护盖固定槽、六角形状等,且不应影响加氢枪的正常接合。另外,加氢口设计中应包括单向阀。

为了解决由氢气预冷导致的加氢枪冻结问题,加氢口可参考图 6.36 进行设计。

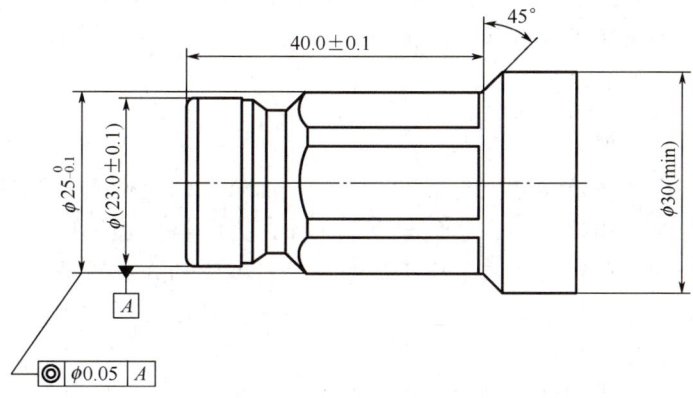

图 6.36　JQK‐70‐25/12‐01 加氢口防冻设计

### 6.3.4　加氢枪

加氢枪是指安装在加氢机加氢软管末端,连接加氢机与汽车的加氢口,如图 6.37 所示。

图 6.37　加氢枪

**1. 加氢枪的类型**

加氢枪分为 A 型加氢枪、B 型加氢枪和 C 型加氢枪三种。

(1) A 型加氢枪。A 型加氢枪适用于加氢机关闭后,加注软管处于高压状态的装置。只有当加氢枪与加氢口正确连接时,才能加氢。A 型加氢枪配备一个或多个集成阀门,通过关闭该阀门先停止加氢,再在卸枪之前安全地放空枪头中的气体。其操作机制应确保在排空动作之前排空管路打开,并且在卸下加氢枪之前,加氢枪截止阀和加氢口针阀之间的气体安全地排放出去。

(2) B 型加氢枪。B 型加氢枪适用于加氢机关闭后,加注软管处于高压状态的装置。B 型加氢枪进气口之前直接或间接地安装一个独立的三通阀,并且通过该阀实现在卸下加氢枪之前安全地排空枪头内残留气体。只有当加氢枪与加氢口正确连接时，才能加氢。应在卸下加氢枪之前放气。外部的三通阀应有标记指示开、关及放气的位置。

（3）C 型加氢枪。C 型加氢枪适用于加氢机关闭后加注软管被泄压（小于或等于 0.5MPa）的装置。只有当加氢枪与加氢口正确连接时，才能加氢。通过接收来自加氢枪的正确连接信号，加氢机可控制相关功能。

### 2. 对加氢枪的一般要求

对加氢枪有以下一般要求。

（1）加氢枪接口形式及尺寸应与加氢口匹配，加氢枪的设计应确保只能与工作压力等级相同或更高的加氢口连接使用，避免与更低工作压力等级的加氢口连接。

（2）当加氢枪加注燃料时，汽车应不能通过自身的驱动系统移动。

（3）加氢枪与氢接触的材料应与氢兼容，在设计的使用寿命期限内，不会发生氢脆现象；加氢枪应采用不发火材料。

（4）加氢枪应按照不同的类型满足各自要求。

（5）加氢枪与加氢机软管的连接不应只依靠螺纹密封。

（6）A 型加氢枪应有一体式或永久标识，标示启动时"开"和"关"操作的方向。

（7）加氢枪应有过滤器等防护措施，防止上游固体物质进入。

（8）加氢枪应能在大气环境温度为 $-40 \sim 60$℃ 和氢气温度为 $-40 \sim 85$℃ 下正常工作。

（9）加氢枪不应通过机械方法打开加氢口单向阀。

### 一、名词解释

1. 气态储氢
2. 固态储氢
3. 车载储氢系统
4. 加氢站
5. 加氢机

### 二、填空题

1. 常用制氢方式有_____、_____、_____和_____等。
2. 氢气的主要储存方式有_____、_____和_____三种。_____已得到广泛应用，_____在航空航天等领域得到应用，有机液态储氢和固态储氢尚处于示范阶段。
3. 根据输送过程中氢状态的不同，可以分为_____、_____和_____，其中_____和_____是主要输送方式。
4. 车载储氢系统一般分为_____、_____、_____和_____。
5. 储氢罐根据制造材料的不同，可以分为_____、_____、_____、_____；根据气瓶压力的不同，可以分为_____和_____；根据氢气储存状态的不同，可以分为_____、_____和_____。

### 三、选择题

1. 对一辆标准燃料电池乘用车进行氢气泄漏量评估时，需要将其限制在一个封闭的空间内，增压至100%的标称工作压力，确保氢气的泄漏量在稳态条件下不超过（　　）。
   A. 0.10NL/min　　B. 0.15NL/min　　C. 0.20NL/min　　D. 0.25NL/min

2. 低温液态储氢将氢气冷却至（　　），液化储存在低温绝热液氢罐中。
   A. －220℃　　B. －253℃　　C. －260℃　　D. －300℃

3. 质子交换膜燃料电池电极中的气体扩散层材料首选（　　）。
   A. 碳纸　　B. 碳布　　C. 无纺布　　D. 泡沫金属

4. 燃料电池电动汽车加氢口应至少距暴露的电气端子、电气开关和点火源（　　）。
   A. 100mm　　B. 200mm　　C. 300mm　　D. 400mm

5. 燃料电池电动汽车的氢燃料供应主要用高压储氢罐，使用碳纤维强化塑料的三层结构可以承受（　　）的高压。
   A. 50MPa　　B. 60MPa　　C. 70MPa　　D. 80MPa

### 四、判断题

1. 加氢口应至少距暴露的电气端子、电气开关和点火源100mm。（　　）
2. 站外供氢加氢站是通过长管拖车、液氢罐车或管道将氢气输送到输送加氢站，在站内进行压缩、储存、加注等操作。（　　）
3. 加氢机能在（85%～110%）380V、（50±1）Hz的供电环境中正常工作。（　　）
4. QK-35-25/12-00加氢口的公称工作压力为35MPa，加氢口与加氢枪的配合基本尺寸为25mm/12mm。（　　）
5. 加氢枪在大气环境温度为－40～60℃和氢气温度为－40～75℃下应能正常工作。（　　）

### 五、问答题

1. 氢气有哪些主要特性？
2. 电解水制氢有哪些特点？
3. 根据氢气来源的不同，加氢站分为哪两类？
4. 液氢加氢站与高压气氢加氢站相比，有哪些优势？
5. 可再生能源制氢主要有哪几种？

### 六、拓展题

1. 分析当前国内加氢站的情况。
2. 分析当前国内外制氢技术。

# 参 考 文 献

崔胜民,2021. 纯电动汽车技术解析[M]. 北京:化学工业出版社.
崔胜民,2022. 燃料电池与燃料电池电动汽车[M]. 北京:化学工业出版社.
肖成伟,2019. 电动汽车工程手册:第四卷 动力蓄电池[M]. 北京:机械工业出版社.
赵显赫,耿光超,林达,等,2021. 基于数据驱动的锂离子电池健康状态评估综述[J]. 浙江电力,40(7):65-73.

# 附录　AI伴学内容及提示词

读者可以利用生成式人工智能（AI）工具（如 DeepSeek、Kimi、豆包、通义千问、文心一言、质谱清言、ChatGPT 等）检索下表中的 AI 提示词进行拓展学习。

| 序号 | AI伴学内容 | AI提示词 |
| --- | --- | --- |
| 1 | 第1章　绪论 | 详细介绍动力电池的类型（化学电池：原电池、蓄电池、燃料电池和储备电池；物理电池：飞轮电池、超级电容器、太阳能电池）（2000字） |
| 2 | | 举例介绍动力电池性能指标（电压、容量、能量、功率、内阻、放电电流、荷电状态、自放电率、输出效率、使用寿命等）（2000字） |
| 3 | | 详细介绍动力蓄电池的结构类型（单体蓄电池、蓄电池模块、蓄电池包和蓄电池系统）与组合方式（串联、并联和混联）（2000字） |
| 4 | | 详细介绍新能源汽车对动力蓄电池的要求（一般要求、安全要求）（2000字） |
| 5 | | 详细介绍新能源汽车动力蓄电池的发展目标（2030年、2035年）（1000字） |
| 6 | 第2章　动力蓄电池技术 | 详细介绍铅酸蓄电池的基本结构、工作原理和特点（2000字） |
| 7 | | 详细介绍金属氢化物镍蓄电池的基本结构、工作原理和特点（2000字） |
| 8 | | 详细介绍锂离子蓄电池的类型、基本结构、工作原理和特点（3000字） |
| 9 | | 详细介绍锂离子蓄电池的正极材料、负极材料、隔膜和电解质（3000字） |
| 10 | | 详细介绍新能源汽车锂离子蓄电池的尺寸要求和技术要求（2000字） |
| 11 | | 详细介绍新能源汽车动力蓄电池的测试技术（充电性能测试、放电性能测试、储存性能测试、耐振动测试、电安全测试、机械安全测试、环境安全测试、循环寿命测试）（5000字） |
| 12 | | 详细介绍新能源汽车动力蓄电池的匹配原则和参数（蓄电池能量或容量、蓄电池数目、蓄电池电压等）匹配方法（4000字） |
| 13 | | 详细介绍新能源汽车新体系电池（全固态锂离子蓄电池、锂硫电池、金属空气电池、石墨烯电池等）（4000字） |
| 14 | | 出一套新能源汽车动力蓄电池技术的自测题（5道填空题、5道选择题、5道判断题、3道简答题） |
| 15 | 第3章　电池管理系统 | 详细介绍新能源汽车电池管理系统的组成、功能、工作模式及动力蓄电池的热管理（4000字） |
| 16 | | 详细介绍新能源汽车电池管理系统的基本功能要求和技术要求（状态参数检测精度、SOC估计、电池故障诊断、绝缘性能、电气适应性能、环境适应性能和电磁兼容性能）（3000字） |

续表

| 序号 | AI 伴学内容 | AI 提示词 |
| --- | --- | --- |
| 17 | 第 3 章 电池管理系统 | 详细介绍新能源汽车电池管理系统的参数检测（电压检测、电流检测和温度检测）(3000 字) |
| 18 | | 详细介绍新能源汽车动力蓄电池的模型（电化学模型、等效电路模型和参数辨识数学模型）(3000 字) |
| 19 | | 详细介绍新能源汽车动力蓄电池的 SOC 估计（开路电压法、内阻法、安时积分法、负载电压法、卡尔曼滤波法、神经网络法和模糊推理法等）和 SOH 估计（实验法、模型法、数据驱动法和融合法等）(4000 字) |
| 20 | | 详细介绍新能源汽车动力蓄电池的均衡控制（动力蓄电池的不一致性、动力蓄电池均衡控制的目的、动力蓄电池均衡控制的方法和动力蓄电池均衡控制的策略）(4000 字) |
| 21 | | 出一套新能源汽车电池管理系统的自测题（5 道填空题、5 道选择题、5 道判断题、3 道简答题） |
| 22 | 第 4 章 动力蓄电池的充电技术 | 详细介绍新能源汽车动力蓄电池的充电方法（3000 字） |
| 23 | | 详细介绍新能源汽车动力蓄电池的充电方式（3000 字） |
| 24 | | 详细介绍新能源汽车动力蓄电池的充电设备（对充电设备的要求、车载充电机、非车载充电机和充电桩）(4000 字) |
| 25 | | 详细介绍新能源汽车充电基础设施的发展目标（2030 年、2035 年）(2000 字) |
| 26 | | 出一套新能源汽车动力蓄电池充电技术的自测题（5 道填空题、5 道选择题、5 道判断题、3 道简答题） |
| 27 | 第 5 章 燃料电池技术 | 详细介绍新能源汽车燃料电池的定义和特点（2000 字） |
| 28 | | 详细介绍燃料电池（质子交换膜燃料电池、碱性燃料电池、磷酸燃料电池、熔融碳酸盐燃料电池、固体氧化物燃料电池和直接甲醇燃料电池）的定义、结构、工作原理、特点及应用（5000 字） |
| 29 | | 详细介绍质子交换膜燃料电池的质子交换膜、电催化剂、气体扩散层、膜电极、双极板（定义、类型、作用、要求、性能指标）(6000 字) |
| 30 | | 详细介绍燃料电池堆（定义、组成、设计要求、安全要求、体积功率密度以及国内燃料电池堆产品介绍）(5000 字) |
| 31 | | 详细介绍燃料电池发电系统（定义、组成及国内燃料电池发电系统产品介绍）(3000 字) |
| 32 | | 出一套燃料电池技术的自测题（5 道填空题、5 道选择题、5 道判断题、3 道简答题） |

续表

| 序号 | AI伴学内容 | AI提示词 |
|---|---|---|
| 33 | 第6章 燃料电池的制氢与加氢技术 | 详细介绍氢气的基本性质、特点、技术指标、制备方法（电解水制氢、天然气水蒸气重整制氢、甲醇转化制氢和可再生能源制氢等）（5000字） |
| 34 | | 详细介绍氢气的储存方法和输送方法（3000字） |
| 35 | | 详细介绍燃料电池电动汽车车载储氢系统（组成、技术条件、储气罐）（3000字） |
| 36 | | 详细介绍加氢站、加氢机、加氢口（3000字） |
| 37 | | 出一套新能源汽车动力电池技术自测题（10道填空题、10道选择题、10道判断题、5道简答题） |
| 38 | 拓展知识 | 新能源汽车动力电池技术的发展趋势（3000字） |
| 39 | | 人工智能对新能源汽车动力电池技术的影响（3000字） |